创新创业教育系列教材

U0962217

掌握求职技巧
开启职业之门

主　编　　颛静莉
副主编　　刘佳音

中国经济出版社
CHINA ECONOMIC PUBLISHING HOUSE
北 京

图书在版编目（CIP）数据

掌握求职技巧，开启职业之门 / 颛静莉主编 ；刘佳音副主编. -- 北京 ：中国经济出版社，2025. 7.

ISBN 978-7-5136-8258-9

I. G647.38

中国国家版本馆CIP数据核字第2025L8S014号

策划编辑 崔姜薇
责任编辑 罗 茜
责任印制 李 伟

出版发行 中国经济出版社
印 刷 者 北京科信印刷有限公司
经 销 者 各地新华书店
开 本 787mm×1092mm 1/16
印 张 13.75
字 数 220千字
版 次 2025年7月第1版
印 次 2025年7月第1次
定 价 49.00元
广告经营许可证 京西工商广字第8179号

中国经济出版社 **网址** http://epc.sinopec.com/epc/ **社址** 北京市东城区安定门外大街58号 **邮编** 100011
本版图书如存在印装质量问题，请与本社销售中心联系调换（联系电话：010-57512564）

练就鹰一样的眼光，狼一样的力量

——写在创新创业教育系列教材发行之际

海口经济学院董事长　曹成杰

鹰翔万里而不颓，是因为有眼光有志向

狼跃千里而不惧，是因为有智慧有力量

——题记

习近平总书记在党的二十大报告中强调“必须坚持科技是第一生产力、人才是第一资源、创新是第一动力”，深刻指出了创新在国家发展中的核心地位，将科技、人才和创新视为推动社会进步与经济发展的关键因素。海口经济学院确立的“加强应用型研究，培养创新型人才，建设创业型大学”的目标不仅是对党中央号召的积极响应，更是契合了时代发展的要求，一经提出就得到了社会和高等教育界的广泛认同。

近年来，学校以建设创业型大学为总揽，以培养创新型人才为目标，全面推进创新创业教育与人才培养深度融合，并采取多部门联动、多项目交叉、多举措融合的建设路径，扎实推进创新创业教育改革。学校成立创新创业学院，负责开展学生的创新创业系列课程教学及各类创新竞赛活动；成立创业管理处，负责学生企业注册及相关项目管理；建设10000多平方米的创新创业大厦，承接学生公司企业孵化；设立大学生创新创业发展基金，资助学生创业；建立政策激励机制，鼓励教师把产业和行业的新理论、新技术、新工具、新应用融入与更新到教学内容，有效指导与培养学生的创新思维、创业意识和创新创业能力；多途径建设校院两级创新创业协同共建基地，打造出以创新创业项目为核心，从学生入学到最终就业、创业的一体化创新创业教育生态圈。

学校全面修订人才培养方案，采取“9+1项目”模式，通过分层教学，使创新创业教育融入人才培养全过程。具体来说，大一学生接受创新创业教育，通过学习和训练，培养学生创新创业思维，初步掌握创新创业技能；大二学生接受职业生涯规划教育，引导在校大学生对自己的学业和职业生涯，制定现实可行的规划；大三学生在完成理论学习的同时，开展创新训练计划，并借此将大学生创新训练计划内伸外延至人才培养体系以及创业项目的选育、孵化和初创等环节中，以此形成一个闭环式创新创业教育体系，使创新意识培养与创业能力提高实现有机统一，最终达到“四进”（进教材、进课堂、进头脑、进项目）的目标；大四学生接受就业指导教育，帮助其提升求职竞争力，顺利实现从校园到职场的过渡，从而形成贯穿大学四年的全程化生涯发展教育体系。这种学习和训练，既是对有创业意愿的大学生系统的学习和规划，又是对暂时没有创业意愿或是对自己是否适合创业还不能确定的大学生的正确引导。

学校的创新创业教育工作受到教育部高教司、海南省教育厅的充分肯定。2017年，学校先后三次在海南省和全国会议上做典型发言；2017年8月26日，《海南日报》专版报道学校创新创业教育工作情况。2016年7月，学校被教育部评为“全国高校首批创新创业50强”。2017年3月，学校创业孵化基地又被评为共青团中央全国首批29家“大学生创业示范园”；5月，海南省教育厅正式发文确立学校为海南省首批深化创新创业教育改革示范校。2021年6月，学校被海南省教育厅授予“示范应用型本科高校”，这是海南省乃至全国第一所省级示范应用型本科高校。2023年5月，学校创业孵化基地被海南省人力资源开发局认定为“海南（青年）公共创业孵化基地”。2025年4月，教育部正式公布中国国际大学生创新大赛（2024）获奖名单。经权威教育评价机构“麦可思研究”统计发布，海口经济学院以优秀的创新教育成果和赛事表现，成功入选“国家级创新大赛100强高校”榜单。今后，学校将继续以大赛作为创新创业教育的重要抓手，坚持以赛促教、以赛促学、以赛促改、以赛促创，将创新创业教育与专业教育相融合，以创新引领创业，以创业带动就业，扎实有效地推进创新创业示范高校建设工作。

古人云：“读万卷书，不如行万里路。”习近平总书记也曾说过，当代大学生接触得更多的是书本上的理论，但书里有水分，只有与实践相结合，才能蒸发水分，得到真正的知识。学校正是按照习近平总书记的指示，认真思考如何针对自身不同特点，编撰适合本校大学生的系列教材。《创新引领未来　创业成就梦想》《规划职业理想　成就精彩人生》《掌握求职技巧　开启职业之门》《投身创新演练　淬炼创业本领》，正是这样一套以“创新引领、实践育人”为核心理念，致力于培养具有家国情怀、创新精神和实践能力的高素质应用型人才的系列校编教材。

同学们，海阔凭鱼跃，天高任鸟飞。只要你有意愿，学校就会倾力支持。让我们携手同行，在建设创新型国家的征程中，书写属于海口经济学院学子的青春华章！

2025年5月于海口桂林洋

目 录 CONTENTS

第一章　把握就业形势　熟悉就业政策

高校毕业生就业问题一直是社会关注的焦点。随着教育普及程度的提高和高等教育规模的扩大，涌入就业市场的高校毕业生数量逐年增加，就业形势越发严峻。高校毕业生就业问题不仅关乎个人前途与家庭幸福，更是国家经济发展和社会稳定的重要因素。作为高校大学生，面对纷繁复杂的就业市场，在进入职场之前，应当对自己面临的整体就业形势与就业政策有所了解。

小明是英语专业的一名毕业生，他在大三上学期就决定放弃考研，毕业后直接就业。于是，小明从大三开始就特别关注就业信息，尤其是各种就业政策。小明的父母都是教师，受家庭影响，他毕业后也想成为一名教师。为了实现职业目标，他在课余时间备考教师资格证，最终顺利通过考试，成功获得证书。一次偶然的机会，他看到学校官网上发布的特岗教师招聘公告，于是抓住机会，第一时间报名，积极备考，最终如愿以偿。机会总是青睐有准备的人，关注就业形势，熟悉就业政策，制定明确清晰的就业目标，相信自己，不断努力，你就一定能够成功。

第一节　把握就业形势

近年来，随着全球经济形势的复杂多变和国内产业结构的转型升级，高校毕业生就业形势呈现出新的特点和挑战。

一、高校毕业生就业规模持续高位

最新数据显示，2025年全国普通高校毕业生达到1222万人，比2024年增加了43万人，再创历史新高。毕业生数量的持续增长给就业市场带来了巨大的压力，导致部分毕业生难以在短时间内找到合适的工作。随着毕业生人数的增加，就业市场的供需矛盾日益突出。一方面，企业招聘门槛不断提高，对毕业生的学历、专业、技能等方面提出更高要求；另一方面，部分毕业生对就业市场缺乏深入了解，期望过高，导致在求职过程中屡屡受挫。此外，一些传统行业面临转型升级的压力，岗位需求减少，而新兴行业虽然对人才需求旺盛，但往往集中在特定领域和岗位，难以满足所有毕业生的需求。

二、就业市场供需矛盾没有根本性改变

1. 岗位供给结构性失衡

就业市场存在明显的岗位供给结构性失衡问题。一方面，IT/互联网/游戏、电子/通信/半导体等新兴行业对毕业生的需求旺盛，但这些行业往往更青睐高素质人才，对专业技术水平一般的毕业生并不友好；另一方面，一些传统行业面临岗位减少的挑战，部分专业的毕业生在这些领域难以找到合适的工作。这种供需矛盾导致部分毕业生在求职过程中遭遇困境。

2. 企业招聘门槛提高

随着就业竞争的加剧，企业在招聘过程中往往会提高门槛，对毕业生的学历、专业、技能等方面提出更高要求。部分企业在招聘时更倾向于选择具有丰富实习经验、专业技能突出或具有行业背景的毕业生。这使得缺乏相关经验和技能的毕业生在求职过程中处于不利地位。

3. 教育体系与市场需求匹配度仍需改善

部分高校在专业设置上未能紧跟市场需求的变化，导致部分专业的毕业生在就业市场上供过于求。例如，一些传统工科专业的毕业生数量过多，而市场需求相对有限；一些新兴交叉学科如人工智能、大数据等则人才短缺。这种专业设置与市场需求的不匹配进一步加剧了就业市场的供需矛盾。实践教学是高等教育中不可或缺的一部分，它有助于培养学生的实际操作能力和职业素养。然而，目前部分高校在实践教学方面投入不足，导致学生缺乏必要的实践经验

和技能。这使得毕业生在求职过程中难以满足企业的要求，降低了他们的就业竞争力。因此，高校应加强实践教学环节的建设和管理，提高学生的实践能力和职业素养。

三、就业环境呈现多元化、复杂化特点

1. 全球经济增长放缓

经济增长是创造就业岗位的根本动力。随着全球经济增长放缓，出口导向型企业的订单减少，导致相关行业的岗位需求减少。当前，由于新质生产力对社会的引领作用，新兴产业的快速发展为毕业生提供了更多的就业机会。然而，经济增长的速度和质量直接决定了就业市场的吸纳能力。如果经济增长放缓或质量不高，将导致就业市场岗位供给不足，进而加剧毕业生的就业压力。我国经济面临着一定的下行压力，经济增长放缓导致企业缩减招聘计划甚至裁员或者停招，市场化岗位需求减少，同时国家政策性岗位扩容饱和。我国产业结构的调整对就业结构产生了深远影响。随着信息技术的快速发展和制造业的转型升级，IT/互联网/游戏、电子/通信/半导体等新兴行业对毕业生的需求旺盛，而一些传统行业则面临岗位减少的挑战。这种产业结构的变化要求毕业生具备相应的专业知识和技能，以适应市场需求的变化。企业对毕业生的要求越来越高，不仅关注其学历背景，更看重其专业能力和实践经验。然而，部分毕业生的专业能力与市场需求存在偏差，导致其在求职过程中遭遇困境。这种供需矛盾加剧了毕业生的就业压力。

2. 我国区域经济发展不平衡

我国区域经济发展不平衡问题突出，一线城市和经济发达地区就业机会相对较多，而中西部地区和欠发达地区则就业机会有限。这种区域经济差异导致毕业生在就业选择上存在地域性偏好，许多毕业生更倾向于前往一线城市和经济发达地区寻找工作机会，新一线城市备受毕业生青睐。为缓解区域经济发展不平衡对毕业生就业的影响，政府出台了一系列政策引导毕业生到中西部地区和基层就业，例如，提供就业补贴、创业扶持等。

3. “用工荒”和“就业难”并存

目前，我国就业市场出现了企业“用工荒”和大学毕业生“就业难”并存的现象。我国劳动年龄人口数量在2012年达到峰值，之后逐年下降，劳动年龄

人口减少，是造成“用工荒”的主要原因。另外，由于扩招，大学毕业生人数不断攀升，导致大学生“就业难”现象出现。

除此之外，毕业生和企业之间的供需矛盾也是导致“用工荒”和“就业难”并存的重要原因。企业想要招聘的是与岗位所需能力匹配度高、吃苦耐劳并能够长期留任的人才，而现实中很多大学毕业存在生存能力不足、稳定性差、吃苦耐劳精神不够等问题。

四、毕业生个人素质与技能有待提升

当前部分毕业生的就业观念正在发生转变，从单纯追求高薪高职位向注重职业发展和个人成长转变。越来越多的毕业生开始关注企业的培训机制、晋升机会和职业发展空间等因素，而不仅仅是薪资待遇。他们更加注重工作的稳定性和个人发展空间。这种就业观念的转变促使毕业生在求职过程中更加理性地评估自身能力和市场需求，从而做出更加合适的职业选择。然而，仍有部分毕业生对就业市场缺乏深入了解，期望过高，导致在求职过程中屡屡受挫。因此，毕业生应树立正确的就业观念，了解市场需求和岗位要求，制定合理的职业规划和发展目标。为了提高求职成功率，许多毕业生开始注重提升自己的求职技能和能力。但是，仍有一部分毕业生在求职过程中表现出缺乏自信、沟通能力不足等问题。因此，毕业生应加强训练，提高求职技能和专业能力水平，例如，毕业生可以通过参加模拟面试、学习撰写简历、学习面试技巧等方式来提升自己的求职能力。

五、利好政策环境与社会支持持续增加

为了缓解高校毕业生的就业压力，政府出台了一系列扶持政策。这些政策旨在促进高校毕业生就业创业，提高就业市场的供需匹配度。例如，提供就业补贴、创业扶持、就业指导等。政府还应加大对就业市场的监管和调控力度，确保就业市场的公平性和透明度。

社会各界高度关注高校毕业生的就业问题。企业、高校、社会组织等纷纷采取措施为毕业生提供就业指导和帮助。例如，开展校园招聘活动、建立就业指导服务体系、提供实习机会等。这些措施为毕业生提供了更多的就业机会和

支持。同时，社会各界还应加大对高校毕业生就业问题的关注和宣传力度，提高公众对高校毕业生就业问题的认识和重视程度。

面对就业市场的挑战和需求变化，教育体系也做出了相应的改变。高校更加注重与企业的合作与交流，很多高校推出校企合作模式；优化专业设置和课程安排，确保教学内容与市场需求相契合；加大实践教学环节投入力度，提高学生的实际操作能力和职业素养。同时，高校更加注重学生在双创能力方面的培养，大力支持学生参与创新创业活动和社会实践，锻炼学生的综合素质和提高学生能力水平。

毕业生应积极关注就业市场动态和行业发展趋势，了解市场需求和岗位要求；加强自身素质和技能的提升，包括专业知识学习、实践能力培养、求职技巧训练等方面；树立正确的就业观念，制定合理的职业规划和发展目标。同时，毕业生还应保持积极的心态和行动力，勇于面对就业市场的挑战和机遇，不断追求自我完善和发展进步。

随着技术的不断进步和市场的不断变化，未来一些新兴行业如人工智能、大数据、云计算等将继续保持强劲的发展势头。这些行业对人才的需求将持续增长，为高校毕业生提供更多的就业机会和发展空间。

高校毕业生就业是一个复杂而严峻的社会问题，涉及多方面的因素和利益诉求。面对当前形势的挑战和机遇，我们需要从多个维度进行深入剖析和探讨，制定科学合理的政策措施和解决方案，共同推动高校毕业生就业市场的健康发展和社会稳定繁荣。相信在政府、社会、高校及广大毕业生的共同努力下，我们一定能够克服就业难题，实现个人价值和社会发展的双赢。

拓展资料

人力资源社会保障部、国家市场监督管理总局、国家统计局联合发布生物工程技术人员等19个新职业

为健全符合我国国情的现代职业分类体系，大力发展新业态、新模式，开发新的就业增长点，2019年人力资源社会保障部建立完善新职业信息发布制度，实施职业分类动态调整，此后每年发布1～2批新职业信息。2022年，修订颁布《中华人民共和国职业分类大典（2022年版）》。为及时反映职业发展变化和趋势，2023年10月，人力资源社会保障部发布通告，向社会公开征集新职业信息。经有关机构和单位申报建议、专家评审论证、书面征求中央和国家机关有关部门意见等程序，2024年5月，面向社会公示征求意见。日前，在吸收采纳各方意见建议的基础上，人力资源社会保障部会同国家市场监督管理总局、国家统计局向社会正式发布了生物工程技术人员等19个新职业和汽配销售经理人等28个新工种信息，并调整变更了11个职业（工种）信息。

新职业的发布，对于开发就业岗位，引导职业教育培训，提高从业人员素质，促进就业创业等，都具有十分重要的意义。

附：19个新增职业

1. 生物工程技术人员
2. 口腔卫生技师
3. 网络安全等级保护测评师
4. 云网智能运维员
5. 生成式人工智能系统应用员
6. 工业互联网运维员
7. 智能网联汽车测试员
8. 有色金属现货交易员
9. 用户增长运营师
10. 会展搭建师
11. 文创产品策划运营师
12. 储能电站运维管理员
13. 电能质量管理员
14. 版权经纪人
15. 网络主播
16. 滑雪巡救员
17. 氢基直接还原炼铁工
18. 智能制造系统运维员
19. 智能网联汽车装调运维员

（资料来源：人力资源社会保障部官网，mohrss.gov.cn。）

第二节 熟悉就业政策

就业政策是指国家和各级地方政府及高等院校为促进大学毕业生就业而制定的一系列政策、方针、规定的总和。就业政策具有导向作用，作为大学毕业生，应该了解就业政策，把握政策带来的就业机会。

教育部一般每年会发布就业创业有关工作的通知，《关于做好2024届全国普通高校毕业生就业创业工作的通知》，具体内容如下。

一、把高校毕业生就业工作摆在更加突出位置

1. 强化统筹部署

各地各高校要把高校毕业生就业作为重中之重、摆在更加突出的位置，纳入领导班子重要议事日程，健全就业促进机制。要按照“秋季校园招聘月”

"寒假暖心行动""春季攻坚行动""百日冲刺行动"的部署，结合工作实际，统筹做好本地本校工作安排，落实落细各项工作要求，确保高校毕业生就业局势总体稳定。

2. 强化协同联动

各省级教育部门要主动加强与组织、人力资源社会保障、发展改革、财政等部门沟通衔接、分工合作、协同联动，把高校毕业生作为公共服务的重点群体，争取更多岗位、资金、培训、服务等公共资源向高校毕业生倾斜。要牵头成立高校毕业生就业工作专班，制定工作方案，明确任务清单，进一步优化工作机制，全力推进各项任务落实。

3. 强化高校责任

高校是做好本校毕业生就业工作的责任主体，主要负责同志是第一责任人，分管负责同志是直接责任人。应加强学校党委组织领导，把就业工作列入学校党委常委会重要议题定期研究推进。建立健全"校—院（系）"两级就业工作领导小组，分别制定就业工作方案，分级落实工作责任。加强部门工作协同，完善激励考评机制，调动全校力量形成全员促就业工作合力。

二、大力开拓市场化社会化就业渠道

1. 深入开展"访企拓岗"专项行动

各地各高校要持续深入开展"高校书记校长访企拓岗促就业专项行动"。高校书记、校（院）长和校领导班子成员要认真落实"两个100"要求，有针对性拓展就业市场；二级院系要结合学科专业特点，精准有效访企拓岗，足质足量开拓就业岗位，上一年度初次毕业去向落实率低于本校平均水平的二级院系，原则上院系领导班子成员和专业负责人平均每人联系走访用人单位不少于10家。要结合毕业生就业需求，提升岗位的利用率和访企拓岗的实效性。要通过访企拓岗深度了解行业企业的人才需求，深化人才培养改革，推动供需精准对接。鼓励各地结合产业发展需求和学校办学特色组织开展集中走访。

2. 推进实施"万企进校园"计划

各地各高校要充分发挥校园招聘主渠道作用，主动邀请用人单位进校开展招聘活动，提升每场校园招聘活动的实际效果。要结合毕业生求职就业意愿，大力拓展岗位资源，努力为毕业生提供优质的就业岗位信息。支持院系积极开展小而精、专而优的小型专场招聘活动。加强校园招聘活动组织管理，认真审核校园招聘信息，确保校园招聘活动安全、规范、有序开展。

3. 全面推广使用国家大学生就业服务平台

优化升级国家大学生就业服务平台功能，深入开展“24365携手促就业精准服务”，持续加强就业岗位的互联共享和精准推送。各省级和高校就业网在满足本地本校招聘需求的基础上，积极与平台共享更多岗位信息。各地各高校要组织就业工作人员、毕业班辅导员和有求职意愿的毕业生及时注册使用平台，确保就业政策、资讯、岗位信息等实现精准有效推送。鼓励地方和高校依托平台联合举办专场招聘活动。

4. 加强分行业分区域就业市场建设

汇聚相关部门、行业协会、社会招聘机构等多方资源，着力建设一批区域性、行业性、联盟性高校毕业生就业市场。充分发挥全国普通高校毕业生就业创业指导委员会和行业协会作用，完善“分行业就指委+分行业协会”促就业工作机制，举办系列校企对接交流活动，加大力度建设分行业就业市场。深入开展供需对接就业育人项目，搭建人才供需对接平台，推动就业与培养有机联动。

5. 鼓励中小企业更多吸纳高校毕业生

各地教育部门要配合本地相关部门落实吸纳就业补贴、社会保险补贴、税费减免等优惠政策，支持中小企业开发创造更多适合高校毕业生的就业岗位。各地各高校要加大民营企业、中小企业招聘推介力度，为企业进校招聘提供便利，引导更多毕业生到民营企业、中小企业就业。会同有关部门持续举办“百城万企——民企高校携手促就业”“全国中小企业网上百日招聘高校毕业生”“全国民营企业招聘月”等活动，为中小企业招聘高校毕业生搭建平台。

6. 支持灵活就业和自主创业

各地各高校要充分挖掘新产业、新业态、新模式带动就业潜力，引导毕业生发挥专业所长，在创意经济、数字经济、平台经济等多个领域灵活就业。配合有关部门落实灵活就业社会保障政策，切实维护高校毕业生合法权益。积极鼓励和支持高校毕业生自主创业，落实创业支持政策，在资金、场地等方面向毕业生创业者倾斜，为高校毕业生创新创业孵化、成果转化等提供服务。

三、充分发挥政策性岗位吸纳作用

1. 优化政策性岗位招录安排

各地要积极拓展政策性岗位资源，稳定并适度扩大招录高校毕业生规模。各地教育部门要加强与相关部门协调配合，统筹推动尽早安排党政机关、事业单位、国有企业等招考和各类升学考试、职业资格考试，加快政策性岗位招录进程，为高校毕业生求职留出充足时间。发挥国有企业示范作用，办好第五季“国聘行动”。加大科研助理岗位开发力度，落实相关配套措施。

2. 大力挖掘基层就业空间

各地教育部门要积极配合有关部门组织实施“特岗计划”“三支一扶”“西部计划”等基层就业项目，拓展实施“城乡社区专项计划”“大学生乡村医生专项计划”。支持各地围绕落实推进乡村振兴战略，深入挖掘基层医疗卫生、养老服务、社会工作、司法辅助等就业机会，扩大实施地方基层项目。鼓励各地健全支持激励体系，出台更多地方优惠政策，吸引更多毕业生到中西部地区、东北地区、艰苦边远地区和基层一线就业创业。

3. 积极配合做好大学生征兵工作

各地各高校要密切军地协同，加强征兵工作站建设，加大征兵宣传进校园工作力度，畅通入伍绿色通道，配合兵役机关做好兵员预征预储、高校毕业生征集等工作，进一步推进以高校毕业生为重点的精准征集。各地教育部门要研制细化方案和实施办法，按照有关规定落实好退役后复学、升学、学费资助等优惠政策，积极鼓励高校毕业生应征入伍。

四、推进构建高质量就业指导服务体系

1. 加强就业教育和观念引导

将就业教育和观念引导作为“三全育人”的重要内容，推动就业教育与思政教育、专业教育深度融合，在专业课教学和实习实践等育人环节强化就业教育引导。深入开展“就业育人”主题教育活动，引导毕业生树立正确的成才观、职业观、就业观，客观看待个人条件和社会需求，从实际出发选择职业和工作岗位，主动投身艰苦地区、重点领域等国家需要的地方建功立业。开展基层就业卓越教师和毕业生推荐工作，做好先进典型选树和系列宣讲活动。

2. 加强生涯教育和就业指导

强化大学生职业生涯发展与就业指导课程建设，修订完善课程教学要求。推动各高校以全覆盖、精准化、特色化为目标，将课程建设作为强化就业指导服务的重要内容，作为必修课列入教学计划，给予学时学分保障。持续办好就业指导公益直播课，提供丰富优质课程资源。遴选打造一批优秀就业指导课程和教材。加强高素质专业化教师队伍培养，打造内外互补、专兼结合的就业指导教师队伍。充分运用现代信息技术，探索建立学生成长电子档案，为学生提供个性化、精准化、便捷化的就业指导服务。

3. 办好首届全国大学生职业规划大赛

各地各高校要办好省、校两级赛事，全面提升大赛的覆盖面和实效性。鼓励将大赛内容设计同生涯发展与就业指导课程深度融合，切实增强大学生生涯规划意识，促进就业指导教师提升教学水平。鼓励将大赛与校园招聘和校企人才供需对接深度融合，引入真实职场环境，结合企业招聘要求优化赛事安排，动员更多用人单位参与大赛，帮助更多毕业生通过参赛提升职业规划和就业能力，顺利实现就业。

4. 引导强化就业实习实践

各地各高校要建立完善大学生就业实习管理制度，统筹协调就业实习与教学实习，组织引导大学生利用寒暑假时间积极参与就业实习实践。通过实习实践激发学生求职意愿、明确求职意向，帮助学生增强就业能力、获取就业机会。鼓励地方政府、用人单位与高校深化产学研合作，协同打造一批大学生就业实习基地。

5. 切实维护毕业生就业权益

积极营造平等就业环境，严格落实“三严禁”要求，各类校园招聘活动不得设置违反国家规定的有关歧视性条款或限制性条件。加强就业安全教育和诚信教育，引导用人单位与高校毕业生及早签订就业协议书或劳动（聘用）合同并如实履约。及时发布求职就业预警信息，帮助毕业生防范求职风险。会同相关部门加强联合监管，依法严厉打击虚假招聘、售卖协议、“黑职介”、“培训贷”等违法违规行为。

五、加强重点群体就业帮扶

1. 完善精准帮扶机制

重点关注脱贫家庭、低保家庭、零就业家庭、残疾等就业困难毕业生群体，“一人一档”“一人一策”建立帮扶工作台账，优先提供指导服务、优先推荐就业岗位、优先开展培训和就业实习。落实“一对一”帮扶责任制，高校和院系领导班子成员、就业指导教师、班主任、专业教师、辅导员等要与困难学生开展结对帮扶，确保每一名困难学生都得到有效帮助。会同人力资源社会保障部门持续做好离校未就业毕业生的跟踪帮扶和不断线服务。

2. 深入实施“宏志助航计划”

继续组织实施“中央专项彩票公益金宏志助航计划——全国高校毕业生就业能力培训项目”。各地高校和培训基地要精心组织实施，持续优化培训内容，不断提升培训实效。鼓励各地各高校配套设立省级、校级项目，扩大培训覆盖面。支持将就业能力培训与指导咨询、心理疏导、岗位推荐等统筹推进。强化培训基地管理，规范使用专项资金，试点开展项目实施效果评估。

3. 推进对口就业帮扶援助

鼓励部属高校与地方高校、东部高校与西部高校、典型经验高校与基础薄弱高校结对开展就业帮扶，推动区域间、校际间就业经验交流、就业渠道互补、就业资源共享。加强区域统筹协调，调配更多岗位资源，为基础薄弱地区和高校提供就业帮扶援助。充分发挥工会、共青团、妇联、残联等群团组织和社会公益组织作用，为困难群体毕业生提供有温度的就业服务。

六、完善就业监测与评价反馈机制

1. 加强就业数据监测

各地各高校要认真落实毕业去向登记制度，准确把握就业监测指标内涵，严格审核毕业生就业信息和就业材料，确保就业数据真实准确。完善毕业生就业状况布点监测机制。加强就业监测工作业务培训，提升就业监测工作质量、时效和规范化水平。严格落实就业监测工作“四不准”“三不得”要求，分级开展就业工作核查，严格执行就业监测工作违规处理办法，对违反相关规定的高校和相关人员，依规依纪严肃追责问责。

2. 推进就业工作综合评价

进一步完善高校毕业生就业工作综合评价指标体系，推动各地和高校破除单一评价导向，深化就业工作评价改革，促进高校就业工作制度化、规范化。选树一批全国高校毕业生就业创业工作典型，加强就业工作经验交流和宣传推广，推动各地和高校全面提升就业工作能力和服务水平。加强就业工作研究，为政府宏观决策、高校深化教育教学和人才培养改革提供支撑。

3. 完善就业状况反馈机制

各地各高校要建立完善就业与招生、培养联动的有效机制，把高校毕业生就业状况作为高等教育结构调整的重要内容。引导高校重点布局社会需求强、就业前景广、人才缺口大的学科专业，及时调整或更新升级已经不适应社会需要的学科专业。持续实施高校毕业生就业去向落实率红黄牌提示制度。深入开展高校毕业生就业状况跟踪调查，把毕业生就业状况作为“双一流”建设成效评价、学科专业设置和调整评估、招生计划安排、就业工作评价等工作的重要依据。

七、加强组织保障

1. 逐级压实工作责任

各地各高校要切实落实就业“一把手”工程，主要负责同志要亲自部署，分管负责同志要靠前指挥。要将高校毕业生就业工作纳入领导班子考核，适时开展就业工作督促检查，推动逐级落实就业工作责任。建立完善就业风险防范化解机制，确保就业安全稳定。教育部将省级人民政府及相关职能部门制定促进高校毕业生就业政策及其实施情况，纳入省级人民政府履行教育职责评价重要内容。

2. 充实就业工作机构和力量

各地各高校要认真落实就业工作机构、人员、经费、场地“四到位”要求。省级教育行政部门要加强就业部门和服务机构工作力量，给予必要的人员和经费保障。高校要加强就业指导服务机构建设，按照不低于毕业年度毕业生500：1的比例配备校级就业工作人员，鼓励在二级院系设立专职就业工作人员。加强专业化、职业化就业工作队伍建设，定期开展毕业班辅导员、就业工作人员业务培训，鼓励就业指导人员按要求参加相关职称评审。

3. 大力开展就业总结宣传

各地各高校要广泛宣传各项促就业政策措施，积极推进就业政策进园区、进企业、进高校、进社区。要大力宣传各地各高校和用人单位促就业的好经验、好做法，持续开展就业育人典型案例和毕业生就业创业典型人物总结宣传，积极营造全社会关心支持高校毕业生就业的良好氛围。各地各高校毕业生就业工作进展情况要及时报教育部。

拓展资料

（一）特岗教师

附：教育部《关于做好2024年农村义务教育阶段学校教师特设岗位计划实施工作的通知》（教师厅〔2024〕1号）

为深入贯彻党的二十大精神，进一步落实《中共中央 国务院关于全面深化新时代教师队伍建设改革的意见》，加强农村教师队伍建设，推动乡村教育高质量发展，实现巩固拓展脱贫攻坚成果同乡村振兴有效衔接，现就做好2024年农村义务教育阶段学校教师特设岗位计划（以下简称“特岗计划”）实施工作通知如下：

1. 政策要点

（1）实施范围。2024年“特岗计划”实施范围为：原集中连片特殊困难地区、中西部国家扶贫开发工作重点县和省级扶贫开发工作重点县，西部地区原“两基”攻坚县（含新疆生产建设兵团的部分团场），纳入国家西部开发计划的部分中部省份的少数民族自治州以及西部地区一些有特殊困难的边境县、少数民族自治县和少小民族县。

（2）招聘数量。2024年全国计划招聘“特岗计划”教师37000名，各省（区、市）和新疆生产建设兵团的招聘名额见2024年“特岗计划”各地设岗名额分配表（附件）。

（3）招聘条件。①符合招聘岗位要求，具有相应的教师资格证书，应符合《中华人民共和国教师法》《教师资格条例》等法律法规规定的普通话水平、身体条件和心理条件。符合新时代中小学教师职业行为十项准则要求，无刑事犯罪记录和其他不得聘用的违法记录。②要求本科及以上学历，以师范类专业为主，小学阶段可适当招聘师范高等专科学校毕业生。③年龄不超过30周岁。④参加过“大学生志愿服务西部计划”、有从教经历的志愿者和参加过半年以上实习支教的师范院校毕业生同等条件下优先录取。⑤支持鼓励符合条件的退役军人到中小学任教，可综合考虑服役年限等因素对退役军人相应放宽年龄限制。

（4）工作重点。重点向原“三区三州”、国家乡村振兴重点帮扶县、少数民族地区等地区倾斜；持续优化教师队伍结构，进一步加强道德与法治、体育与健康、外语、科学、劳动、艺术、信息科技、心理健康、特殊教育等紧缺薄弱学科教师的补充。

2. 工作要求

（1）积极有效开展招聘工作。各地要严格按照核定的岗位数量，结合本地实际情况，及时广泛发布招聘信息，提前部署开展2024年特岗教师公开招聘工作。一次性招考未完成计划的省份，可按规定依次递补录用或者调剂计划组织二次招考。边远艰苦地区和急需紧缺专业的特岗教师招聘，可结合实际适当降低或不设开考比例，采取面试、直接考察的方式公开招聘，划定成绩合格线。对于特别边远艰苦、教师流失较严重的地区可向本地生源倾斜。鼓励以“双一流”建设高校为代表的高水平高校为农村学校输送教育情怀深厚、专业素养卓越、教学基本功扎实的优秀毕业生。在“特岗计划”招聘基础上，根据具体需要，统筹做好地方特岗教师招聘工作。

（2）切实做好特岗教师待遇保障。中央财政继续对“特岗计划”教师给予工资性补助。从2024年1月1日起，提高特岗教师工资性补助标准，中部地区由年人均3.52万元提高到3.88万元，西部地区由年人均3.82万元提高到4.18万元。教育部、财政部将根据各地2024年设岗计划和往届特岗教师在岗人数核拨2024年“特岗计划”中央补助经费。各地要强化主体责任，确保特岗教师工资按时足额发放，按规定参加社会保险，同等条件下在薪酬待遇、职称评聘、评先评优、年度考核等方面享受与当地公办学校在编教师同等待遇。严格按照有关文件精神，保证三年服务期满、考核合格且愿意留任的特岗教师及时入编并落实工作岗位，做好相关人事、工资关系等接转工作，连续计算工龄、教龄，不再实行试用期，做好服务证书编制和发放工作。按照国家有关规定落实好服务期满特岗教师相关优惠政策。落实好周转宿舍等安排，帮助解决特岗教师工作生活中的实际困难。开展中西部乡村中小学首席教师岗位计划试点省份，可将特岗教师纳入工作室进行重点培养。

（3）系统开展特岗教师培训工作。各地要对标2035年建成教育强国目标，围绕高素质教师队伍建设，制定培训规划，为特岗教师提供高质量的培训研修服务。强化师德师风教育，规范教师从教行为，不断提高教师自身修养，落实立德树人根本任务；加强岗前培训，帮助新教师尽快适应教育教学工作；按照特岗教师实际需求优化培训内容和方式，开展针对性的教育和培训；加强非师范专业毕业生教育教学技能培训，提升教育教学基本素质与能力。

（4）扎实做好特岗教师信息管理。2024年教育部将继续把“全国教师管理信息系统”数据作为“特岗计划”实施情况、核定招聘计划的基础数据，各地要高度重视、倒排时间表、明确责任，扎实做好“全国教师管理信息系统”数据录入和更新工作，并将实际招聘的地方特岗教师纳入数据录入范围，确保特岗教师数据库完整准确。同时，结合特岗教师数据库建设，及时掌握特岗教师的基本信息，加强动态管理，深入挖掘和广泛宣传特岗教师中的优秀典型。

（5）从严开展实施工作督促指导。各地要严格落实“特岗计划”实施和教师保障政策，重点摸排按照核定计划和岗位要求开展教师招聘、特岗教师工资按时足额发放、“五险一金”缴纳和服务期满留任特岗教师入编手续及时办理等情况，对存在问题的县（市、区），要及时督促整改。对问题突出、整改不力的省份，下一年度将适当核减设岗名额。

（资料来源：中华人民共和国教育部政府门户网站，moe.gov.cn。）

拓展资料

（二）“三支一扶”

“三支一扶”是选派高校毕业生到基层从事支教、支农、支医和帮扶乡村振兴的服务项目。该项目是人力资源和社会保障部会同有关部门组织实施的高校毕业生基层服务项目，于2006年起正式实施。国家人事部2006年颁布了第16号文件《关于组织开展高校毕业生到农村基层从事支教、支农、支医和扶贫工作的通知》。“三支一扶”志愿者服务期限一般为2年，一方面吸引了更多优秀的毕业生到基层服务，提升了基层从业人员的整体素质，更有利于促进农村经济、教育、卫生等事业的发展；另一方面拓宽了毕业生的就业渠道。

2024年“三支一扶”计划拟招募3.44万名高校毕业生到基层从事支教、支农、支医和帮扶乡村振兴等服务，招募计划向脱贫地区、东北地区、边疆地区、民族地区、革命老区等倾斜。

2024年“三支一扶”招募通知明确，要统筹开发服务岗位，紧贴推进乡村全面振兴需要，着重开发基层事业发展急需岗位。

2021年第四轮“三支一扶”计划实施以来，全国共选派12.17万名“三支一扶”人员到基层服务，对引导鼓励高校毕业生到基层工作、加强基层人才队伍建设、助力乡村全面振兴等发挥了积极作用。

“三支一扶”各地报名时间不同，一般在每年5—7月前后，各省人力资源保障厅发布“三支一扶”招录通知，在规定时间内网上报名即可，报名要求及资格审查条件通知中均会写明。

考试分为笔试和面试两部分，笔试内容多为《职业能力测试》和《综合知识》，主要围绕政治理论、时事政治、法律常识、公文写作、科技人文知识展开，面试主要是结构化面试，围绕社会热点展开。

（资料来源：中华人民共和国教育部政府门户网站，moe.gov.cn。）

拓展资料

（三）大学生志愿服务西部计划

大学生志愿服务西部计划，是团中央、教育部根据国务院常务会议、《国务院办公厅关于做好2003年普通高等学校毕业生就业工作通知》和2003年全国高校毕业生就业工作电视电话会议精神的要求而实施的，财政部、人社部给予相关政策、资金支持。该项计划从2003年开始实施，按照公开招募、自愿报名、组织选拔、集中派遣的方式，每年招募一定数量的普通高等学校应届毕业生或在读研究生，到西部基层开展志愿服务，志愿者服务期为1至3年，服务协议一年一签。

报名方式：每年约4月初到5月中下旬，应届毕业生可登录西部计划官网（xibu.youth.cn），在西部计划报名系统进行注册、填写报名表并选择三个意向服务省。下载打印报名表后，经所在院系团委审核盖章，提交校团委。每年关注学校团委官网也可看到相关通知。

考试内容：考试分为笔试和面试两部分，由学校进行组织安排，综合考察报名学生的思想政治素质和志愿服务经历等情况，通过笔试、面试等形式择优选拔志愿者。

附：2024—2025年度大学生志愿服务西部计划实施方案（节选）

1. 工作内容

2024—2025年，由中央财政支持，面向普通高等学校（教育部《全国普通高校名单》所列高校）应届毕业生或在读研究生，按照公开招募、自愿报名、组织选拔、集中派遣的方式，招募选派3万名西部计划全国项目志愿者（含已招募的第二十六届中国青年志愿者扶贫接力计划研究生支教团志愿者）到西部地区基层工作。西部计划志愿者服务期为1至3年，服务协议一年一签。

西部计划的服务内容分为：乡村教育、服务乡村建设、健康乡村、基层青年工作、乡村社会治理、卫国戍边、服务新疆、服务西藏8个专项。岗位设置严格落实基层导向，重点向边疆、边境地区，国家乡村振兴重点帮扶县、当地乡村振兴重点帮扶县的乡村、易地扶贫搬迁安置社区、全国乡村治理示范村镇、全国乡村振兴科技引领示范村镇调整。为更好发挥西部计划在服务新时代党的治疆治藏方略，服务兴边富民、稳边固边方面作用，从2024年开始，增设卫国戍边专项，逐步实现全国陆地边境县（市、区、旗）的乡镇和边境团场的全覆盖，向沿边重点开发开放试验区、沿边口岸、边境中心城市、边境经济合作区、跨境经济合作区等倾斜。以南疆为重点，扩大服务新疆专项实施规模，岗位设置重点加强对南疆教育医疗、农业农村和国家通用语言文字教育等方面的支持。

进一步鼓励和支持服务期满志愿者扎根当地，持续深化优秀人才跟踪培养。进一步凸显西部计划实践育人的功能，以青年马克思主义者培养工程（以下简称“青马工程”）西部计划专项和研究生支教团专项为抓手，逐步建立长链条育人体系，努力将西部计划建设成为新时代新征程青年志愿者在服务基层、服务社会的实践中感悟思想伟力、凝聚奋进力量、展现青春作为的大学校。

2. 政策支持

（1）服务2年以上且考核合格的，服务期满后3年内报考硕士研究生初试总分加10分，同等条件下优先录取。

（2）按规定符合相应条件的，可享受相应的学费补偿和助学贷款代偿政策。

（3）参加西部计划项目前无工作经历的志愿者服务期满且考核合格后2年内（研究生支教团志愿者自研究生毕业时开始计算），在参加机关事业单位考录（招聘）、各类企业吸纳就业、自主创业、落户、升学等方面可同等享受应届高校毕业生的相关政策。

（4）服务期满考核合格的，依实际服务年限计算服务期及工龄（参加工作时间按其到基层报到之日起算），并在服务证书和服务鉴定表中体现。

（5）服务期满1年且考核合格后，可按规定参加职称评定。

（6）出省服务和在本省服务的志愿者享受同等优惠政策。

（资料来源：大学生志愿服务西部计划_中国青年网，xibu.youth.cn。）

课后练习：

1. 大学生就业偏好调查。

内容：全班学生每4~8人一组，分工协作，调查本届毕业生的就业偏好。

调查基本项目：

（1）毕业后你最有可能就业的城市。

（2）求职时你最看重的因素是什么？（薪资、福利、休假、地域、压力、是否稳定、发展空间等）

（3）求职时你更倾向的企业类型。（央企、国企、外企、合资企业、小微企业、无所谓）

（4）毕业后立即就业还是继续深造？

（5）毕业后直接去企业就业还是考公考编？

要求：

（1）调查回收样本不得少于1000人。

（2）形成数据鲜明、图文并茂的调查报告。

2. 收集整理当年最新的就业政策，并从中找出至少一条对自己就业能够提供利好的政策。

第二章　做好职业准备　实现高质量就业

大学时期是我们步入社会的过渡期，大学期间不仅要努力学习专业知识和技能，同时也要提升自己的情商和逆境商，积极参加社会实践，提高自己的综合实力。为了将来能顺利就业，大学生要做好各项职业准备，包括身体素质的准备、知识与能力的准备、思想和心理的准备。

小李，理科生，大学四年一直属于很普通的学生，既不是班干部也没有参加学生会，更没有参加各种社团，也很少参加班里的活动。但是，小李早有打算，从大一开始，他就决定放弃考研，毕业后直接找工作。于是他平时认真上课，从不缺勤，专业成绩优秀，课余时间坚持跑步锻炼身体。在学习与实践相关的课程时，他更加认真。每年的寒暑假他都去做兼职，实践经验相当丰富，到大四找工作时，由于专业课程学得扎实，专业能力突出，工作经验比较丰富，小李顺利找到了一份满意的工作。

小王，文科生，性格活泼开朗，为人大气爽直。从大一开始就担任班长，加入了学生会并积极参加各种学生活动，在同学眼中她简直就是勤劳的小蜜蜂，辛勤而忙碌。小王自己也乐在其中，她愿意在自己年轻的时候接受更多的锻炼，不断地提升自己各方面的能力。在大学期间，由于小王各项工作突出，成绩优异，连续两年被评为省级优秀学生干部。大三下学期，小王决定考研，于是她辞掉了大部分学生会工作，一心准备考研，经过自己的不懈努力，终于成功上岸。

第一节 做好职业准备

一、身体素质准备

无论我们从事什么职业，都需要一个强健的身体和健康的体魄，所谓“身体是革命的本钱”。这对于当代即将步入社会从事各行各业工作的大学生来说尤为重要。但是当代大学生的身体素质堪忧。

（一）当代大学生身体素质现状

近年来，教育部、国家体育总局、国家民族事务委员会及科学技术部的联合调研结果显示：我国大学生在身高、体重等形态发育方面有所提升，反应速度与力量素质也有所增强，营养状况显著改善。然而，学生们的体能素质和肺活量指标持续下滑，肥胖率显著上升，近视问题依然严重，多数大学生的抗压能力仍显不足。

拓展阅读

“脆皮大学生”引发热议：当代大学生的身体状况如何？

“脆皮大学生”常用来形容那些虽然年轻，却经常出现健康问题的大学生。网友们戏称这是另一种版本的“脆脆鲨”。

在各大社交平台上有许多令人啼笑皆非的受伤经历：“伸了个懒腰，结果脖子扭伤了。”“看搞笑视频笑得太厉害，肺都要炸了。”“没吃到猪脚饭竟然难过到进了医院。”“骑共享单车太多导致尾骨错位。”南京某高校的学生小朱表示：“我的室友真的太‘脆皮’了，一个学期居然去了四次医院，连门卫都快认识我们了。”小朱说，上学期他成了室友的“专职陪诊员”。“跑步时扭了脚；熬夜几天后眼底出血；胡吃海喝之后胃痛，还得去做胃镜。最夸张的是，躺着呼吸困难，只能坐着睡觉，去医院检查说是肺部结节！”研究表明，大学生的身体素质似乎正在下滑。专家指出，提升大学生体质已刻不容缓，应在学校强化健康教育，鼓励学生积极参加体育锻炼。

（资料来源：央广网，https：//news.cnr.cn。）

（二）大学生身体素质下降的原因

本应活力四射、充满朝气的年轻人为何变成了“脆皮”一族？究竟是什么因素影响了大学生的健康？

首先，学业负担重，体育锻炼严重不足。

大学生从上小学开始，以学习为主的思想已经根深蒂固，体育课往往被忽视。甚至有些省份在大学之前，体育课往往难以得到充分保障，常常被其他文化课挤占。学生在校的体育锻炼时间大大缩短。在升入大学前的中学阶段，许多学生每天忙于功课，鲜少有时间进行体育锻炼。即便偶尔运动，也往往达不到理想的锻炼效果。久而久之，锻炼的习惯便逐渐淡出他们的生活。这样一来，虽然同学们成功进入了大学，但在健康方面却留下了一些遗憾。

除此之外，大学生忽视体育锻炼也是重要原因。不少大学生将大量的时间用在玩网络游戏、刷短视频、睡懒觉上，有规律的体育锻炼却往往被忽视。

其次，生活作息不规律，饮食习惯不健康也是重要原因。

垃圾食品泛滥，奶茶、咖啡等高糖饮料在大学生中颇受欢迎，导致大学生营养不足，高糖高脂，身体负担过重。经常喝饮料不仅会导致身体肥胖，还会引发很多疾病。

另外，不少大学生已经习惯性熬夜，即使没有考试或其他压力，晚上也会刷手机到很晚，不能合理安排作息时间，晚上不睡，早上不起。大学生每天深夜才入睡已是常见现象，如果早上没有课程，他们会睡到上午10点。长此以往，大学生会出现精神紧张，身体超负荷运转。

许多女生追求苗条的身材，但是又不常运动，于是就选择节食减肥，甚至连基本的营养需求都无法满足，更不用说保持健康的身体了。早餐是一天中重要的能量来源，能为上午的学习和工作提供动力，然而许多学生却常常不吃早餐。一些男生则养成了抽烟、喝酒和熬夜打游戏的不良习惯。此外，还有很多学生晚上喜欢吃夜宵，导致入睡后肠胃仍在工作，严重影响了睡眠质量。上述种种现象，都是大学生常见的不良生活习惯，这些不良习惯正在严重损害他们的身体健康。

（三）大学生如何提高身体素质

1. 重视睡眠质量，规律作息

睡眠对我们的身体健康和心理健康都至关重要。而当前大学生群体中很多人不重视睡眠。由于习惯性熬夜，导致生物钟紊乱、睡眠出现问题的大学生越来越多。

每个人所需的睡眠时间不尽相同，成年人通常需要7～10小时的睡眠时间。美国斯坦福大学人类睡眠研究中心提供了两种方法来帮助确定自己的最佳睡眠时长。一种是在度假期间记录每天的实际睡眠时间，因为在放松的状态下，身体会逐渐调整到自然的睡眠模式，大约五天后，晚上睡觉的时间可能就是您所需要的合理睡眠时长。如果没有度假的机会怎么办呢？睡眠研究中心的库什达博士建议，可以计算工作日和周末的平均睡眠时间，从而确定自己的最佳睡眠时长。专家们还强调，一旦确定了所需的睡眠时长，就应该制定作息时间表并严格执行。每天应按时上床，理想的入睡时间是晚上9点到11点。过晚入睡不仅会影响睡眠量，还对皮肤健康不利。尽量自然入睡，自然醒来；如果需要闹钟，也应设定在同一时间，以帮助调节生物钟。此外，白天的小憩应控制在45分钟之内，这足以恢复精力，而不会导致午睡后的昏沉感，并且不会影响晚上的睡眠质量。

为了保证高质量睡眠，推荐给大家几个小妙招：

（1）避免摄入咖啡因、酒精。

含咖啡因的饮品，如咖啡、茶、苏打水和巧克力，会刺激神经系统，影响睡眠。虽然酒精在短期内可能会使人感到困倦，但它并不能提供整晚的良好睡眠，反而会在酒精浓度下降时干扰睡眠。

（2）饮用热牛奶或晚安茶。

牛奶中的钙有助于身体放松，尤其是温热的牛奶效果更佳。然而，不是每个人都能接受牛奶的味道，可以选择晚安茶作为替代。这些专为改善睡眠而设计的茶饮，对于缓解身心压力、提升睡眠质量同样有着显著的效果。

（3）创造一个良好的睡眠环境。

室内环境对睡眠质量至关重要。确保房间黑暗、干净且通风良好，并保持适宜的温度。

（4）白天不要长时间小憩。

白天的小憩确实可能影响到晚上的睡眠。如果午休时间过长，就会影响晚上的睡眠质量，因此，可以缩短午休时间。

（5）有一个好的作息时间。

我们的身体非常喜欢有规律的时间安排和稳定的作息。建议每天尽量在同一时间起床和睡觉，即使到了周末也不要过于放松。

上述妙招有些可能不太适用于大学生，同学们可以根据自身情况，有选择性地尝试这些方法。需要注意的是，不要过度依赖这些妙招，它们只能起到辅助作用，最终目标是实现自然良好的睡眠状态。

2. 生命在于运动

国家体育总局建议：每天锻炼一小时，健康工作五十年，幸福生活一辈子。 运动是生命的源泉。体育锻炼是一种积极的健康投资。然而，“学习繁忙，无暇锻炼”“身体状况良好，觉得无须锻炼”成为许多大学生忽视体育活动的常见借口。调查显示，接近一半的大学生在体育课外几乎没有参与其他运动。大一和大二的学生由于有体育必修课，锻炼频率较高；而大部分大三和大四的学生甚至无法保证每周一小时的锻炼时间。清晨锻炼的主要是中老年人。此外，校园内体育设施的紧张也加剧了学生对体育活动的兴趣缺失。有些学生好不容易有了锻炼的想法，却发现运动场早已人满为患。部分学校为了经济考虑，将一些体育场地改为收费服务，这让不少学生望而却步，只能偶尔体验一次。还有一些学生因为课业繁重或早晨起不来，总觉得有心无力。那么，如何才能改善这种状况呢?

（1）把握“今天”。

对许多大学生而言，尽管有着做体育锻炼的决心，但实际行动却往往跟不上，或者难以持续下去。解决这一问题的关键在于“珍惜当下”。时间一去不复返，我们能真正把握的唯有眼前这一刻，即今天、此刻。正所谓“一年之计在于春，一日之计在于晨”。首先，建议大家尽量早起锻炼，贪恋被窝往往会成为健身路上的一大障碍。刚开始可能会遇到不少困难，但请不要轻易放弃。试着逼迫自己与日出同步醒来，完成晨练或早操不仅有助于拉伸肌肉，还能让你在清晨的新鲜空气中焕发活力，白天上课更加专注，吃饭时胃口也会更好。适量的运动还会使你在夜晚感到适度的疲惫，带着满足感更快进入梦乡。其次，要认识到“今天”是你唯一可以掌握的时间。昨天已成过去，无法更改；明天则充满未知，尚未到来；唯有今天如同手中的现金，值得我们好好利用。因此，珍惜并充实每个今天，制定并执行今天的行动计划，才能让体育锻炼成为一种习惯。在每一天的锻炼中，你会逐渐培养出坚定的意志力、勇气、自信。只要做到这些，“无法长期坚持锻炼”的问题便迎刃而解了。

（2）“顺其自然”的健身方式。

不要以为体育锻炼一定要有特定的场所、时间、器材和心情。实际上，健身完全可以融入日常生活之中。休闲运动是缓解身心压力的最佳途径之一。许多运动方式往往受限于场地、设施、天气和器材等因素。对学生而言，最适合且最容易持续进行的锻炼方式就是散步和爬楼梯。跑步同样具有诸多益处，不需要专门的场地，时间自由，可长可短；散步不仅能活动筋骨，还能锻炼神经，提高心肺功能。进入教学楼上课时，还有一个值得推荐的活动，那就是爬楼梯。因此，建议大家不要乘坐电梯，而是以跑步的速度每天上下楼梯。长期坚持下去，你会发现自己步伐轻盈、呼吸平稳。不妨尝试一下这种爬楼梯的健身方式，相信会带来意想不到的效果。

（3）信念塑造强健的体魄和积极向上的人生。

从体育锻炼开始，坚定的信念与顽强的意志将促使平凡的你取得令人瞩目的成就。随之而来的，是一种充满进取心、积极乐观和意志坚定的生活态度，让你能够以更坚强的信念和毅力不断追求新的目标。

3. 培养良好的饮食习惯，不挑食，不贪吃，食物尽量多样化

食者，万物之始，人之所本者也。——《尚书·大传》

长寿之道，在于养生。养生之道，在于饮食。——《黄帝内经》

保持健康饮食是基本的生活追求，但要做到这一点其实并不容易。大学生往往认为自己年轻，身体健康，不注重饮食的健康搭配，吃什么全靠自己喜好。这样很容易造成身体受损。

为了满足身体所需的多种营养，确保有充足的热量来支持日常活动，增强免疫力，保证身心健康以及学习效率，大学生应养成良好的饮食习惯。要做到三餐饮食定时定量，避免暴饮暴食，提倡均衡膳食，纠正挑食习惯，合理搭配食物，确保营养全面。

然而，当前许多大学生虽然在饮食上的开销不小，却未能摄入合理的营养，存在蛋白质和热量摄入不足的问题，且三餐分配不合理，饮食习惯不佳，导致许多大学生出现胃病。因此，在校学习期间，大学生应当树立健康饮食的意识，不断收集相关知识，关注饮食科学，因为这一学问将伴随我们一生。对于刚刚步入大学的新生而言，离开了熟悉的环境，饮食也开始脱离家庭的约束，完全由自己掌握，因此从踏入新环境的第一天起就应注意这些问题。

日常饮食中，饭、菜、汤和水果是不可或缺的部分。那么，如何才能吃得

更健康呢？俗话说：“饭前喝汤，胜似良药。”在吃饭前先喝几口汤，相当于为消化道添加了“润滑剂”，有助于食物顺畅下咽，避免干硬食物刺激消化道黏膜，有利于肠胃对食物的消化吸收。如果不先喝汤，吃饭时也不进汤水，饭后可能会因胃液大量分泌而导致体液流失过多，出现口渴。此时再喝水，则会稀释胃液，影响食物的消化吸收。因此，营养学家建议，养成饭前及用餐时喝汤的习惯，不仅有助于消化，还能减少食道炎、胃炎等疾病的发生。水果和蔬菜是日常饮食中的重要组成部分，富含多种糖类、有机酸、矿物质、维生素和蛋白质，对人体生理功能的维持至关重要。水果无须经过胃部消化，可以直接进入小肠被吸收。而米饭、面食、肉类等含淀粉及蛋白质的食物则需要在胃内停留较长时间。如果饭后立即吃水果，不易消化的淀粉和蛋白质会阻碍容易消化的水果。 因此，正确的用餐顺序为：汤→蔬菜→饭→肉→半小时后再吃水果。

大学生应当充分认识到，健康的身体是一切的基础，要从细节做起，保持良好的身体状态。一个不懂得爱护自己的人，很难成为有用之人，这里的爱护自然也包括对身体的呵护。只有健康的人生才是美丽的人生。

贴心提醒：一天八杯水有益健康

早上6:30，起床后饮用250毫升温开水，以补充夜间流失的水分，并帮助清理肠道、排出毒素。上午8:30，抵达教室后再次摄入250毫升的水，因为在早晨忙碌的过程中，体内的水分已悄然流失，此时补水至关重要。中午11:30，在经过一上午的学习后，午餐前饮水有助于激活消化系统的活力，让身体得到适当休息。12:30，午餐后适量饮水可以加速血液循环，促进营养物质的吸收。下午14:00，在上课前喝一杯清茶，既能消除疲劳，又能为身体充电，这杯水的作用不可小觑。傍晚17:00，在一天的学习即将结束时，喝上一杯水，因为忙碌了一整天，体内的水分几乎耗尽，这时补水能使肠胃产生饱腹感，减少晚餐的进食量，尤其适合有减重需求的人群。晚上22:00，睡前饮用200毫升的水，有助于降低血液黏稠度，确保睡眠质量，这样就能完成每日所需的2100～2800毫升的饮水量。

二、知识与能力准备

对于在校大学生来说，如何科学地安排学习内容，构建合理的知识结构，找对方法非常重要，下面我们来看一下都有哪些原则和方法。

（一）基本原则和途径

1. 基本原则

（1）“广博”与“精深”相结合的原则。

现代知识结构具有整体性特征，这种整体性应该是基础性与前沿性的有机统一，也就是知识层面的“广博”与“精深”的结合。所谓“广博”，即广采博学；“精深”即精通专业。广博的知识是根基，它能让人们的视野更加开阔，思维更加活跃，并且能够触类旁通。从许多成功人士的经验来看，通常情况下，他们是在拥有广泛基础知识的前提下，对专业知识进行深入钻研，从而成为某一领域的“专家”或“能手”，在职场成为不可或缺的人才。

大学生若要为自己未来的职业生涯打好基础，就要做到“广博”与“精深”相结合。只精不博，视野不开阔，难以深入下去；只博不精，难以形成自己的特长优势。将广博与精深相结合，就是要妥善处理主攻学科与相关学科之间的关系。我们需要集中精力深入学习主攻学科，同时也要有计划地涉猎一些跨学科的知识。只有知识渊博的人，才能具备强烈的创新精神和创造力。例如，世界著名的科学家诺贝尔，虽然毕生致力于化学研究，但他对电学、光学、机械学和生理学同样抱有浓厚兴趣，他还是一位诗人和文学爱好者。正如他所说：“各学科之间存在着内在联系，解决某一科学领域的问题时，应当借助其他相关学科的知识。”

（2）层次与比例相结合的原则。

合理的知识结构应该是有序的、层次分明的，构建知识体系时，需要各个层次的知识按比例协调组合。大学生在搭建知识框架时，应当遵循层次性与比例性相结合的原则。通常来说，大学生的知识可以分为三个层次：基础层、中间层和顶层。基础层涵盖了各种科学文化及基础知识，这是大学生参与实践活动不可或缺的部分；中间层则包括一般性的、系统的专业知识，这不仅体现了大学生的专业方向，也为他们未来从事专业研究打下了基础；顶层涉及的是某个专业领域的最新研究成果和前沿动态，直接反映了大学生的专业研究水平。这三个层次的各项知识需保持适当的比例和协调关系，既要将对实现目标至关重要的知识置于核心位置，并增加这部分知识的学习比重，即实现中心与重心的统一，同时还要关注其他相关内容。知识的学习既要面面俱到，又要分清主次。

（3）理论与实践相结合的原则。

合理的知识结构不仅是理论知识的有效整合，还更多的是通过指导实践后所获得的能力的结晶。在构建的知识结构中，如果忽视实践能力对理论的检验与指导，就会出现知识结构的倾斜甚至坍塌，从而出现“纸上谈兵”的现象，重蹈“闭门造车”的覆辙；同样，如果知识结构中过多地注重实践能力的积累，而忽视或削弱理论的指导，就会在工作实践中缺乏科学的指导，出现盲目性，多走弯路。所以，大学生想要建立合理的知识结构，就要坚持理论与实践的统一，除了重视“第一课堂”的学习，还要积极参加“第二课堂”的实践活动，只有这样构建的知识结构才是扎实的、平衡的。

（4）适时更新知识体系的原则。

当今时代，知识的更新速度日新月异，我们原有的知识结构体系中，一部分按照既定的专业目标所积累的专业性较强的知识成分会出现过时、不足等现象，要想适应职场需要，就需要适时补充新知识、新技能，适时给自己充电，活到老，学到老，终身学习必将成为趋势。

2. 建立知识结构的一般程序和途径

构建合理的知识体系对每个人而言并没有固定模式，因为千篇一律的知识结构既不利于社会进步，也不利于个人特性和能力的发展。此外，由于每个人所处的社会角色、受教育程度以及时代发展的特点各不相同，这些因素都会直接影响到个人知识结构的形成。但是，就它的共同性来讲，知识结构的一般层次的构建可以借鉴以下的程序和途径来完成。

首先，要根据自身的情况确定准备选择的职业目标，并以此确定自己知识结构的类型。

其次，根据计划构建的知识框架，对自己的现有知识体系进行整体性和层级化的优化整合，从而搭建出一个个性化的知识结构雏形。例如，商业运营型、管理型、科学研究型等。

最后，自身在工作岗位中不断实践调整知识结构，使之更加趋于合理。

构建合理的知识结构并没有捷径可走，其根本方法依然是学习与积累。具体来说，包括以下几方面：

（1）广泛阅读，这能够让人眼界开阔，思维敏捷，底蕴深厚。

（2）按主攻目标积累知识。在知识的积累过程中，唯有按主攻目标积累的知识是在实践中最有效的。这是因为，有了主攻目标才能制订计划去做工作，才能明确积累什么样的知识，才能判断知识的相对价值，才会使积累的知识最有效，才会最大限度地发挥知识结构的作用。

（3）注意动态调整。世间万物皆处于持续的运动、变化和发展之中。大学生在实际的学习和构建知识结构的过程中，动态地调节主要分为两种情形：一是由于科技飞速进步带来的知识更新，需要调整知识结构以适应新的需求；二是当职业或工作性质发生变化时，需要调整原有的知识体系，以保持高效运作并充分发挥潜能。

（4）合理分配大脑记忆与外部存储的信息量。记忆是掌握知识的基本手段，人们积累知识，一般是通过大脑记忆和脑外记忆完成的。知识海洋浩瀚无边，一个人要想记忆更多的知识，仅凭大脑记忆是无法完成的，还必须借助脑外记忆工具，如电脑、卡片、笔记、索引、剪辑资料、照片、录音、录像等。而大脑中记忆的有效知识通常是常用的、能够反复应用的，是帮助人们进行日常思维活动或实践应用的工具。

知识的积累是个人成长的重要基石，通常人们会以掌握知识的多寡来评判一个人的能力水平，但这并不是评价人才的唯一标准。仅仅拥有大量的知识，并不能完全反映一个人的实际能力。大学生不仅需要具备丰富的知识储备，还需要构建合理的知识体系。若缺乏合理的知识体系，便难以发挥创造力。在进行职业规划时，大学生应根据职业发展和社会需求，科学地整合已有的知识，构建合理的知识架构，从而最大化地发挥知识的整体效能。常见的合理知识结构包括宝塔型和网络型。新时代对未来的综合型人才提出了更高的要求，不仅需要大学生能够适应社会需求，还要彰显个人特色；既要满足专业的需要，又要具备良好的人文素养；既能发挥团队的优势，又能展示个人特长。构建合理的知识结构没有捷径可走，唯有通过不断的学习与积累，采用适合自己的科学方法，持续努力，辛勤耕耘。

（二）大学毕业生应该具备的能力

所谓能力，是指人们在认知与改造世界的过程中，通过教育与实践逐步培养起来的一种力量。这种能力以知识和其他素质为基础，在不断的实践中得以展现，并整合为多种技能。它直接影响活动效率，是确保活动顺利进行的关键。当代大学毕业生应该具备以下基本能力：

1. 学习能力

学习能力是大学生不可或缺的一项基本技能。它不仅影响当下的学业成绩，还关系到未来职业生涯的成功与否。从童年的小学阶段到青年的大学时光，学习之路是一条连贯的轨迹，但学习方法却在不断优化与升级，从而推动学生的学习能力随着知识的增长而逐步提升。特别是大学校园汇聚了博学多才的教授、海量的图书资料以及来自不同专业的同学和朋友。尽管大家都是几年同窗，都在刻苦学习，但那些拥有较强学习能力的学生能够提高效率，充分利用校园资源，更好地掌握科学文化知识，从而达到事半功倍的效果。相反，那些不重视学习方法的同学，虽然整日忙碌，但是事倍功半，甚至一无所获。特别值得一提的是，较强的自学能力是大学生求职的一大优势，也是未来职场竞争的重要武器。在当今这个竞争日益激烈的时代，在倡导构建学习型社会的背景下，每位职场人士都面临着不进则退的压力。因此，持续学习成为大学生进步的重要动力之一，厚积薄发就是这个道理。大学生要想提高自己的就业能力，从现在开始就要锻炼自己的学习能力，不仅要“学会”，更要“会学”。对于大学的学习生活如何度过，怎样才能更充实、更有价值，大学生应该有一个比较完整的学习规划，为自己的职业生涯积攒后劲。

2. 表达能力

表达能力是指通过语言或其他方式向外界展示个人思想情感和实践成果的能力。在学习、工作和生活中，无论是交流思想、探讨问题、传递信息，还是阐述观点和展现才能，都离不开良好的表达能力。如果忽视表达能力的培养，即使拥有再出色的想法和方法，也无法清晰准确地传达出去，从而直接影响效果。表达能力主要分为口头表达能力和书面表达能力。口头表达要求语言丰富、流畅、灵活且富有艺术性，并且发音标准；书面表达则需要具备逻辑性、抽象性、艺术性和条理性。对于大学生而言，无论是在校期间还是将来步入职场，表达能力都是至关重要的。近年来，高校中出现了一些偏科现象，部分学生仍未完全摆脱高中阶段教育的影响，只注重书本知识的死记硬背，导致实际工作中写作和沟通变得困难重重，拿起笔不知道如何下笔，与人交流时也感到畏缩，写出的文章缺乏条理和逻辑性，甚至连简单的通知和申请都无法写得体，有的大学生虽然能做毕业设计，却无法撰写说明，还有的大学生外语水平不错，但中文表达却不够流畅，严重影响了大学生的整体形象。因此，在校期间，大学生应当积极锻炼，多参与实践，不断提升自己的表达能力。

3. 适应能力

如今，随着高等教育在运行机制、专业设置和教学内容等方面的全面改革不断深入，大学校园的环境也在不断变化。这要求每位大学生都必须具备适应新环境的能力。目前，许多大学生已经意识到这一问题的重要性，许多高校也将培养学生的环境适应能力视为提升其综合素质的关键一环。主动、积极地适应周围的环境，是当代大学生应该具备的基本素质。大学生若想在未来步入社会时迅速适应新环境，并充分发挥自身的才华，就需要具备较强的社会适应能力。

4. 人际交往能力

人际交往是指人们通过各种方式相互接触，并在心理上产生互动的过程。它是个体利用语言、文字或动作、表情等表达方式将某种信息传递给其他个体的过程。大学生是一个特殊的群体，人际交往对于大学生的学习、生活、成长以及未来的职业发展具有极其重要的意义。它不仅能够帮助大学生获取信息，促进其融入社会，还能提升他们的自我认知，维护心理健康，完善个性特质，并助力他们在事业上取得成功。在现代社会，人际交往能力和人际关系的质量是取得成功的关键因素。鉴于大学生对成功的强烈渴望和成才的愿望，他们应当遵循正确的交往准则，积极锻炼沟通能力，培养健康的心理状态，并掌握有效的人际交往技巧，从而做到正确地处理人际关系。

5. 开拓创新能力

开拓创新能力是指利用积累的丰富知识，通过持续的探索与研究，不断尝试与纠错，在脑海中独立创造新形象、提出新建议并实现新发明的能力。学习永无止境，科学领域广阔无垠，无论大学生选择的是哪个学科专业，都能在其专业领域及相关交叉学科中不断前行，开拓创新。

社会需要开拓创新的大学毕业生，尤其是在当今社会，新质生产力的发展需要社会各个领域不断进行创新，以适应生产力发展进步的要求。人工智能时代对创新能力的要求更高。大学生在校期间，要不断树立创新意识、挖掘创新因素、培养创新精神、提高创新能力，为在今后的工作中有所创新、有所创造奠定良好的基础。

6. 组织管理能力

组织管理能力涵盖了计划、组织协调、决策、指导和平衡等多个方面。随着毕业生就业制度的变革以及社会经济发展的多样化需求，具备良好交往能力和组织管理能力的大学生成为众多用人单位青睐的对象。如今，许多企业在招聘时不仅关注学生的学业成绩，还特别重视他们是否有担任学生干部或参与社会工作的经历，主要原因在于企业更看重毕业生的组织管理能力。无论未来从事何种职业，一定的组织管理能力都是必不可少的。要顺利推进工作、落实计划、激发他人的积极性并充分发挥团队智慧，没有扎实的组织管理能力将难以实现。

7. 实践操作能力

实践操作能力，也称为动手能力，是指将创新思维转化为实际物质成果，或者通过具体实验展示创新思维的能力。这种能力对于大学生来说至关重要，因为在校期间，他们更多地专注于专业理论知识的学习，或是在基础实验室中进行一些基本的动手训练。对于即将步入社会和工作岗位的毕业生而言，这种能力尤为重要，因为它直接关系到个人的实际表现。如果一名科技工作者仅仅掌握技术原理而不具备实践操作能力，将无法完成技术突破和创新任务。技术攻关工作能力与研究需要在不断的实践中逐步提升。教育家苏霍姆林斯基曾说过："智慧之花绽放在指尖上。"因此，大学生不仅要在学校积累知识、学好理论，还应通过参与模拟实验、科研项目以及利用生产实习和勤工俭学的机会，努力培养并提升实际操作能力，以满足未来工作的需求。

8. 决策能力

决策能力是指决策者为了未来的行为设定目标并组织实施的判断与选择能力。无论是在全球经济、国家政治、军事文化等宏大领域，还是在个人日常行为中，决策能力都是无处不在的。从国家领导人的重大决策到普通劳动者的具体行动，从改造世界到日常生活中的琐事，决策的重要性不言而喻。优秀的决策能力不仅能够高效实现目标，还能减少失误，以最小的代价获得最大的成功。

对于大学生而言，从踏入校门那一刻起，就需要重视并积极培养自己的决策能力。从选择专业的学习方向、培养个人的身心素质、构建自身合理的知识结构到毕业走向社会时的"双向选择"，都需要认真决策。尤其是当大学生面临毕业择业这一重要的人生节点时，如何选择未来的道路，他人的建议仅能作为参考。因此，平时锻炼和提升自己的决策能力显得尤为重要。培养决策能力应从日常生活中的点滴做起，遇到事情时要勤于思考，避免懒惰，不应凡事依赖他人做决定，而要逐渐养成善于谋划和果断决策的习惯。如此一来，通过日积月累的练习，在面对重大抉择时，才能游刃有余，不会感到手足无措。

★用人单位需要什么样的人才？

（1）要有广泛的专业技能。熟练掌握并能够维护各类系统，范围涵盖计算机系统到产品销售。

（2）具备丰富的想象力。能够广泛收集信息并深入理解，运用这些信息引领公司迈向未来。

（3）拥有独特的创新能力。能够确保公司的稳定运营，从而实现长期的高额收益。

（4）具备出色的组织能力。这是一种至关重要的技能，许多部门需要在物资供应、工作流程及商务合作等多个方面进行组织或重组。

（5）具有出色的说服能力。高效的工作人员应擅长与他人分享信息，清晰表达观点，使他人理解和认同特定的见解。

（6）具有良好的沟通技巧。仔细倾听他人意见，用词精准的书面表达，温和的口头交流，以及对事物的准确描述，这些都将带来无可估量的价值。

（7）拥有善于学习的能力。这一点比上述每一项都重要。当今时代的核心竞争力已经发展为学习能力的竞争。

在未来社会，最受青睐的必定是那些具备综合素养的多面手。他们不仅熟知国际经济的"游戏规则"，还拥有跨文化的实践能力与全球视野，并且具备强大的创新能力以及信息交流和应用能力，是真正面向世界的个体。

（三）能力的培养与锻炼

对于大学生来讲，知识的积累本身就是一个培养能力的过程，但在这个过程中，我们还需要自觉地锻炼和发展各项技能，提高智力水平，培养科学的思维方式，并增强实践能力。由于每个人的先天条件、后天教育、社会环境以及实践经验各不相同，因此实践能力水平也会有所差异。但就每个人来讲，实践能力的发展程度，取决于自身努力程度。培养和锻炼实践能力的方法大致可归纳为以下几种：

1. 勤奋学习，打好基础

理论是指导实践的指南，是实现实践活动的基础。掌握理论，无疑是通过勤奋学习达到的。因此，对大学生而言，培养实践能力首先要"固本"，应时刻铭记"知识永远是能力的源泉"。

2. 勇于实践，提高能力

大学生在校期间的实践锻炼应注重以下几个方面：

（1）积极参与各项社会活动。

首先，有计划、有目的地开展社会调研，广泛接触社会，加深对社会的理解，客观评估自我，找准自己在社会活动中的定位，从而提升社会活动能力和人际交往能力，增强分析与解决问题的能力。

其次，大学生应充分利用宝贵的实习时间，向有经验的专业人士学习，提高实践技能，并适当参与一些兼职工作以获得锻炼机会。在大学期间，根据教学计划安排，每位学生都会有生产实习和毕业实习的机会。我们应该把握这些宝贵的机会，向经验丰富的一线技术人员和工人师傅学习，吸收他们的宝贵经验，丰富自身。在实习过程中，学生不仅能学到许多书本上没有的知识，还能培养综合运用知识的能力和实际操作技能，提升创新思维能力和工作的独立性与主动性。此外，实习还能增强学生对未来职业环境、工作性质及专业应用范围的直观认识，使他们发现自身的优点与不足，明确进一步学习和努力的方向。

大学生还可以从事一些兼职工作，比如促销、代理校园服务业务等，这也是大学生锻炼自己的良好途径。大学生兼职不仅丰富了大学生活、锻炼了能力，也在一定程度上缓解了家庭经济压力，可谓一举多得。但是也应该注意到许多人打着招聘兼职的幌子欺骗大学生，所以并不是所有的兼职工作都可以去做，要擦亮眼睛，不要上当吃亏。

（2）在实践中注重提升分析与解决问题的能力。

大学生需要将书本知识与实际操作相结合，从而培养自己分析和解决问题的能力。这两种能力的提升，是在不断面对和处理实际问题的过程中实现的。

（3）积极参加各种大赛，以赛促学。

大学生在校期间应积极参加各种比赛，从而提升自己的专业水平和综合素质。在备赛过程中往往会有团队的帮助，有指导老师的正确引导，参与各类比赛对提升个人的创新能力、沟通能力、表达能力和团队合作能力等大有裨益。例如，中国国际大学生创新大赛、大学生职业生涯规划大赛、全国大学生数学建模大赛以及各类计算机网络竞赛等。事实证明，那些在校期间参加过各种比赛的学生，就业时能更快地适应岗位，展现出更强的工作能力，并迅速成为业务骨干。因此，在校期间多参与各种比赛无疑是提升实践能力的有效途径。

3. 开拓思维，发展兴趣

“兴趣是最好的老师。”兴趣与爱好是激发个人能力的关键动力。通常来说，拥有广泛兴趣和爱好的人，他们的视野更为开阔，思维方式也更加多元，能够从多个角度学习新知并提升自我。对某一领域充满热情的人，往往会更加专注于特定技能的培养与提升，从而更容易在这个领域取得显著成就。因此，无论是兴趣广泛还是专注于某一领域，对能力的培养都是有益的。大学生要明确个人兴趣爱好，并积极地培养和发展兴趣爱好，全面提高综合素质。

三、思想准备和心理准备

作为应届毕业生，除了要做好前文提到的身体素质准备、知识和能力上的准备，还应该做好思想准备和心理准备。

（一）思想准备

明辨局势——应根据自身的实际能力和水平选择合适的行业或岗位。对薪资和福利待遇的要求不宜过高，也不必进入知名企业，当然也不一定要求对口就业，非对口就业也很常见。

从基层做起——即便是来自名牌大学或表现优异的应届毕业生，也应做好从基层（如文员、普通职员或技术员）做起的准备。很少有企业会直接任命缺乏实际工作经验的应届毕业生担任重要职务（如主管或经理）。

抱一般的希望，做不懈的努力——遇到挫折和困难是正常的，这也是成长的必由之路。一定要坚持不懈，并保持自信。不要期望投出几份简历或接到几次面试通知就能轻松找到工作。只有通过不断的努力，最终才能获得成功。要始终相信，每个人都能找到属于自己的位置！

（二）心理准备

情景案例：

小田是2024届大学毕业生，大学主修园林设计专业。面临毕业找工作，小田十分焦虑。他感觉自己没有什么特长，而且目标模糊，大学四年也没有制订求职计划。而且，他认为自己所学专业并非热门专业，因此对自己的职业期望比较低。一次偶然的机会，辅导员问起小田工作找得怎么样了，小田害羞地把自己的情况跟辅导员汇报了一下。辅导员听后耐心地给小田做了一番指导。他指出小田虽然成绩一般，但是特别擅长Photoshop，CAD制图技术也不错，认为他是有一技之长的人才，一定会找到自己心仪的工作。小田如梦初醒，发现自己并非一无所长，如果做广告设计或园林设计，自己应该是可以胜任的。后来，他认真做了简历，又有针对性地进行了招聘信息筛选，并投递简历，最后如愿被一家大型广告公司聘用。

目前，就业形势非常严峻，除了做好思想准备，还应该做好心理准备，有一个良好的就业心态。培养良好的就业心态，一般包括以下几个方面：

1. 确定合适的就业目标

个人的职业目标应当与自身的能力相匹配或接近。毕业生可以通过以往的成功与失败经历，来洞察自身的性格特点和能力，在自我反思、自我审视与自我总结的过程中，全面了解自己的优势与不足，从而做出客观准确的自我评估。虽然职位种类繁多，但并非每一个都适合你。仅仅凭着一腔热情，认为自己能够胜任所有职位的想法是不现实的。如果求职没有目标，就会输在求职竞争的起跑线上。

2. 避免过于理想化和盲目跟风

应当根据自身的特质、能力和社会需求做出选择，而不是与同学攀比。适时调整就业期望，不必过分追求完美结果。要正视现实，培养积极主动的职业态度。每个人的专业和能力各不相同，都有各自的特点，因此每位毕业生都应该立足实际，依据社会需求选择合适的职业。有些毕业生害怕吃苦，不愿去基层工作，只追求舒适轻松的环境，一心向往大城市和大机关，这无形中限制了自己的求职范围。可以先进行自我评估，知道自己适合做什么、能够做什么，并且关注整个社会及本地经济的发展情况和趋势，广泛收集人才需求信息，了解哪些单位适合自己，哪些单位不适合自己，从而形成积极主动的职业意向，设定合理的择业目标。

3. 正确面对挫折和失败

培养敢于竞争的精神，克服自卑和胆怯的心理，增强自信心。面对挫折时，不消极回避，而是以积极的态度迎接挑战，勇敢地克服困难，争取把失败的教训转化为获得成功的经验。当前就业竞争十分激烈，就业遭遇失败是正常现象。应当冷静接受现实，而不是将现实的矛盾转化为内心的冲突。需要认真分析挫折产生的原因，如果是主观原因造成的，就应该适当调整，避免今后重蹈覆辙。而对于那些由客观条件、自然或社会因素导致且我们无力改变的情况，则不应过分自责、自卑或固执，而应坦然面对，灵活应对。正确对待挫折，才能始终保持内心稳定和平衡的状态。

4. 端正求职态度，细节决定成败

在如今越发激烈的职场竞争中，任何一个小疏忽都可能成为求职路上的绊脚石，因此，在整个求职过程中必须保持严谨认真的态度。真诚的力量能够打动人心。求职者务必展现出自己的诚意，传达对招聘方的尊重与向往。模棱两可甚至满不在乎的态度，是对自己不负责任的表现，任何一家公司，都不会因为失去一个不渴望这份工作的人而有损失。

求职实际上是一个持续学习和逐步融入社会的过程。要学会控制自己的情绪，对于就业过程中出现的心理障碍，应及时予以调整，以利于求职就业的顺利进行。

另外，大学毕业生求职时，一定要避免出现以下几种心理：

羞怯心理。在求职现场，有些人因为害羞，递上自荐信后转身就跑，或是面对招聘人员时紧张得结结巴巴、满脸通红，这样的人很难获得用人单位的青睐。

攀比心理。攀比心理是个体过分夸大自身被尊重的需要，在虚荣心的驱使下所产生的比较极端的心理障碍。有攀比心理的人在求职择业的过程中往往会脱离自身实际情况，盲目攀比，造成高不成、低不就的局面。求职是自己的事情，从毕业的那一刻起，我们的一切都要重新开始，千万不要与同学或校友比谁的工作更好。求职不仅是个人能力、学历的比拼，还受到机遇、运气、人脉、社会等综合因素的影响。因此，攀比之心只能让你心理失衡，不会带来任何好处。

依赖心理。这是一种缺乏独立意识和无法自主承担责任的心态。通常，那些在独立决策方面存在困难或缺乏进取心的人更容易表现出依赖心理。很多大学生直到毕业都没有实现真正的独立，求职时往往不主动出击，消极心理占主导，“等、靠、要”是他们的共同特点。他们求职时或是过于依赖家人，或是过于依赖同学，甚至有的人面试还要朋友或家人陪同，这样的人只能让用人单位望而生畏，不敢留用。

啃老心理。自己不急于找工作，整天想着反正父母也不缺这点钱，自己就是不找工作也没关系，父母总是会想办法的，心甘情愿成为“啃老族”。

乡土心理。还有一些大学毕业生不愿离开家，或者不能离家太远，只能在离家不远的地方就业。这样的人往往会被束缚，就业机会会少很多。

自卑心理。自卑的人总是对自身的素质和能力评价过低，面对激烈的就业竞争，自我否定，害怕主动向用人单位推销自己，因此错过不少就业机会。

自负心理。自负的人往往对自己的评价过高，心高气傲，盛气凌人。有自负心理的大学毕业生求职时往往就业期望值过高，他们自认为自己比别人高出一头，用人单位理所应当会更加青睐他们。这样的人一旦受挫，便会产生失落、烦躁、抑郁的心理。因此，正确评价自己非常重要，要摆正心态，从容面对。

伪造心理。使用假学历、假证书和假荣誉等手段，并不是打开就业之门的金钥匙。毕竟，虚假的东西终将难以持久，反而会损害个人声誉，断送自己的未来。

课堂讨论：

面临毕业求职，你有没有出现心理不适或心理障碍？你是如何进行心理调适的？

第二节　提升职业素质

职业素质是指在一定的生理和心理条件下，通过教育培训、职业实践及自我提升等途径培养出来的内在品质。这种品质在职业活动中起着决定性的作用。职业素质是选拔人才的重要标准之一，也是在职场中取得成功的关键因素。提升职业素质，就是从根本上提升我们的就业竞争力。

下面介绍几种基本的职业素质。

一、职业修养

（一）大学生需要具备的职业修养

大学生进入职场前，要做好两个方面的“修养”准备：品德修养与知识和能力修养。

1. 品德修养

尽管职业种类繁多，但从最基本的职业素质来看，拥有优秀的品德是踏入职场的前提。优秀的品德修养涵盖以下几个方面：

忠诚。忠诚不仅意味着尽心尽力地完成他人交代的任务，还体现在对自己的工作全力以赴，不敷衍了事，始终保持对事业的忠诚。俗话说："态度决定一切。"以忠诚的态度面对工作中的每一个细节，定能获得成功。

诚信。诚信是人际交往的重要原则，也是职场不可或缺的品质。诚信并非一朝一夕就能建立的，而是需要长期坚持和实践才能真正体现其价值。古语云："百年言论，千年诚信。"

敬业。敬业即对工作的尊重，包括认真、细致、努力等多个方面。忠诚是敬业的基础，敬业则是忠诚的具体表现。孔子曰："敬而信。""居处恭，执事敬，与人忠，虽之夷狄，不可弃也。"由此可见，对待工作必须全身心投入，才能有所成就。

谨慎。谨慎是在工作中保持细心和小心，避免粗心大意。

勤奋。无论是处理公务还是处理日常事务，都应勤奋踏实，一丝不苟。要不怕吃苦，善于做事，不偷懒、不逃避责任，也不推卸任务。

谦逊。在与他人或同事相处时，成功往往源于谦逊和友善。无论在生活还是工作中，都要做到富贵不骄、贫寒不卑，专心致志地做好每一件事，并以谦逊的态度对待他人。

和谐。保持良好的精神面貌和充沛的精力，在工作中始终保持积极向上的状态。面对人和事时，消除畏难情绪，从容应对。

戒贪。古人云："利令智昏。"孔子曰："见小利则大事不成。"初入职场的年轻人应当铭记"不义之财不可取"和"君子爱财，取之有道"的古训。

2. 知识和能力修养

年轻人在选定职业后，接下来就要为进入职场做好充分的准备，尤其需要提升专业知识和技能。要想具备扎实的理论与实践经验，需要从三个方面不断提升自己。

首先，课内外相结合，广泛阅读。大学生的学习不应局限于课堂上的内容，还应多方涉猎，广泛学习，以便融会贯通，灵活运用。这样在步入职场时，就不会因知识匮乏而感到困扰。

其次，慎重选择朋友。经验表明，在大学这个黄金时期，结交什么样的朋友至关重要。优秀的朋友不仅有助于提升个人品德，还能帮助我们增长知识和经验。正如孔子所说："益者三友，损者三友。友直，友谅，友多闻，益矣；友便辟，友善柔，友便佞，损矣。"正直、聪明且勤奋的朋友是一笔宝贵的无形财富，在共同的学习生活中，会对我们产生积极的影响。

最后，抓住各种机会，多参与事务，提升办事能力。大学期间虽不会有特别复杂和影响巨大的事情，但通过积极参与社团活动，直接或间接地参与组织工作，可以有效提升个人的办事能力。多处理事务，可以了解做事的流程，掌握解决问题的方法，培养正确的态度，从而增加胆识、见识和经验，提高思考力、判断力及办事能力。"知识的来源有三个：一是天赋，二是努力，三是经验。"青年大学生的知识修养并非一朝一夕能够完成的，必须通过日常的勤奋学习和实践，向他人学习，从书本和社会中汲取营养，潜心修炼，才能达到知识的丰富与能力的提升，才能满足未来工作的需求。

（二）大学生应该树立的职业信条

敬业。要树立"职业神圣"的观念。如果一个人对自己的职业缺乏尊重，那就是对这份工作的亵渎，最终会导致工作质量下降，给社会和个人带来双重损失。正如庄子所言："用志不分，乃凝于神。"简单来说，敬业就是深入研究自己的职业，并勤勉努力地工作。无论做事还是求学，都要保持谨慎的心态，不怕辛劳，不半途而废，不朝三暮四。

乐业。"干一行，爱一行"——只有热爱自己的职业，才能从中获得精神上的满足。孔子曰："知之者不如好之者，好之者不如乐之者。"能够从自己的职业中找到乐趣，生活才会变得有意义和有价值。人们对待职业的态度各不相同，有人以热情和积极的心态迎接工作，有人则以冷漠和厌烦的态度面对工作。结果显而易见，前者将职业视为亲密的伙伴，从中受益匪浅；后者却只能收获烦恼，甚至痛苦。因此，乐业对每个人的一生都至关重要。

职业平等。职业没有高低贵贱之分，我们要树立"职业平等"的观念，无论从事哪个行业，每个人都是社会不可或缺的一部分，都在用智慧与才华服务于他人和社会。

责任感。古人云："鞠躬尽瘁，死而后已。"无论身处何种职业，强烈的责任感和责任意识都是做好工作的内在驱动力。

进取心。拥有一份职业后，还需要具备进取心，才能推动事业不断向前发展。缺乏进取心，停滞不前，工作便难以达到更高的水平，事业也就失去了发展的希望。刚开始工作时，我们应该以积累经验、提升能力为目标，这是未来拓展事业空间的基础。不应过分在意薪酬高低，也不可自视甚高，轻视小事。应该热爱自己的职业，深入思考如何改进工作方法，始终保持积极进取的态度。“长风破浪会有时，直挂云帆济沧海”，进取心不仅是成就事业的关键，更是个人成长的重要因素。

团队协作力。要保持团队的活力与生机，每个成员都应互相支持和包容，充分尊重彼此的意见，达到“1+1>2”的工作效果。和谐的工作环境是成功的一半。

二、团队精神

（一）团队精神的概念

团队精神体现了大局意识、协作精神以及服务精神，其核心在于协同合作，彰显了个人利益与整体利益的一致性，从而确保组织高效运转。团队精神是高绩效团队的灵魂，也是成功团队不可或缺的特质。在某些团队中，成员心情愉悦，充满干劲，彼此间的协作十分紧密，能够取得令人瞩目的成就；而在另一些团队中，内部竞争激烈，气氛压抑，成员在内外交困的情况下，生产力急剧下滑，业绩表现不佳。

（二）团队精神的内容

1. 团队的凝聚力

团队的凝聚力主要体现在团队与成员之间的紧密关系上。团队凝聚力表现为强烈的归属感和整体感，每位成员都能深切感受到自己是团队不可或缺的一部分，并将个人的工作与团队的目标紧密结合。成员们对团队怀有忠诚之心，对团队的成绩感到自豪，对团队的成功感到骄傲，对团队面临的挑战表示关切。当个人目标与团队目标相一致时，这种凝聚力才能更加显著地展现出来。

2. 团队合作意识

团队合作意识体现了团队及其成员之间协作与团结的精神。团队成员相互依赖、共同进退，彼此尊重、礼貌谦逊；他们宽容相待，接纳个性差异；在信任的基础上，真诚待人、信守承诺；互相支持、关怀备至，共同进步；共享成果与荣誉，共担责任与风险。积极的合作氛围是高效团队不可或缺的。

3. 团队士气高涨

团队士气高涨体现在团队成员对待团队事务的积极性和全身心投入上，表现出他们对工作的全力以赴和高度参与。

（三）如何培养团队合作能力

（1）团队领导者应该积极倡导合作而非竞争。正如肯尼迪总统所言，最佳的前进方式是携手共进。许多管理者往往过于热衷竞争，甚至忌妒他人的成就与才华，担心下属超越自己。然而，没有一位领导者会因为下属表现出色而遭受损失。优秀的领导者总是努力通过合作来化解分歧，达成共识，并建立起基于互信的管理模式。

（2）制定明确的合作规则。在一个团队中，如果某些成员总是付出而另一些人总是受益，这种不平等的情况会导致“鞭打快牛”，进而影响合作。为了有效促进合作，团队领导者必须确立一套被广泛认可的合作规范，并采用公平的管理原则来处理事务。

（3）建立长期的互动机制也至关重要。领导者应创造持续的机会，使团队成员能够融为一体。例如，共同参与培训、竞赛、团队会议以及激励性活动等。

（4）强调长远利益同样重要。团队领导者需确保团队成员拥有共同的未来愿景，使大家相信团队能够实现这一目标。在这种情况下，成员们将不再计较眼前的得失，而是积极合作以达成共同愿景。

（5）信任是合作的关键，也是人际关系的核心。唯有信任下属的领导者，才能通过授权实现高效的团队表现。

三、人际关系

要在人际关系中实现双赢的局面，首先需要提升自身素质，建立起一种互利的关系，并达成双方都满意的协议。这样的协议离不开合理的制度支持和正确的流程。这段话的核心思想就是——互惠互利。

（一）人际关系的基础

人际关系的基础是诚信、成熟、豁达。

这三种品质尤为关键：缺乏诚信，自律便无从谈起，唯有成熟之人才能严格要求自己并宽容待人，而豁达之人则能够与他人共渡难关，共享荣耀。即使某人技艺不精，不善言辞，但如果大家都认为他心地善良，即便表达欠佳，人们也会宽容以待，甚至认可和接纳他，这就是品格的力量所在。

（二）人际关系是相互依赖

当人际关系形成相互依存的状态时，我们便能全心全意地专注于解决问题。人的成长通常会经历三个阶段：从依赖他人到独立自主，再从独立自主到相互依存。在年幼时，人们处于依赖他人的阶段；到了18～20岁，进入大学或职场后，人们开始追求独立。然而，独立并非发展的终极目标，更高层次的境界是从独立迈向相互依存。相互依存意味着彼此关联和支持。没有人能够独自完成所有事情，许多目标和任务都需要团队合作、集思广益才能完成。

（三）人际关系可以通过协议的方式建立

协议是一种基于双方共同认可的结果而形成的书面共识。通过协议，双方可以建立合作关系，实现自我监督，并共同谋划未来发展。无论是团队之间的协作，还是团队内部成员制定发展规划，都需要一份协议作为基础。此外，还需要一套制度化的保障措施来确保协议的持久有效性。

（四）人际关系的管理

有效管理人际关系，必须有合理的制度作为支撑，否则理想与现实之间的矛盾会导致效果大打折扣。优秀的制度应当由所有员工或团队成员共同制定，并且需要大家达成一致意见。在管理过程中，应以原则为核心，坚持原则往往比固守立场更能取得意想不到的效果。真正对人生产生深远影响的，并不是个人的立场，而是那些永恒不变的原则。有了原则，做事就有了核心，处理任何事务时就不会违背自己的意愿。例如，在沟通时，遵循“对事不对人”的原则，这就是一种重要的行为准则。

（五）团队中的人际关系

团队中的人际关系涵盖多个层面，包括上下级之间的互动、团队成员间的协作，以及团队内外部成员之间的交流。恶劣的人际关系不仅会消耗团队的大量精力，还会随着时间的推移不断恶化，导致更多问题的出现。因此，良好的人际关系是团队管理的重要组成部分。

1. 良好的人际关系有助于团队成员身心健康

许多健康问题都与精神压力密切相关，例如高血压、心脏病、胃溃疡、神经衰弱和精神失常等。在和谐的人际环境中，团队成员心理负担能够减轻，精神压力能够缓解，从而降低患病的风险。

2. 良好的人际关系有助于团队合作

要实现团队合作，首先需要组建一个团队，良好的人际关系能够促进团队成员间的合作，而恶劣的人际关系则会导致团队中出现恐惧、猜疑、争端和冲突。

3. 良好的人际关系有利于提高团队的工作效率

良好的人际关系能够提升团队成员的正义感、责任感和集体荣誉感，激发他们的工作热情与创造力，从而实现整个团队的高效运作。

课堂练习

改善人际关系的行动方案

立即行动，拿出一张纸，一支笔。

(a) 列出你的团队中，与个人关系相对紧张的团队成员的名单。

(b) 你跟谁的关系最紧张？

(c) 从利人利己的观念出发，找出存在的障碍，并写下来。

(d) 列出自己的解决方案。

(e) 立即实施你列出的解决方案。

四、商务礼仪

提到商务礼仪，有些人觉得这是职业培训中最容易理解的部分，而另一些人则认为这是最难掌握的内容之一。之所以说它容易理解，是因为商务礼仪并没有复杂的理论或深奥的概念，而是通过长期实践和总结，在商务活动中逐渐形成的一种共识性的行为规范。然而，为什么又会有人觉得它难以掌握呢？这是因为商务礼仪渗透到我们日常生活和工作的每一个角落，要养成良好的商务礼仪习惯，需要长时间的努力和坚持。

商务礼仪本质上是在商务活动中展现相互尊重的行为准则，其核心在于规范我们的日常商务行为，从而体现出对他人的尊重。因此，学习商务礼仪显得尤为重要。可以用一句话来概括商务礼仪：它是在商务活动中对个人仪容仪表和言行举止的普遍要求。其中，仪容仪表指的是个人的整体形象，而言谈举止则是指在商务活动中的职业表现。

（一）商务活动中仪容仪表的标准

男士和女士的仪容仪表标准如下。

1. 男士的仪容仪表标准

（1）发型。男士的发型应保持干净整洁，并定期修剪。头发不宜过长，前部不应遮住眉毛，两侧不应盖住耳朵，鬓角也不宜过厚或过长。后部的头发长度不应超过西装衬衫的领子。这是对男士发型的基本要求。

（2）面部修饰。男士在商务活动中应注意两点：每天剃须修面，保持面部清洁。经常接触烟酒等有刺激性气味的物品的，要随时保持口气清新。

（3）着装修饰。在正式商务场合，男士应穿着西装并系领带。

衬衫的选择应与西装协调一致。通常情况下，避免在正式场合穿夹克衫或搭配高领衫、T恤衫或毛衣。西装应以深色为主，避免花格子或颜色过于鲜艳的款式，商务场合应以纯色系搭配为主。

西装分为单排扣和双排扣两种。单排扣西装：如果是两粒扣的，只需系上面一粒；若是三粒扣的，系上面两粒，最下面一粒不系。双排扣西装：应系好所有纽扣。

衬衫的选择也很重要。衬衫颜色应与西装协调，不宜过薄或过透。穿着浅色衬衫时，内层不要搭配深色内衣或保暖衣物，确保领口整齐。

系领带时，衬衫的所有纽扣都应扣好。领带的颜色应与衬衫和西装相协调，长度恰好抵达腰带上方或稍短一两厘米为佳。

皮鞋和袜子的选择也需注意。商务场合应穿着皮鞋，避免运动鞋、凉鞋或布鞋，并保持皮鞋光亮整洁。袜子应质地优良、透气性好，颜色与西装协调一致。穿深色皮鞋时，袜子也应为深色，避免花哨图案。

（4）必备物品。与西装搭配的必备物品包括公司徽标，其应佩戴在男士西装的左侧胸部上方。在商务场合中，男士应准备以下物品：

①钢笔：这是商务活动中的必需品。最佳放置位置为西装内侧口袋，而非外侧口袋；同时，尽量避免将其置于衬衫口袋中，以免弄脏衣物。

②名片夹：选用一款优质的名片夹存放个人名片，确保名片整洁无损。在接受他人名片时，应将其妥善存放在名片夹内，而不是随意揣入口袋或不停摆弄，这些都是不礼貌的行为。

③纸巾：男士应随身携带纸巾或手帕，以便随时清洁面部，避免尴尬情况的发生。

④公文包：选择与整体着装风格相协调的款式和尺寸。手机、笔记本、笔等物品可放入公文包中。穿着西装时，应尽量减少口袋内的物品数量，以避免衣物显得臃肿，不符合商务礼仪的要求。

2. 女士的仪容仪表标准

和男士一样，女士的仪容仪表标准涵盖了多个方面，如发型、面部修饰、商务着装、丝袜与皮鞋的搭配，以及随身携带的必需品等。其中一些内容与男士的着装标准相似，这里不再赘述。女士在商务活动中需要注意的仪容仪表如下。

女士的发型应美观大方。在挑选发饰时，如发卡或发带，样式应简洁典雅。在正式的商务场合中，面部修饰应以淡妆为宜，避免浓妆艳抹或完全素颜。关于商务着装，关键在于干净整洁。女士需明确区分职业套装、晚礼服和休闲装的不同场合用途。穿着正式商务套装时，应避免无领、无袖或领口过低、过于紧身的衣物，选择合身且便于活动的款式。培养良好的着装习惯至关重要。在选择丝袜和皮鞋时，丝袜的长度应超过裙摆。同时，皮鞋鞋跟不宜过高或过细。至于随身物品的选择，应注意体现对他人的尊重。女士可通过装饰品和商务用品来展现这一原则。在挑选戒指、项链等饰品时，应避免过于奢华。随身携带的必需品则与男士标准相近。

（二）商务活动中言谈举止的标准

在日常商务活动中，商务礼仪的应用十分普遍。它不仅体现在仪容仪表上，还涵盖了言行举止等诸多方面。那么，在日常商务往来中，我们在言行举止上应该注意哪些细节呢？首先，让我们来看看社交礼仪，即初次见面时应遵循的礼仪规范。试想一下，当我们首次与人见面时，有哪些注意事项？

1. 目光交流

应与对方保持眼神接触，避免四处张望。在与对方沟通时眼睛要平视对方，居高临下难免显得傲气，仰视又会显得卑微。目光交流时要注意不能一直紧盯对方的眼睛，也不能左顾右盼，目光闪烁。

2. 称谓的选择和使用

在商务场合中，通常有两种称呼方式。首先，可以采用“先生”或“女士”的称谓，这是最为稳妥且广泛接受的方式；其次，可以根据对方的职位来称呼，如“经理”“主管”“总监”或“领导”。这种方式直接表明了对方的职务。

3. 握手礼仪

一般来说，女士应先伸手，随后男士再与之握手。同样地，领导、上级或长辈也应先伸手，然后下级或晚辈才能与之握手。当对方伸手时，应迅速回应。此外，避免多人同时交叉握手，也不要过度摇动手臂。

4. 相互介绍

在相互介绍的时候，应该注意介绍的顺序，一般先由职位高的人开始介绍，如果是分为主方和客方的话，应该先把主方介绍给客方，然后把客方介绍给主方。

5. 互换名片

在递送自己的名片时，应双手呈上，并稍作停留，确保名片正面朝向对方，便于对方查看。当接收对方的名片时，也应双手接过，并简要浏览一下内容。不要立即把名片塞进口袋或置之不理，也不要长时间摆弄它。最好将名片放入专门的名片夹中，尽量避免随意放置。

6. 其他注意事项

在社交场合中，禁止吸烟和大声喧哗，说话时务必注意控制音量。

拓展资料

商务礼仪之餐桌五忌

1. 吸烟

在公共场所不应吸烟。与他人交往时，尤其是有女性和长辈在场的情况下，避免吸烟是一种礼貌的体现。此外，在餐桌上不吸烟也是一个人的基本修养。

2. 给他人夹菜

在社交聚餐时，建议主动为他人推荐美食，但不要直接夹菜。与不熟悉的人共餐时，避免随意帮别人夹菜，因为你未必了解对方的口味偏好，根据一般礼仪，对方通常会觉得有义务吃掉你夹的菜，这可能会让他们感到十分尴尬。

3. 劝酒

在餐桌上应当提倡助兴而不强求劝酒。许多人聚餐时习惯喝上一杯，并热衷于相互劝酒，这往往使得饭局的时间被大大延长。在人际交往中，应该找准自己的定位，以对方的感受为重，至于是否饮酒，应充分尊重个人的选择。

4. 整理服饰

不宜在餐桌上整理衣物。特别是在国际交往场合，在餐桌上整理衣服或拿出小镜子补妆，可能会带来尴尬。

5. 吃东西发出声音

在进食时应避免发出声响，这一礼仪规范尤其适用于国际交流场合，当然，国内也同样适用。

情景案例：

小张和小李是大学同班同学，在毕业季找工作时两人都参加了某中外合资企业的校园招聘，同时进入面试。小张成绩优异，名列前茅，认为自己面试肯定没有问题；小李同样是一位比较优秀的学生，他专业能力强，为人豁达。招聘企业对二人的能力都比较满意，但因为是合资企业，HR比较重视个人素养和礼仪修养，面试结束后二人自我感觉都不错。但是一周后只有小李收到了offer，小张却意外出局。原来，面试的前一天晚上小张出去和室友聚餐，不小心喝多了，导致第二天早上起得比较晚，为了不迟到，他没来得及找出正装穿着就去面试了。因为着急，还把证件丢在了宿舍。这样在面试前他无法正常进入公司，只好打电话给HR，才能进门。面试过程中HR虽然并未提及服装和证件的事情，但是小张却因此丢失了一次非常宝贵的就业机会。

第三节 收集就业信息

就业信息是指通过多种渠道传播的与就业相关的信息，包括就业政策、人才市场需求以及招聘启事等。在当今社会，能否顺利就业并实现高质量就业不仅取决于毕业生的个人能力、技能和综合素质，还与其获取、整理和运用就业信息的能力密切相关。掌握丰富且实用的就业信息，是抢占就业先机的重要一步。

一、就业信息的内容

就业信息的内容可以从宏观和微观两方面来介绍。

（一）宏观方面主要指就业政策及相关规定

（1）国家就业方针、原则和政策。要关注政府关于我国大学生就业的方针政策，注意相关程序性政策和优惠政策，避免在求职就业时犯低级错误，产生不必要的麻烦。

（2）了解和掌握相关的就业法律法规对于大学毕业生至关重要。通过熟悉这些法规，大学生不仅可以有效保护自身的合法权益，还能更好地维护正当权益，避免不必要的损失。因此，大学毕业生必须清晰地了解各项就业法规，并学会运用法律手段来保护自己。

（3）地方的用人政策。各地区和单位依据国家的相关规定，并结合当地实际情况，制定了更为详细的具体措施，涉及毕业生的引进、安置、使用、晋升及薪酬福利等方面。为吸引人才，许多地方还推出了多项优惠政策，这些信息是大学毕业生需要了解的。

（4）学校的有关规定。为了激发学生的学习积极性，并确保毕业生能够顺利就业，学校通常会根据国家的相关政策制定一些补充规定，这些规定也是毕业生需要了解和遵守的。

（二）微观方面主要指供求信息、工作条件、工资待遇等

这些方面的信息烦琐但相当实用，是必不可少的。求职者和用人方信息不对称的情况普遍存在，而求职者往往处于更加不利的地位。因此，为了提高求职的成功率，降低求职风险和成本，毕业生要根据自己的实际情况和可利用的资源，收集、筛选所需信息。

二、就业信息的收集

（一）招聘信息的获取途径

在求职过程中，信息的重要性不言而喻。谁能够及时掌握信息，谁就能在择业中占据主动。获取就业信息的途径多种多样，主要包括以下几个方面：

（1）学校的毕业生就业指导部门。例如，学生就业指导中心以及各院系负责就业工作的老师，与上级主管部门及社会各界保持紧密联系，形成了一个高效的信息网络。这些来自学校的就业需求信息不仅可信度高，而且针对性强、准确性高，是重要的信息来源之一。

（2）各级毕业生就业主管部门和就业指导机构。每年教育部都会制定相关的就业政策，各省、自治区、直辖市的主管部门也会相应出台具体实施方案。国家教委及各地的就业指导机构还会提供信息交流和咨询服务，这也是获取就业信息的关键渠道。

（3）各种“双向选择”和“供需见面”活动。这些活动可能由单所学校或多所学校联合举办，也可能由一省或多省联办，还有可能是地市县单独组织。通过这些活动，毕业生可以直接与用人单位面对面交流，不仅能快速获取大量就业信息，还能把握机会当场签订入职协议，效率较高。

（4）社会实践、毕业实习或业余兼职。通过参观企事业单位、参与社会实践活动或从事兼职工作，毕业生可以获得全面、准确的招聘信息，并且成功率相对较高。毕业生在毕业前参与的实习和各种社会实践、兼职等都有可能是就业信息的第一来源，因此要格外珍惜这些机会，好好表现。

（5）社会关系网。利用老师、校友、父母、亲友等社会关系收集就业信息，这些信息通常较为准确、直接。由于推荐人对用人单位和求职者双方情况都有所了解，因此参考这些信息的成功率也较高。

（6）社会的传播媒介。网络求职媒介，比如各个高校的就业指导中心微信

公众号、各大企业的官方网站、求职招聘App、各地市人社局公众号等。传播媒介的传播速度快，范围广，信息多，竞争性强，毕业生可以快速获得大量求职信息。尤其是网络求职，已经成为很多大学生求职的主要方式之一。

（7）可以通过打电话、撰写求职信或直接登门拜访来获取信息。这需要求职者提前对单位的需求有一定预判。虽然这种方法主动性较强，但存在较大的盲目性和较低的准确性。然而，偶尔的机遇也可能带来成功，在缺乏就业信息时，这也是一种值得尝试的信息获取途径。

情景案例：

2021年，小马从中国政法大学毕业，主修法学和思想政治教育专业，并已在一家央企工作了两年。他说回想起当初找工作的经历，仍然历历在目。

毕业那年，小马原本一门心思准备考研，几乎没有留意过企业的招聘信息。但由于考研复试表现欠佳，只能调剂到非全日制硕士项目。考虑到非全日制的学费较高，还需在校外租房，而实习工资根本无法覆盖日常开销，小马决定转向求职之路。

当时许多企业的校园招聘已经结束，但学校的就业指导中心每天都会在微信公众号上更新大量的招聘信息。看到与自己专业相关的机会，小马几乎每场都会参加。为了拓宽信息渠道，他还关注了北京各大高校及政府平台的公众号，每天浏览招聘信息，分析企业和岗位的需求，并尽可能多地参加线下双选会。他每周至少参加3～4场招聘会，拿到信息后还会仔细筛选，每周大约参加5场笔试和面试。最忙碌的一周，他甚至参加了十多场笔试和面试。

2021年5月初，小马注意到在北京理工大学举行的一场专场双选会。在查阅企业资料的过程中，他被该公司的企业文化和发展理念吸引，心中默默记住了这家公司。在双选会上，他感受到该公司的文化氛围与自己的职业规划非常契合，便积极表达了入职意愿并提交了简历。面试环节给他留下了深刻的印象，面试官后来成为他“导师带徒”的师傅，师傅出色且干练的形象至今让他难以忘怀。在谈及对公司文化的看法时，小马准备充分，从公司的发展历程、愿景和核心价值观入手，详细阐述了他对“令行禁止，使命必达”这一铁军作风的理解，最终成功通过面试。

找工作是一段既考验耐心、细心又需要恒心的过程。无论遇到什么困难，都要保持一颗坚强的心，调整好心态，坚定自己的选择，明确目标。

（资料来源：《我是怎样找到工作的》，中国大学生在线，moe.gov.cn。）

拓展资料

2024年排名前十招聘网站

（1）智联招聘：中国领先的综合性招聘网站，提供全面的招聘服务，拥有海量的企业和求职者资源。

（2）前程无忧（51Job）：提供职位搜索、简历上传等全方位服务，行业领域全覆盖。

（3）猎聘网：专注于中高端职位，助力求职者职业发展和指导服务。

（4）拉勾网：专注于互联网行业，IT和互联网从业者的首选平台。

（5）BOSS直聘：特色是与企业老板或HR直接沟通，获取即时反馈。

（6）领英（LinkedIn）：职业社交平台，建立职业网络，寻找工作新机会。

（7）脉脉：实名制职业社交平台，拓展人脉，了解行业动态。

（8）58同城：提供本地化招聘信息，全职、兼职、临时工作应有尽有。

（9）赶集网：与58同城相似，本地化招聘求职服务一应俱全。

（10）大街网：针对年轻求职者的社交招聘平台，提供职位和咨询。

这些平台各具特色，求职者可以根据自己的行业、职位需求和偏好选择最适合自己的平台进行求职。

（资料来源：https://www.baidu.com/。）

（二）网上求职的注意事项

1. 心态平和，坦然应对

在遇到挫折时，心态平和，不骄不躁，拒绝胆怯和自卑心理，勇敢地面对困难和挫折。网络只是你若干求职渠道中的一种，此路不通，还有线下招聘会、校园招聘等多种道路可行。

2. 细心分辨，以防被骗

千万不要随便什么链接都点，利用网络求职，最好使用正规网站和App，不知名的链接和App直接略过，正规的求职网站和App通常会对发布招聘信息的企业进行严格审查，审查合格后才能注册使用。因此，求职者一定要选择正规的网站和App搜寻就业信息。这样就会降低被骗的风险。

3. 保护个人隐私

当前互联网十分发达，各种招聘网站和招聘App也是数量众多，求职者的信息一旦发布到招聘网站或招聘App，就是对所有网民公开，因此，在网络上求职时，一定要对自己的隐私信息进行保护，千万不要透露，比如个人身份证号、家庭住址、毕业证书照片等信息，以防止被一些诈骗分子利用，造成不必要的麻烦。

三、就业信息的筛选

当前信息可谓是纷繁复杂，令人眼花缭乱，面对海量的就业信息，如何进行筛选和鉴别，把真正适合自己的有价值的就业信息挑选出来，可谓是重中之重。只有把对自己有用的信息筛选出来，我们才会尽快上岸。

（一）筛选原则及方法

1. 筛选处理就业信息的原则

我们在进行就业信息的筛选时，要遵守三个原则：真实、有效、有的放矢。

（1）就业信息是否真实是第一原则。面对当前浩如烟海的信息，我们必须有一双火眼金睛，能够识别那些虚假信息，比如有的招聘信息仅是为了做样子、做宣传，其实并不想招聘新人；有的则是打着高薪的幌子诈骗，我们必须提高警惕，剔除虚假信息，不要相信所谓的“高薪”。

（2）有效就是指招聘信息还在时效期内。由于目前劳动力市场十分活跃，一些招聘信息一旦发出，可能在短期内就已经招聘到合适的人选了。因此，我们在筛选信息时尽量把发布时间较早的信息过滤掉，留下那些刚刚发布的有价值的就业信息，新鲜出炉对就业信息也非常重要。

（3）有的放矢，就是在筛选就业信息时要结合自己的实际情况，比如求职目标、专业能力、个人喜好、目标城市等，不断把适合自己的信息范围缩小，这样所得到的就业信息相对更具体，质量更高，与你的适配度也更高。虽然就业信息变少了，但是剩下的就业信息与你匹配度更高，那么求职成功的可能性也就更高。筛选就业信息就像我们找对象一样，并不是最漂亮或最帅的那个人才是你最好的人生伴侣，而是最合得来的那个人才可能成为你理想的伴侣。

2. 筛选处理就业信息的方法

（1）查重法，即剔除重复的信息。

（2）按时间先后排序法。把最新发布的信息排在最前面，时间越久的信息越往后排，留下新信息，去掉老信息。

（3）分类法。根据招聘单位的不同性质进行分类，比如国企、私营企业、中外合资企业、外资独资企业；按不同地域不同城市类别分类，比如北上广深、新一线城市、二线城市等，再从分类好的招聘信息里找到最适合自己的信息。

通过过滤这一程序，广而杂的就业信息就只剩下最重要、最有价值的部分，要发挥它们的价值，求职者就需要立即行动，及时使用这些财富，及时向用人单位发出反馈，以免错失良机。

（二）警惕虚假就业信息

为了避免落入虚假招聘的圈套，求职者可以采用下面几种措施，确保就业信息真实可靠：

（1）可以利用“企查查”“天眼查”等查询企业状况和信誉。

（2）通过114查找该公司的客服电话，并打电话询问招聘信息是否属实。

（3）实地考察也是一种选择，如果招聘企业和你在同一座城市，不妨去实地探访一番。

（4）要警惕那种面试地点设在偏僻地段、居民房或宾馆等非正常地点的招聘信息，大概率会是皮包公司、传销组织或是诈骗集团，应该远离。

（5）女生单独在外地求职时要格外注意安全。

（6）异地求职要提前做好探查工作，可以找亲朋好友咨询一下。

（7）提防虚假广告，在鱼龙混杂的广告里，不排除一些企业借助招聘非法谋取利益，这样的广告就是假广告，尤其需要提防。比较真实的招聘广告应包括公司名称、公司简介、核准机构、招聘职位、任职要求、工作地点、联系方式等。

课后练习：

1. 根据所学知识，制作一个日常锻炼计划表，保证每天不少于1小时的运动时间，可以根据个人身体情况制订计划，跑步、打球、健步走、游泳等都可以，至少坚持1个月。

2. 商务礼仪训练：课下按照所学知识准备一身自己认为得体的职业装，以宿舍为单位，召开一次模拟商业洽谈会，宿舍成员间要有分工和角色扮演，会后互相提出各自出现的商务礼仪漏洞，列到纸上。

3. 制作就业信息一览表：根据自己的职业目标收集相应的就业信息，并对信息进行整理。要求：收集8~10条就业信息，仔细分辨真伪、时效，筛选出适合自己的信息。

×××同学就业信息一览表

单位名称	工作地点	学历要求	英语水平	薪资待遇	工作经验	其他
A公司	海口	本科	四级	3000~5000元	不限	专业对口
B公司	北京	大专	不限	面议	1年以上	无

第三章　优秀简历制作与投放技巧

对于即将步入职场的大学生来说，求职是人生的重要转折点。在这个过程中，简历作为求职的“第一张名片”，承担着向用人单位展示个人能力与潜力的关键作用；而面试则是求职路上的“终极考验”，能否在众多竞争者中脱颖而出，往往取决于面试中的表现。那么，如何才能做出一份既专业又能吸引HR注意的简历？本章将从简历撰写的基本要素入手，详细介绍如何组织个人信息、教育背景、实习经历、技能特长等内容，使简历条理清晰、重点突出。

当然，同学们需要结合自身特点，充分挖掘个人优势，整合过往的实践经历和技能储备，并通过不断地模拟练习和复盘优化来提升求职竞争力。希望本章的指导能帮助大家少走弯路，以更充分地准备迎接职场挑战，最终斩获心仪的offer！

第一节　简历的要诀

简历（Resume），作为个人职业履历的书面呈现，是对求职者的教育背景、工作经历、专业技能、个人优势及相关信息的系统性概括。它不仅是个人资历的简明展示，更是一份经过精心设计、符合逻辑的职业化自我介绍文档。在求职过程中，简历扮演着至关重要的角色，堪称应聘者成功获取面试机会的“第一道关卡”。

权威人力资源调研数据显示，企业招聘人员平均仅花费8～20秒浏览一份简历。这一数据充分凸显了简历撰写的关键性——如何在如此短暂的时间内精准呈现招聘方关注的核心信息，有效吸引HR的注意力，确实是一项值得深入研究的专业技巧。这也意味着，优秀的简历不仅需要内容充实，更要注重信息呈现的效率和重点突出的艺术性。

一、个人简历的形式

（1）文字型简历。文字型简历是用文字描述自己的经历，如个人基本情况、做过什么工作、有何成绩、获得过什么奖励等。这是传统的写法，现在一些用人单位往往愿意聘用有经验、有教训、失败过的人，关键是看应聘者能否从失败中找到原因，是否具有敢于担当的勇气。

（2）表格型简历。它是以表格的形式分栏目介绍个人情况，比较简单，一目了然。特别是经计算机处理后的表格型简历，非常规范、美观。在Word文档中有很多简历模板，基本上可以满足我们的需求。简历的样式不要太花哨，能够突出个人信息即可。针对设计类的职位，则需花一些时间制作有个性的简历，充分展示自己的设计水平。

二、优秀简历的六要诀

要诀一：投其所好

求职就像推销产品，关键是要找准买家的需求。在写简历时，光知道自己的优势还不够，还要学会“看人下菜碟”。不同的用人单位看重的东西可大不一样：去政府机关应聘，党员身份、学生干部经历就是你的金字招牌；要是应聘国企，除了这些，你的学历专业也得重点突出；如果是去和营企业求职，就要把你的看家本领、实战经验、拿得出手的成绩都亮出来，让招聘方一眼就看到你的价值。

这就好比去相亲，见文艺青年得聊诗歌音乐，见运动达人得说健身跑步，见商务人士得谈投资理财。求职也是一样的道理，得学会“到什么山头唱什么歌”，把对方最看重的优势摆在最显眼的位置。记住，简历不是你的自传，而是针对特定岗位的“定制广告”。把招聘方最关心的内容放在最前面，让他们一看就觉得“这就是我们要找的人”，你的简历就成功了一大半。

要诀二：分清主次，突出重点

简历写作就像讲故事，重点不是把所有经历都塞进去，而是要让招聘方一眼就看到你的核心竞争力。就像小米公司的HR总监张伟说的："我们每天要看上百份简历，最怕看到那种什么都写却又什么都没说清楚的简历。"

举个例子，很多应聘者会写："参与过某电商App的开发"。但在资深HR眼里，这种描述等于什么都没说。更好的写法应该是："作为核心开发人员，主导了某电商App支付模块的重构，使用Flutter技术将支付成功率从85%提升至96%，日均处理订单量突破50万笔。"

这里面的关键点在于：

（1）明确角色（核心开发人员）。

（2）具体工作内容（支付模块重构）。

（3）技术亮点（Flutter技术）。

（4）量化成果（支付成功率提升11个百分点）。

（5）业务影响（日均50万笔订单）。

这就好比在相亲时，与其说"我很善良"，不如说"我每周都去养老院做义工，已经坚持了3年"。具体、生动的描述才能让人记住你。记住，简历不是你的工作日记，而是你的价值说明书。把最重要的3～5个亮点写透，比堆砌20个平平无奇的经历要有用得多。就像HR总监张伟说的："我们宁愿看到一个应聘者把两三个项目写得明明白白，也不愿看到十个项目都写得模模糊糊。"

要诀三：用数据说话

在简历里写"表现优秀""能力突出"这样的词，就像跟HR玩猜谜游戏。阿里巴巴前招聘主管李芳说过："看到'显著提升'这样的词，我总想问：到底提升了多少？怎么提升的？"数字才是让HR眼前一亮的硬通货。

举个例子：

普通写法：优化了系统性能，提升了用户体验。

高手写法：通过重构数据库索引，将系统响应时间从2.3秒降至0.8秒，用户留存率提升22%。

记住这三个数字法则：

（1）能用数字的绝不用形容词。

（2）关键数据要精确到小数点。

（3）要写出数字背后的意义。

就像你在朋友圈晒健身成果，说"瘦了不少"远不如"三个月体脂率从28%降到21%"有说服力。简历也是同样的道理，数字就是你的成绩单。

腾讯的招聘经理王磊分享过一个案例：两个应聘者都写了“提升用户活跃度”，一个写的是“大幅提升”，另一个写的是“通过优化推送策略，日活用户从15万人增长到23万人，增幅53%”。你觉得HR会选哪个？

要诀四：让你的成就“有图有真相”

在简历中，光说自己优秀还不够，关键是要拿出“证据”。字节跳动的HR总监张明说过：“一个获奖证书或者媒体报道，抵得上十句自我评价。”这就好比在淘宝购物，买家秀永远比卖家自夸更有说服力。

比如：

普通写法：负责某短视频App的算法优化。

高手写法：主导抖音推荐算法升级（附团队获奖证书），使用户日均使用时长从45分钟提升至78分钟，相关成果被《第一财经》报道（附报道链接）。

职场背书要把握三个原则：

（1）权威性：优先选择行业公认的证书，如CFA、PMP等。

（2）可视性：媒体报道要提供可查证的链接或截图。

（3）相关性：选择与应聘岗位最匹配的证明材料。

美团技术总监王伟分享过一个真实案例：有位应聘者曾主导开发了某外卖平台的智能调度系统，使配送效率提升30%，这个项目还获得了人工智能创新大奖。但他在简历里只简单写了“负责调度系统开发”，把最重要的“证据”都藏起来了。这就像拿着金饭碗要饭，实在太可惜了。

要诀五：注意书写规范

简历规范三要素：

（1）结构清晰，个人信息占15%，核心内容占85%。就像搭积木，基础信息是底座，工作经历和能力证明是主体。

（2）视觉舒适。

①字体统一（推荐微软雅黑或宋体）；

②字号适中（正文11～12号，标题14号）；

③行距1.5倍，留白适度；

④避免使用彩色、底纹等装饰元素。

（3）零差错标准。

①错别字是简历的“致命伤”；

②时间格式要统一（如2020.09—2022.06）；

③专业术语要准确。

腾讯招聘经理分享过一个案例：有位应聘者能力很强，但因为简历中把“React”写成“Rect”，直接被筛掉了。这就好比穿着西装去面试，却发现扣子扣错了位置——再好的能力也会被细节拖累。

记住：HR看一份简历的平均时间只有15秒。规范的格式就像高速公路的路标，能让他们快速找到想要的信息。而混乱的排版，则像迷宫一样让人失去耐心。

要诀六：不要写期望薪资

薪资谈判的关键在于时机的把握。在简历和初面阶段，对薪资这个话题最好保持缄默。这个阶段的首要任务是充分展示自己的专业能力和岗位匹配度。就像一位资深HR说的：“我们更愿意为已经证明自己价值的人开更高的薪资，而不是为要价低的人降低标准。”

聪明的做法是先做足功课。通过行业薪资报告、同行交流、招聘网站等渠道，对目标岗位的市场价位有清晰的认知。在面试过程中，把重点放在如何证明自己能给公司创造价值上。当用人单位明确表示录用意向时，才是谈薪资的最佳时机。这时可以基于自己的调研和面试表现，提出一个合理的期望范围。

第二节　优秀简历的制作

你的简历标题就像求职路上的敲门砖，往往比简历内容更早进入HR的视线。想象一下，招聘季的HR邮箱里有数百封邮件，一个糟糕的标题可能让你的简历连被打开的机会都没有。下面就给大家介绍一下简历标题应该怎么写。一个HR在众多简历中，在电子邮箱里，找到自己心仪的人才，有非常多的技巧，我们首先从简历标题中的典型错误入手，揭开简历的神秘面纱。

一、简历标题需规范标注“姓名”+“应聘岗位”

通常，简历标题多为“简历”“个人简历”或“求职简历”等常规表述。然而，不少标题存在明显错误，可归纳为“盲目自我”与“态度敷衍”两类问题。

例如，部分简历标题是“我的简历”“首份个人简历”“［姓名］的简历（第5次修订版）”“求职意向”等。这类标题犹如抛给HR的抽象谜题，HR内心不禁疑惑：“这究竟是谁的简历？”

另有一些标题为“简历模板”“［某平台名称］简历模板”“英文简历格式示例”等。HR看到这类标题，往往心生无奈：“这明显是直接套用的模板，毫无个人特色。”

还有同学应聘销售岗位，简历标题却写着“申请行政助理岗位”，HR自然会心生疑问：“我们并未招聘该岗位呀！”此外，若岗位要求一周工作5天，简历标题却写“一周仅工作3天”，HR可能会觉得：“这是在开玩笑吗？”再如应聘“海南博海恒业科技发展有限公司”，却将公司名称写成“海宝博恒科技”，HR难免会想：“公司名称就这么难写准确吗？这也太不重视了吧！”更有甚者，出现英文语法和拼写错误，把“Apply for Position”写成“For Position Apply”，HR可能会吐槽：“能不能认真点？英语水平也太差了吧！”

最后，还有一些令人费解的简历标题。某企业招聘暑期市场调研实习生，收到一封邮件标题为“外星人的求职信号！”同学们，你们是否考虑过HR看到此类标题的心情？

若简历是通过电子邮件直接发送给HR，务必在邮件主题及附件标题中清晰注明“姓名”和“应聘岗位”，如此一来，HR能迅速明确简历归属及应聘方向，同时也便于后续的保存与检索。

二、打造凸显优势的简历标题

招聘信息中通常会要求注明学校、专业、每周可到岗天数等关键信息，表明这是HR筛选简历时的重要衡量标准，因此务必严格依照招聘信息要求进行填写。在此方面标新立异、追求独特，并不能为你带来实际益处。

针对不同应聘岗位，简历标题需精准展现自身竞争优势。以下通过具体实例来详细说明：

（1）若应聘新媒体运营岗位，简历标题可写成“应聘新媒体运营-3年爆款内容打造经验-［姓名］”；

（2）若应聘财务专员岗位，且岗位要求具备初级会计职称，应聘者可在简历标题中注明“持有初级会计职称-5年财务实操经验-［姓名］”；

（3）若应聘活动策划实习生岗位，且岗位要求每周工作4天，应聘者的简历标题可写成“每周可工作5天-有2场大型活动策划经验-［姓名］”。

当简历标题既清晰明了又能突出自身优势时，若你是HR，自然会优先选择打开这些简历。

应届生普遍存在工作经验欠缺的情况，因此，HR在筛选简历时，往往会对学校和专业背景给予更多关注。基于此，应届生的简历标题建议采用“姓名+专业+学校+学历+毕业时间”的格式。我们结合各大求职平台招聘板块中用人单位的格式要求，进行归纳总结，发现HR常见的需求主要包括以下几种：

（1）“姓名+目标岗位”；

（2）“姓名+目标岗位+岗位类型（如全职/实习）”；

（3）“姓名+应聘岗位+平台来源（如××招聘网）”；

（4）“姓名+学历层次+毕业院校+实习经历（如有）+应聘岗位+意向工作地点”。

三、简历撰写的注意事项

1. 简历篇幅不要过长

在应聘初级岗位时，简历篇幅通常一页A4纸就已足够。人力资源经理更青睐“精练型”简历：内容简洁明了，不多一字、不少一句，且重点呈现求职者个人经历，采用自身语言进行表达。一页纸的容量足以全方位展现个人特质。

简历页面空间极为宝贵，切勿让姓名、性别、地址、电话等基础信息占据过多篇幅。可将姓名设为标题，联系方式紧随标题之后呈现。去除无关紧要的细节，整合重复内容，让简历信息更加简洁凝练，提升内容的有效性。

2. 真实填写个人必要信息

诚信乃为人立身之根本。对于大学生而言，毕业后踏入社会的第一步，便是向用人单位提交真实的个人信息，这无疑是开启职场大门的“钥匙”。

当下就业市场中，确有部分人急功近利，对简历进行“注水”操作。常见的造假手段包括无中生有、夸大其词，无论实际成绩如何，均标注为成绩优异；随意编造各类奖励，罗列大量头衔。此类造假冒险之举，不仅损害了整个大学生群体的形象，更可能葬送部分学生的职业前途。毕竟，无论简历制作得多么精美，在经验丰富的人事专员面前，造假行为很快便会暴露无遗。即便侥幸获得面试机会，几句简单的交流，其便会原形毕露。

3. 求职意向

求职意向在简历中占据着至关重要的位置，应将其置于最醒目的地方，像简历的左上角或右上角就是不错的选择。如此安排，能让HR第一时间知晓你的求职目标，就像给文章配上醒目的标题，能让读者迅速抓住核心内容。切不可将求职意向放在简历最后或者项目中间，这如同一篇精彩文章缺失标题，难以给HR留下深刻印象。所以，求职意向务必放在显著位置，为简历增添亮点。

4. 文字、排版、格式

用人单位对简历的要求极为严格，最不能容忍的就是出现错别字，或者在格式、排版上存在技术性错误。哪怕你的专业能力再强，这些小失误也可能让你错失良机。

在描述学习与实践经历时，要有主次之分，按照求职意向的优先顺序进行排列。这样能让HR更清晰地了解你的优势与匹配度，为你带来更多的工作机会，让你在求职过程中拥有更多的选择余地。

简历的外观也不容忽视。如果你的简历被折叠得皱皱巴巴，页面还有污点，即便你的背景十分优秀，实践经历丰富多样，那些令人羡慕的经历却出现在这样一张让人看着不舒服的简历上，肯定会对你的择业产生不利影响。所以，在打印简历时，尽量选择白色、鹅黄色或者淡蓝色的A4纸，字体选用宋体，字号设置为小四号，采用黑白打印，并且最好不要折叠简历，保持其整洁美观。

5. 避免投递简历后频繁追问结果

无论是现场提交还是通过网络渠道投递的简历，都不要频繁询问结果。通常而言，投递简历后1～2周进行询问较为适宜。在询问时，应表达出对所应聘岗位的兴趣，并简要介绍自身的专业优势与工作经验。

6. 自我评价

在简历末尾，用100～200字进行简洁且精准的自我评价至关重要。自我评价需紧密围绕求职意向展开，在性格描述与兴趣爱好方面，务必确保与所应聘岗位相契合。

以求职会计助理岗位为例，若自我评价中提及热爱摇滚乐、热衷蹦迪等较为活跃、难以长时间专注的爱好，这显然与会计助理岗位所需的沉稳、细致特质相悖，不仅无法为简历增色，反而会给HR留下不良印象。相反，若表述为喜欢阅读经济类书籍、时常参观艺术展览等，这样的爱好与会计助理岗位的特质更为相符，有助于提升自身在HR心中的形象。

虽然特长爱好在简历中所占篇幅不大，并非HR重点关注的核心内容，但合理的兴趣爱好描述能为招聘方全面评估求职者提供参考。因此，特长爱好堪称简历的加分项，运用得当可起到锦上添花甚至雪中送炭的效果。

那么，如何撰写特长爱好才能提高求职成功率呢？若应聘互联网相关岗位，可提及“社交达人”“段子手”等特质。若想从事技术工作，可阐述擅长网页设计、经常浏览技术论坛、参与技术聚会、在知乎和百度百科上积极回答问题等经历，甚至可将豆瓣上喜欢的技术类书籍整理成豆列，纳入兴趣爱好部分，以此展现对技术的浓厚兴趣。若公司招聘公关人员，应着重突出能反映口才好、思维敏捷、涉猎广泛的兴趣爱好，如喜欢演讲、热爱桌游等群体性面对面策略游戏。

不同职位与兴趣爱好存在紧密联系。销售类岗位通常需要具备团队精神和竞争意识的人才，可适当提及参加团队类、竞争类活动的经历；财务会计类岗位更倾向于踏实做事的员工，阅读类兴趣爱好较为合适；建筑方案设计岗位则要求从业者具备强大的思维能力，在爱好中应突出思维的活跃性、缜密性和逻辑性。

在撰写兴趣爱好时，越具体越好。不具体的爱好描述，易让HR认为求职者缺乏真正的兴趣爱好，甚至质疑其写作能力。例如，笼统提及“音乐”，HR可能会联想到求职者只是没有突出特长、整天戴着耳机的文艺青年，或许只是喜欢唱唱卡拉OK；简单写“阅读/读书”，可能让HR觉得求职者没有突出特长，只是阅读各类小说，性格较为沉闷、不善言辞。除非对某段历史或某种文学有深入研究，否则不建议在简历中提及此类爱好。

这里分享一个真实案例。在美国耶鲁大学的入学典礼上，校长每年都会特别介绍一位新生。有一年，被校长隆重介绍的是一位自称擅长做苹果饼的女生。在众多新生中，为何她能脱颖而出？原来，耶鲁大学要求新生填写特长，其他学生大多填写运动、音乐、绘画等常见项目，而这位女生以“擅长做苹果饼”这一具体详细的爱好吸引了校长的注意。倘若她填写的是“擅长厨艺”，恐怕难以获得这份殊荣。

在特长爱好的数量上，并非越多越好。有人为突出自身优秀，罗列大量特长爱好，这不仅对岗位应聘无实质性帮助，反而会让HR觉得求职者夸大其词、主次不分。即便求职者确实“十项全能”，也无须在简历中一一列举。对于简历上的兴趣爱好，可进行以下处理：一是做减法，思考该项兴趣是否对应聘岗位有帮助。例如，热爱网游在应聘游戏公司时或许有优势，但在应聘其他大多数公司时可能成为扣分项。二是合并同类项，如将擅长的运动归类，无须逐一列举。

此外，最好能写上一两项体育爱好。若简历中未提及体育爱好，招聘经理可能会认为求职者体质不佳、缺乏毅力，而有些工作需要经常出差或加班，高强度的工作可能让求职者力不从心，从而影响录用决策。不妨选择羽毛球等日常生活中常见的运动项目，既不会显得过于自夸，又能让招聘经理满意。

需要注意的是，切忌无中生有。曾有人在简历中写擅长打篮球，实际却从未接触过。在公司活动中，老板邀请他组队打篮球，结果真实水平暴露无遗，也引发了HR对其诚信的质疑。同时，弱项不宜写入简历。面试过程中，面试官可能对某个项目感兴趣，尤其是在连续面试多位应聘者后，可能会聊一些轻松话题。若聊到求职者的弱项，求职者可能会陷入尴尬境地，丧失自信，这对求职极为不利。更重要的是，这会让面试官认为求职者在撒谎。

7. 求职照片

求职照片是专为求职而拍摄的照片，拍摄方式与证件照相近。蓝底一寸照片最为常见，二寸照片也常被采用。拍摄时，男生只需简单修饰，清除汗渍，整理好头发即可；女生则可化上淡妆，分别拍摄穿着衬衫和西装的照片。

以下是拍摄求职照片时需注意的要点：

（1）照片应尽量展现个人真实气质，避免与本人形象差距过大。

（2）发型需保持整洁，避免给人邋遢之感；男士应剃净胡须，若留有胡须则需修剪整齐。

（3）服装应尽量选择挺括的款式，避免出现明显的皱痕。

（4）拍摄时应展现出精神饱满的状态，避免显得萎靡不振。

（5）务必使用近期拍摄的照片。

（6）切勿使用艺术照片作为求职照片。

第三节　简历的投放技巧

随着互联网技术的飞速发展，企业在招聘人才时越来越倾向于选择成本低廉、操作便捷的网络招聘渠道。网络招聘以其方便快捷、成本低廉、不受地域限制、资源丰富等诸多优势，经过多年的发展与完善，正日益受到企业和求职者的青睐。对于即将毕业、怀揣精心准备的简历、翘首以盼面试通知的应届生来说，也期望借助互联网庞大的信息资源，通过广泛投递简历来提高获得面试机会的概率。然而，现实往往不尽如人意，回应者寥寥无几。难道是人才市场已经饱和？还是自身条件不够优秀，简历在第一时间就被招聘单位淘汰了？事实上，多数用人单位表示，对于盲目“海投”简历的毕业生，他们并不愿意“海收”。

“海投”行为，从某种程度上反映出毕业生放弃了自己的选择权，同时也暴露出缺乏自信的问题。然而，主动性和自信心恰恰是企业在招聘过程中极为看重的品质。因此，同学们切勿抱着试试看的心态盲目“海投”简历。

一、简历投递低效的原因

（一）投递过期或无效职位

或许你未曾察觉，众多职位信息实则已过期、失效，或是岗位已停止招聘、人员已满额。正因如此，求职者常感困惑：明明投递了大量简历，为何反馈率如此之低？其实，反馈率低是这一现象的必然结果。多数企业选择将招聘信息发布于网络平台，HR在筛选海量简历时，会借助关键词搜索功能，如“本科+3年工作经验+主管”等组合条件，迅速定位符合要求的简历。对于不符合条件的简历，HR则会直接跳过。因此，你迟迟未收到面试邀请，并非自身能力不足，而是简历未能进入HR的视野。

（二）求职意向跨级申报

有这样一份简历：求职者具备数年市场销售一线操作经验，然而求职意向却直接定位为销售主管、销售经理。在此情形下，HR在筛选简历时，往往会优先考量那些拥有主管或经理级别相关经验的人选。这种跨级求职的做法，务必让简历充分展现出求职者确实具备胜任主管或经理岗位的能力。

建议：当求职意向为跨级申报时，求职者除了要在简历中清晰呈现过往工作所取得的成绩，还需着重且充分地体现自身的管理与组织能力。例如，在描述过往工作经历时，可具体阐述如何带领团队完成项目，在团队管理方面采取了哪些有效策略，以及在组织协调各类资源、推动业务发展方面所展现出的能力等，以此增强简历的说服力，让HR相信你有能力胜任更高一级的岗位。

（三）简历与职位不匹配

此类情况多见于求职者“粗心大意”或“盲目海投”简历。例如，求职者填写的求职意向是行政部门的相关岗位，却因疏忽大意，将简历投至招聘工程类相关职位的企业。这种不匹配的投递行为，会极大降低获得面试机会的概率。

建议：投递简历时，务必精准定位，选择与自身条件适配、自己有能力胜任的工作岗位。切不可毫无针对性地海投简历，只有做到有的放矢，才能提高简历的通过率，增加获得面试机会的可能性。

（四）薪资待遇设定欠妥

部分求职者可能因频繁接到“面试电话”而心生厌烦，从而在薪资待遇方面提出过高要求；又或者对自身价值评估不准确，导致期望薪资与招聘单位的预算严重脱节。这种薪资待遇上的不匹配，直接致使网投简历的面试转化率处于较低水平。

建议：在填写薪资待遇要求时，应秉持合理适度的原则。要充分结合当前市场行情、自身实际能力以及招聘单位的情况来综合考量。若难以确定具体薪资范围，也可直接填写“面议”，这样既能避免因薪资要求过高而错失机会，又能为后续的薪资谈判留下一定的弹性空间。

（五）简历未获HR关注

在常规情况下，若岗位急需人员补充，求职者投递的简历通常能迅速收到回复。倘若在两周内仍未得到任何反馈，这往往意味着求职者已被淘汰，即便后续主动致电询问，也难以改变结果。

然而，也存在一些特殊情况，可能导致简历未能及时送达HR手中。此时，主动致电用人单位，不仅是一种提醒，更能在HR心中留下印象。即便当下没有合适的岗位，在接下来的几个月内，若出现与求职者条件相匹配的职位，HR想起该求职者的概率也会大大增加。

二、简历的正确投递方法

在人才市场投递简历应注意以下几点：

（一）精准定位目标，实现有的放矢

在职业规划中，首要任务是明确自身的职业层级。所谓职业层级，是指在同一职业范畴或职业类型内部，因工作内容差异以及对人员能力要求的不同而形成的区分。大学生需综合考量个人兴趣、特长以及专业特性等实际情况，精准确定目标单位的性质、规模以及地域等要素。如此一来，便能够有针对性地参与人才市场的招聘活动。

（二）提前掌握招聘会信息

求职者应提前将匹配自身专业与感兴趣的公司进行标注记录，以便在招聘会现场直接前往相应展位。如此一来，可大幅节省时间与体力成本，有效提升应聘效率。如今，众多高校会在就业官方网站提前公布参与招聘会的单位名单及岗位需求信息，同时还会印发招聘会会刊。求职者需充分利用这些信息渠道，及时获取招聘会动态，为求职做好充分准备。此外，还可通过各类专业的求职App、社交媒体、求职群组等途径，进一步拓展信息来源，提高求职的精准度和成功率。

（三）优先选择招聘会早场时段

在招聘会早场时段，由于人流量相对较少，求职者有更多机会前往多家用人单位的招聘展位，深入了解岗位信息并积极进行自我推荐。在当今竞争激烈的求职市场中，“酒香不怕巷子深”的理念已不再适用。大多数用人单位在招聘会开始不久后，一旦挑选到符合岗位需求的几位候选人，便会结束当天的招

聘工作，不会等到招聘会人流量高峰时段再进行选择。因此，求职者应把握早场机会，提高自身在招聘会中的竞争力。同时，随着线上招聘渠道的不断发展，部分用人单位也会同步开展线上招聘活动，求职者可提前关注相关信息，做好线上线下求职的双重准备。

（四）一分钟自我介绍，开启深度面谈之门

一分钟的自我介绍，恰似一份精心打造的商品广告，需在短短60秒内精准对接“客户”（即招聘方）的需求，将自己最突出、最优秀的一面全方位、无保留地展现出来。不仅要给招聘方留下深刻的印象，更要激发他们对你的浓厚兴趣和进一步了解的意愿，如同激发“购买欲”一般。

（五）提前筹备招聘所需的英文材料

在求职过程中，部分招聘单位的应聘表格会要求以英文形式填写。面试时，若能运用提前准备好的英文进行自我介绍，并与主考官展开流畅交流，将极大提升个人在招聘方心中的印象分。

对于瞄准外资企业的毕业生而言，提前准备英文材料更是不可或缺的环节。只有做好充分准备，才能牢牢把握来之不易的求职机会，避免因准备不足而与理想岗位失之交臂。在此过程中，外语口语能力的重要性不言而喻。

（六）参会时建议携带证书复印件，避免携带过多原件

在参加招聘会时，求职者最好不要携带过多的证书原件，仅准备复印件即可。由于招聘会现场参会人员众多，用人单位往往没有足够的时间当场验证证书原件，通常仅进行初次面试并收取简历。此外，携带大量证书原件还可能增加在拥挤环境中丢失证件的风险。

事实上，在每场大型招聘会上，都有毕业生因疏忽大意而丢失身份证、学生证、英语等级证书、计算机等级证书等重要证件。一旦证件丢失，不仅会给自己的择业进程带来极大的不便，还可能影响后续的入职手续办理等事宜。

（七）求职需秉持耐心

在求职过程中，耐心是一项至关重要的品质。很多时候，只需再多坚持一下，以最诚恳的态度再次向用人单位介绍自己，这一行为不仅向招聘方展现了自己的诚意，还为自己争取到了更多自我推荐的机会。

在竞争激烈的求职市场中，众多求职者各展所长，而求职者的耐心与诚心往往能够成为吸引用人单位注意力的关键因素。耐心让求职者在面对可能的拒绝或长时间等待时，仍能保持积极的心态和持续的努力；诚心则通过真诚的表达和实际的行动，让招聘方感受到求职者的可靠与专注。

事实上，许多毕业生正是凭借着这份耐心和诚心，最终获得了理想的工作机会。在当下就业形势复杂多变的背景下，求职者更应认识到耐心的重要性，将其贯穿于求职的每一个环节，以坚定的信念和不懈的努力，开启属于自己的职业之门。

（八）关注招聘单位人员住宿信息，择机登门拜访

求职者需留意收集招聘单位相关人员的住宿地点信息，在确定自己心仪的职位后，选择合适的时间登门拜访招聘人员。

在此过程中，求职者能够与招聘人员进行深入的交流，展现出从容不迫的姿态，从而给对方留下良好的印象。通常情况下，招聘会现场求职者众多，用人单位往往只能将求职者的简历和推荐材料带回单位或住宿地点进行细致的比较和筛选。而求职者选择登门拜访的方式，能够让招聘人员有更多机会深入了解自己，同时求职者也能更好地把握求职机会，增加获得心仪职位的可能性。

（九）会后及时跟进，主动出击

在招聘会结束后的2～3天内，求职者应及时与自己感兴趣的用人单位取得联系，切不可被动等待。因为在招聘会现场，求职者众多，用人单位会收到大量的简历，很可能会在后续的筛选过程中忽略某些求职者。

当求职者在招聘会现场与用人单位交流后，如果感觉双方交流融洽、彼此满意，应当及时记录该公司的联系方式以及负责人的电话号码。之后，应尽快通过电话联系用人单位，询问再次面试的时间安排。这一举措具有多方面的重要意义：一方面，它体现了求职者对公司的尊重，展现出求职者积极主动、认真负责的态度；另一方面，也充分表达了求职者希望加入该公司的强烈愿望，能够给用人单位留下深刻而良好的印象，增加求职者获得进一步面试机会乃至最终被录用的可能性。

（十）校园宣讲会：求职关键信息源

参加用人单位校园宣讲会，务必认真聆听招聘人员讲解，以获取决策依据。优质宣讲会至少能提供以下信息：企业背景、在招职位；校园招聘详情，如岗位、人数、要求、流程、日程、简历投递渠道及新员工培训计划；员工经验分享，从入职到发展的历程，助你从内部视角了解公司。

在宣讲会上，可充分交流、展现专业实力，感受公司文化。明确目标，积极互动，让招聘人员了解并记住你。准时是关键，建议提前半小时入场，既能领取宣传材料和小礼品，又能坐在前排，确保听讲效果。记得带笔记本，记录重要内容，如职位要求、招聘日程等。

三、投递电子邮件的注意事项

通过电子邮件投递简历具有多方面显著优势。从便捷性来看，它打破了地域限制，求职者无须亲赴招聘现场，仅需轻点鼠标即可瞬间将简历送达用人单位邮箱，极大节省了时间与精力成本。而且，在发送前能依据岗位需求精准修改简历，投递后若发现不足也可及时更新，灵活性极高。

在信息呈现上，电子邮件以附件形式投递简历，可确保格式、排版和内容完整准确，避免因其他投递方式导致的信息错乱或丢失。同时，还能附加个人作品集、证书扫描件等材料，全方位展示自身能力与优势，提高获得面试机会的概率。

对于用人单位而言，接收的电子邮件简历便于分类、整理和存档，可按岗位、专业等维度归档，提高招聘效率；求职者也能对发送的简历邮件进行标记存档，记录投递时间、岗位、公司等信息，便于跟踪求职进度。

此外，电子邮件投递简历成本低廉，无须支付邮费、打印费等，减轻了求职者的经济负担，还符合绿色环保理念，减少了纸张使用和碳排放。并且，它突破了地域局限，让求职者能将简历投递至全国各地甚至国际知名企业，接触到更多优质岗位，拓宽了求职渠道，增加了就业机会。

因此，目前大多数企业都选择用电子邮件的形式接收简历，以下是用电子邮件投递简历时的注意事项。

1. 关于邮件主题

邮件主题是收件人接触邮件时获取的首要信息，需精准概括内容、凸显重要性，助力收件人快速了解核心要点并评估其紧急程度。具体要求如下：

（1）标题不可留空：标题缺失是邮件礼仪的大忌，会给收件人留下不专业、不负责的印象。

（2）标题力求简洁：避免冗长标题，确保在邮件客户端（如 Outlook）标题栏完整显示，无须通过“……”省略。

（3）标题需明确反映内容与重要性：标题应准确传达邮件核心，杜绝使用“王先生收”等模糊表述，确保收件人一目了然。

（4）一信一事原则：每封邮件应聚焦单一主题，避免多主题混杂，便于收件人分类整理及后续查阅。

（5）适度强调标题：可通过大写字母或特殊字符（如“!”）突出标题，但需谨慎使用“紧急”等字眼，防止造成不必要的焦虑或被视为滥用。

（6）回复邮件时优化标题：根据回复内容调整标题，避免出现连续的“RE:”前缀，保持邮件列表清晰易读。

2. 关于称呼与问候

（1）精准把握称呼尺度：邮件开篇需恰当称呼收件人，此举既体现礼貌，又能明确告知收件人邮件指向，促使其及时回应。当收件人为多人时，可用“各位”“ALL”等统称。若知晓对方职务，应依职务尊称，如“×经理”；若职务不明，则以“×先生”“×女士”相称，需提前确认性别。对于不熟悉之人，不宜直接使用英文名；面对职位高于自身者，同样应避免直呼其英文名。全名称呼亦属失礼之举，需杜绝“Dear ×××”之类泛用称呼。

（2）注重问候语运用：邮件开头与结尾宜添加问候语。开头可简用“Hi”“您好”等表述，结尾则常见“Best Regards”“祝您顺利”等祝词。正所谓“礼多人不怪”，礼貌用语能中和邮件中可能存在的瑕疵，使对方以平和心态阅读。

3. 关于正文

（1）内容简明扼要，行文流畅：邮件正文需简洁明了地阐述事项。若内容较多，正文仅做概要说明，详细内容以附件形式呈现。行文应通顺，使用简单词汇和短句，确保表达准确清晰，避免冗长晦涩的语句，让收件人无须滚动屏幕即可阅读完整内容。

（2）论述语气恰当：根据与收件人的关系亲疏、等级差异及邮件性质（内部或外部），选择适宜的语气进行论述，避免引起对方不适。应尊重对方，常使用“请”“谢谢”等礼貌用语。鉴于邮件易被转发，对他人意见的评论需谨慎客观。

（3）结构清晰明确：正文宜采用1、2、3、4等分项形式，使内容条理清晰。若事项复杂，可分段说明，每段应简短精练，避免冗长，以节省收件人的阅读时间。

（4）信息完整准确：邮件应一次性完整传达相关信息，避免事后补充或更正，以免给收件人带来不便。

（5）避免拼写错误：邮件中应杜绝拼写错误和错别字，体现对收件人的尊重及自身严谨的态度。英文邮件建议开启拼写检查功能，中文邮件需注意拼音输入法的同音别字。发送前应仔细阅读，检查行文和拼写。

（6）合理提示重点信息：避免过度使用大写字母、粗体、斜体、彩色字体或加大字号等手段提示信息。合理的提示有助于突出重点，但过多的提示会分散注意力，影响阅读。

（7）善用图表辅助表达：对于技术介绍或讨论性质的邮件，单纯用文字描述可能不够清晰。若配合图表阐述，收件人将更易理解，并赞赏您的周到考虑。

（8）慎用表情符号：在商务信函中，应避免使用“:）”等笑脸字符，以免显得轻佻。此类字符仅在需要营造轻松氛围的特定场合使用。

4. 关于附件

（1）如果邮件带有附件，应在正文里面提示收件人查看附件。

（2）附件文件应按有意义的名字命名，不可用收件人看不懂的文件名。

（3）正文中应对附件内容做简要说明，特别是带有多个附件时。

（4）附件数目不宜超过4个，数目较多时应打包压缩成一个文件。

（5）如果附件是特殊格式文件，应在正文中说明打开方式，以免影响使用。

5. 语言选择与汉字编码规范

（1）英文邮件的适用场景。

英文邮件应作为沟通工具而非展示手段。当收件人包含外籍人士或海外华人时，建议采用英文交流以避免中文编码导致的乱码问题。

（2）尊重对方语言习惯。

需根据对方常用语言调整邮件语言。若对方长期使用中文沟通，应避免主动发送英文邮件；若对方以英文回复，则需使用英文回复。

（3）重要信息的语言选择。

涉及关键信息或复杂内容的邮件，建议使用中文撰写。此举可规避因语言能力差异（如表达或理解障碍）导致的信息传递偏差，确保问题有效解决。

（4）字体与字号规范。

邮件正文应选用便于阅读的字体与字号：中文推荐宋体，英文推荐Times New roman或Arial，字号建议5号或10号。此类设置经研究证实为在线阅读最佳方案。须避免使用特殊字体、斜体或背景信纸，尤其在公务邮件中。

6. 结尾签名规范

每封邮件结尾均需设置签名，以便收件人快速识别发件人信息。

（1）签名内容简洁明了。

邮件末尾添加签名档为必要操作，可包含姓名、职务、公司、联系方式及地址等基础信息，但需控制行数（一般不超过4行）。仅需提供核心信息，收件人如有进一步需求会主动联系。可适当加入座右铭等个性化内容，但需根据收件人身份与沟通场景选择得体表述。

（2）差异化设置签名档。

针对内部沟通、私人往来及长期客户等场景，应简化签名档格式，避免因过度正式产生疏离感。建议通过邮件客户端（如Outlook）设置多版本签名档，根据场景灵活切换。

（3）格式规范统一。

签名档文字需与正文保持一致（简体/繁体/英文），防止出现乱码。字号建议略小于正文，确保视觉层次清晰。

7. 邮件回复技巧

（1）及时响应邮件。

收到重要邮件后应及时回复，体现对发件人的尊重。建议优先处理紧急邮件，理想回复时间为2小时内；非紧急邮件可集中处理，但不宜超过24小时。若无法立即提供完整答复，可先回复确认收到并说明处理进度（如“已收到，正在处理，结果确认后将第一时间回复”）。出差或休假期间建议设置自动回复，避免延误工作。

（2）针对性回复内容。

回复时应引用原邮件问题并附上详细解答，避免简单回复“是/否”等单字。通过补充说明帮助对方一次性理解，减少反复沟通。

（3）回复字数要求。

针对长邮件的回复不应仅用“好的”“谢谢”等简短词汇，需体现对内容的重视。

（4）避免重复讨论。

同一问题沟通超过3次需警惕沟通效率，建议改用电话等即时方式澄清后，再通过邮件确认结论。多人参与复杂议题时，需定期总结讨论结果，精简冗余信息。

（5）区分回复对象。

单独回复（Reply）：仅需通知特定人员时使用。

全体回复（Reply All）：需公开结论时使用，避免让发件人代为传达。

意见分歧处理：对问题存疑时，应先与发件人单独沟通，达成共识后再同步结果。

避免无效汇报：未确定结论前，勿频繁向上级发送邮件。

操作建议：点击“Reply All”前需确认是否需全员知晓。

（6）控制邮件流向。

指定回复对象：在正文中明确需回复的人员。

添加免回复提示：文末标注“无须回复”“仅供参阅”等说明，减少无效邮件。

在电子邮件沟通中，正确使用“发送”“抄送”“密送”功能至关重要，需准确掌握To、CC和BCC的区别（即收件人、抄送人、密送人）：

①To（发送）：此为邮件的主要接收对象。收到邮件的人需对邮件所涉及的主要问题进行处理，并承担回复邮件的责任。

②CC（抄送）：抄送对象仅为知晓邮件内容即可，无须对邮件进行回复。不过，若抄送人有相关建议，也可通过邮件反馈。

③BCC（密送）：密送对象的邮件地址对其他收件人保密。此功能通常用于特殊场景。

④收件人排列规则：To和CC中的收件人排列应遵循既定规则，例如按部门分类，或依据职位等级从高到低、从低到高排序。合理的排列顺序有助于展现你的专业素养和严谨态度。

⑤精准发送，避免信息冗余：仅向需要获取信息的人员发送邮件，避免浪

费他人时间。

⑥转发邮件需谨慎，突出关键信息：在转发邮件前，务必确认所有收件人均需接收该信息。此外，转发敏感或机密信息时需格外小心，严禁将内部信息泄露给外部人员或未经授权的接收方。如有必要，应对转发邮件内容进行修改和整理，确保信息清晰、准确。

职场中发送电子邮件，需始终牢记：只发送必要邮件，认真对待每一封邮件。

第四节　如何撰写求职自荐信

“除简历外，再写一封热情且详尽描述专长、优势，凸显个人亮点，并阐明为何适合该职位的求职自荐信。避免空泛无物或夸大其词，需体现你对职位的深入了解，用实例佐证专长、优势与诚意，尤其要突出个人亮点。招聘方最关心的问题是‘我为何要录用你？’，你的亮点便是答案。”这是李开复对青年求职者的建议。

2005年10月，李开复在中国高校巡讲招揽计算机软件研发人才，求职信与简历如雪片般涌向微软亚洲研究院。其中一封独特的求职自荐信吸引了他的目光。

应聘者在信中满怀热忱地表达了对微软亚洲研究院的向往，自信地用实例证明自己善于钻研、突破技术难题，适合研究院工作，还阐述了拟开展的研究课题。为增强说服力，还附上论文及导师推荐信。

多数应聘者仅提交简历，未附自荐信，这使她脱颖而出。尽管毕业于武汉大学，名气不及清华、北大，但自荐信让她展现出对专业的热情、积极主动的做事态度、勇于创新的精神，以及善于自我营销和考虑周全等优秀品质，正是李开复所需人才特质，因此她获得面试邀请。

此案例启示我们，主动撰写求职自荐信并附于简历之后，能有效吸引招聘人员关注，弥补简历不足。简历受篇幅限制，部分内容难以详尽，而自荐信可传达更多信息，引发重视。那么，如何撰写求职自荐信呢？

一、自荐信的内容

（一）个人基本情况与信息来源说明

在自荐信的开头部分，应简洁明了地介绍个人基本情况，重点突出与应聘岗位紧密相关的学历背景、工作经历及主要成就，以此激发招聘单位的初步兴趣。同时，需明确说明获取该用人消息的具体途径，体现求职的正规性与针对性。详细个人简历建议作为附件附后，以便招聘单位进一步了解。

（二）胜任条件阐述

此部分为自荐信的核心，需详细阐述个人知识储备、实践经验及专业技能，特别是那些与所求职业高度契合的特长与个性特点。避免使用陈词滥调，力求以独特视角展现个人优势，有效吸引并打动招聘方。

（三）个人潜能展示

通过介绍过往参与的社会工作及取得的显著成绩，间接展示自身的管理才能与发展潜力，表明自己不仅具备当前岗位所需能力，更有广阔的发展空间与培养价值。

（四）明确应聘岗位

鉴于用人单位常同时招聘多个岗位，务必在自荐信中明确标注所申请的具体岗位。若对岗位要求不甚了解，可表达对某一类岗位的强烈兴趣，展现求职的灵活性与主动性。

（五）相关材料附寄

鉴于求职信篇幅有限，建议将毕业证书、学位证书、职称证明、身份证、获奖证书、户籍证明等复印件，以及学校推荐信、个人履历表、发表文章、科研成果等相关材料，随自荐信一并寄送至招聘单位，以便其全面评估个人资质。

（六）联系方式提供

自荐信结尾处，务必清晰列出个人详细地址、邮政编码及联系电话，确保招聘单位能够顺利与求职者取得联系，为后续沟通奠定基础。

二、撰写自荐信的注意事项

（1）篇幅尽量简短。只有篇幅简短、重点突出的求职信才会引起用人单位的注意，才能收到良好效果。

（2）突出个性。面对不同的招聘单位和不同职位，求职信在内容侧重点上要有所不同，必须有很明确的针对性，切忌千篇一律，没有自己的特色。只有突出自己的个性，并很好地找到招聘岗位要求和自身条件的匹配点的求职信才能被招聘者赏识。

（3）实事求是。要不卑不亢，适度的谦虚会让人产生好感，但过分的谦虚则容易给人留下缺乏自信的印象；与此相反，虚假浮夸的表述很容易被招聘者识破。因此，陈述要客观真实，适度修饰。由于文化上的差异，一般对外资企业需要充分展示自己的能力，充满自信，而对国家机关、国有企事业单位则应适当内敛，着重介绍自己的知识和能力，语气要适度含蓄。

（4）语句通顺，文字流畅。求职信一般要求打印，应做到排版美观，不要出现错别字，语句流畅通顺，文字通俗易懂，切忌用华丽的辞藻进行堆砌，少讲大话、空话和套话。

（5）尽量不要谈薪酬。如果没有被要求，不宜在求职信中谈论薪酬待遇。如果招聘者要求求职者提供薪酬要求，那么就适度地说明，例如不低于3000元等，或者参照行业薪酬标准的中等水平，并且注明这是可以协商的。

（6）仔细检查。写完后认真阅读修改，请周围的人帮助修改，避免有歧义的表述，避免重点不突出或者表述层次不清等疏漏，从而使求职信能更准确地表达求职者的信息。

李开复曾强调，求职自荐信需把握三大核心要点：

（1）岗位匹配与诚意表达。

需通过对比分析岗位需求，明确阐述自身与岗位的契合度，并展现对公司的浓厚兴趣与期待。避免空洞承诺（如“我定能胜任”“绝不辜负期望”），此类表述易显稚嫩，反而会削弱专业形象。

（2）专长与实例支撑。

需重点突出在该领域的专业能力与独特优势，并辅以具体案例佐证。此部分为自荐信亮点，需细化描述，通过真实事例增强说服力，为招聘方提供录用理由。

（3）精简内容，控制篇幅。

自荐信需控制在800字以内，语言简洁明了。招聘方需处理大量简历，冗长内容易引发反感，影响整体评价。

三、自荐信的格式规范

求职信在结构上一般由如下六部分组成。

1. 称呼

求职信的接收者一般是求职的公司或者单位的负责人，或者是他们的秘书，或者是专职的人力资源主管/干事，可是我们往往不知道他们的名字。所以，写求职信时，一般称其为“××公司负责人”“××总经理”“尊敬的领导”。

2. 开头

求职信是专用书信，不同于普通书信，由于与读信人素昧平生，所以像普通书信开头那样的问候语大可不必写，因为那样不仅显得做作，而且难免有谄媚之嫌。求职信的开头，一般应该直陈写信的目的。表达的语言要尽可能生动活泼，有吸引力，能够吸引对方把信读下去。

3. 正文

正文是求职信的写作重点，在这部分，交代自己求职的原因后，应该立即介绍自己的求职条件，在写作时，尤其要注重表现自己的成绩，突出自己的求职优势。

4. 结尾

主要强调自己的愿望和要求。例如，希望对方给自己一个面谈的机会或者希冀对方能够及时回信之类，最后，要不卑不亢地写上此致敬礼之类的敬辞。

5. 附件

个人简历、求职信都是求职择业过程中必不可少的文字材料。此外，还要准备能够体现自己知识、能力、经验等方面优势的“硬件”材料，包括：

（1）成绩单复印件：由教务部门出具。

（2）外语等级证书复印件。

（3）计算机等级证书复印件。

（4）各类获奖证书复印件。

（5）各类技能证书及职业资格证书复印件。

（6）推荐信。推荐信是辅导员或相关领导、老师、亲友对你的评价，也是比较权威、可信的。如果是他们介绍你到某单位应聘求职，最好带上推荐信。因为这是组织对你的评价，用人单位一般比较重视。

（7）公开发表的论文或文章的复印件及取得的成果等。

附件力求少而精，各种证书的复印件一定是印章齐全的有效证件，切勿造假。

6. 署名和日期

署名注意三点：第一，切忌过分谦卑，动不动就写上“您的学生×××敬呈”之类，绝不可取。第二，若是手写，千万不要潦草，龙飞凤舞，容易引起反感，建议使用楷书签名。第三，要附上联系地址和电话等。

课后练习：

1. 个人简历制作：

请根据个人的求职目标撰写一份个人简历，要求内容完整，排版干净整洁，突出个人优势，注意简历内容与求职目标的匹配度。

第四章 面试技巧与求职礼仪

面试是大学生求职过程中非常重要的环节，如果说简历和求职信是开启大学生求职之路的必备武器，那么面试无疑是打开职业大门的金钥匙。面试的成功与否，往往直接决定了求职者是否能够拿到入职通知书。本章就给大家介绍一下面试相关技巧和一些必备的求职礼仪。

情景案例：

王刚是一位即将毕业的法学专业的本科生，在求职过程中非常幸运地通过了某地级市法院的笔试，能否被录取，就看接下来的面试了。王刚心里非常坦然，因为他对自己很有信心，他在大学期间有着丰富的法院实习经历，专业知识扎实，为了成功找到理想的工作，他还专门学习了面试礼仪。因此，在面试过程中，王刚自信满满，他从踏入法院大门前就开始注意自己的言行举止，衣着得体，面带微笑，不卑不亢，对人礼貌有加。法院准备了一场模拟法庭的情景面试，参加面试的有四位同学，虽然王刚抽到的角色仅仅是书记员，但是他没有一句抱怨。在最后的一对一面试环节，王刚表现得更加大气沉稳，当被问到他的期望待遇时，王刚微笑着说："我认为一个人的待遇如何，还要看他的能力水平，付出多少。我相信单位会给我合理的报酬的。"王刚的表现让面试官非常满意，最后面试结束时，面试官直接告诉王刚，他被录用了。（资料来源：编者根据真实案例编写，名字有改动。）

第一节 面试类型

面试是用人单位在招聘人才过程中对其进行当面交流考核的一种测试，也是我们在求职过程中影响到能否成功的关键一步。面试有很多类型，不同类型的面试又各有特点，因此，毕业生在求职过程中，一定要对面试类型有所了解，这样，不管遇到哪种面试，都能做到应对自如。

一、根据面试的形式，划分面试类型

（一）个人面试（传统型面试）

你可能会遇到一对一的面试形式。面试官可能是人力资源部门的代表，或是经理，或是所申请职位的相关领域专家。尽管这类面试通常以轻松的交谈方式进行，但仍需保持警惕。面试官可能会采取传统的即兴方式，也有可能采用更为现代且精心设计的方法。这种面试带有一定主观性，可能对你产生正面或负面影响。

还有一种较少见的形式是“逐个面试”。虽然这也是一对一的面试，但需要依次面对来自不同部门或岗位的多位面试官。更进一步的面试形式是“联合面试”，其中涉及两位或更多面试官，他们会预先分配好各自的角色，从不同角度考察你与职位相关的各项能力。

（二）无领导小组面试（群面）

无领导小组面试，又叫群面，在面试时，求职者将被分成若干小组（通常每组6~8人），并要求他们以方便交流的方式围坐（通常呈椭圆形，以便评估人员更好地观察）。考官会提前准备讨论所需的背景资料，并通过明确的指示引导求职者围绕特定主题展开小组讨论，要求小组成员在限定时间内（通常为1小时）达成一致意见。背景资料通常与工作场景相关（也可以是假设性的，以避免因专业背景差异影响评估结果），讨论主题需具有足够的探讨空间，确保求职者能在规定时间内充分交流。在指示中，不会指定主持人或发言顺序，也不会提出如积极主动、观点明确等具体要求，仅强调小组讨论和解决问题的重要性。在此过程中，考官和评估人员将依据预先设定的评分标准（如领导力、逻辑思维、沟通表达、团队协作、专业知识应用及情绪管理等）进行综合评估，对求职者的行为表现进行观察评价。

无领导小组面试时要想脱颖而出需要注意以下几点：

（1）积极倾听并做出回应：认真听取他人的观点并记录关键点，同时通过点头等方式适时反馈，表明你在专注倾听团队成员的意见。

（2）及时支持他人的合理建议：团队中的每个人都有创新的潜力，但并非每个人都能勇于支持他人。适时地支持同事有助于团队按时完成任务。

（3）清晰表达自己的见解并争取团队支持：在团队讨论中简洁明了地阐述自己的观点，并客观分析其优缺点，以此获得他人的认可与支持。

（4）为他人的方案提供创新性改进建议：当其他人已提出了许多观点时，可以尝试对其观点进行补充和完善，从而深化讨论的内容，展现对问题的深入理解。

（5）在讨论陷入混乱时引导讨论回归正轨：当团队讨论变得杂乱无章时，应礼貌地引导大家回到有序和理性的讨论轨道上，提醒时间进度、当前亟待解决的问题及是否应进入下一阶段讨论。即使最终未能成功，这种意识也会受到赞赏。

（6）在必要时做出妥协以达成共识：团队讨论通常有明确的目标和时间限制。因此，在任何情况下都应尽力在截止时间前达成一致意见。妥协是为了整体目标而采取的必要手段，这种态度同样会被高度评价。

（7）具备强烈的时间观念：工作中，团队对时间管理尤为重视。能否在截止日期前完成任务至关重要。在陈述观点、倾听他人意见或参与讨论时展现出良好的时间管理能力会为你加分。

（8）适度展现领导力：作为领导者需要得到团队成员的支持，如果缺乏响应则可能适得其反。领导力也可以通过更为隐秘的方式展现出来。

（9）选择角色时要注意与自己能力匹配。无领导小组讨论里有 leader、time-keeper、记录总结员等角色，几个角色都很重要，但并不是谁都能胜任，一定要果断选择适合自己的角色，才能扬长避短，展现最完美的自己。

（三）结构化面试

结构化面试作为一种标准化、系统化的面试形式，广泛应用于公务员和事业单位招聘、企业招聘等。其核心价值在于通过预设的一系列问题，以统一的标准和程序来评估应聘者的能力、素质与岗位需求的匹配度。在面试过程中，面试官按照预先设计好的问题清单和评分标准，对每位应聘者进行相同内容的提问和评估。这种面试方式强调一致性、客观性和可比性，旨在减少面试官主观判断的影响，提高面试的公平性和有效性。

标准化是结构化面试的基本特点。结构化面试的标准化体现在多个方面。首先，面试问题的设计是标准化的，所有应聘者都会面对相同或相似的问题，这些问题通常是基于岗位分析和组织需求精心设计的。其次，面试的流程和评分标准也是标准化的，确保每位应聘者都能在相同的条件下接受评估。这种标准化有助于减少面试官的主观偏见，提高面试的公平性和一致性。

除了标准化，规范化、可比性、客观性等都是结构化面试的特点，公务员招聘，各省、地、市的事业单位招聘，选调生的招聘等，大部分采用的是结构化面试。

结构化面试一般有5～7名面试官，参加面试的人员要注意在规定时间内完成答题，一般只有主考官会宣读引导词和题目，其他考官不发言。结构化面试要求应聘者具备较强的应变能力、思维能力和表达能力。

（四）电话面试

在校园招聘中，电话面试变得越来越普遍，尤其是在筛选候选人时，它被认为是一种快速且高效的方式。电话面试的主要挑战并不在于你见不到面试官，而是你无法通过肢体语言来进行沟通，只能依靠声音来回答问题。这种方式的局限性在于减少了展示自我的维度。

电话面试时要保证通话环境安静，最好找一间私密的、安静的房间；准备好所需要的设备，提前做好测试；提前准备好纸、笔，以便必要时做记录；简历一定要放在手边，以备不时之需；一定要保证通话过程中精力集中，没有分心；保证设备有电，随时有信号，话费充足。

（五）视频面试

视频面试是面试人员与求职者通过电脑或手机等工具进行视频即时沟通交

流的面试类型。视频面试在当前比电话面试用得更加普遍。视频面试需要提前做好相应的准备：

（1）环境准备：选择一间网络信号良好、安静且不会被打扰的房间进行面试。面试时，通过摄像头展示一个整洁有序的背景，能够给面试官留下良好的第一印象。对于应聘教育岗位的人来说，可以选择一个书籍排列整齐的书架作为背景；而对于设计和技术岗位的应聘者，则可以挑选展示艺术品或个人作品的展示柜作为背景。当然，也可以选择一面干净的白墙作为背景。总之，选择有助于提升面试效果的背景，避免使用卧室中松软的床幔或堆放杂乱的储物柜作为背景。

（2）设备准备：①提前了解面试平台（如QQ、钉钉、微信、企业微信等），下载并熟悉相关应用程序；②保持良好的网络连接，有线网络通常比无线网络更稳定，确保不会出现网络卡顿的情况；③防止因断电导致信号中断，建议优先使用笔记本电脑，其次是手机和平板电脑、带有摄像头的台式机；④在接通面试视频之前，调整摄像头位置，找到最佳视角；⑤最好佩戴耳机，避免回声干扰。所有设备应在面试前进行测试，确保一切运行顺畅，并提前3～5分钟做好准备。为了避免技术问题影响面试，可以在开始时礼貌地询问面试官是否能清晰地看到和听到自己。如果出现技术故障，建议暂停面试，以免因沟通不畅而导致面试失败。

（六）压力型面试

你或许会觉得所有面试都充满压力，但有些面试官会特意设置一些富有挑战性或棘手的情境，以此来观察你的应对方式。比如，他们可能会说“给我留下深刻的印象”，或者“看到我桌子上的那支笔了吗？试着把它卖给我”。这样的面试不仅能展示出一个人处理问题的能力，还至少提供了一个宝贵的启示——无论面对何种情况，都要全力以赴地展现自己的才华。

（七）行为面试

这类面试的特点，就是面试官更加注重了解应聘者过去的行为或成就，即面试中的一大类问题是关于应聘者过去行为的。这是因为大多数人认为，你过去的行动是对未来表现的最佳预测。面试官会请你就如何处理某个与工作相关的情境进行回答。例如，请描述一次你策划并执行具有挑战性的任务的经历；

请谈一谈你是如何通过改变他人的行为或观点来实现目标的；描述一个你曾经解决了的难题；描述一件大学期间你干过的最有成就感的事情。

面试官将依据一套精心设计的行为评估标准来评判你的回答。通过充分的面试准备和练习，你可以提升回答的质量。为了更好地应对这种面试，可以运用STAR法则来构思你的成就故事。STAR法则由Situation（情境）、Task（任务）、Action（行动）和Result（结果）组成。这是一种结构化的描述个人经历的方法，尤其适用于面试场合展示个人的能力、经验和成就。下面是一个使用STAR法则描述个人经历的例子：

情境：我在大学期间加入了一支志愿服务团队，负责为当地的孤儿院提供支持和协助。

任务：我们的任务是为孤儿院建立一个阅读室，使孩子们能够更好地阅读和学习。

行动：我们首先与孤儿院的管理员进行了交流，了解了阅读室的具体位置、大小和结构。然后，我们找室内设计专业的同学帮忙画了一份设计图。接下来，我们开始筹集资金和物资，组织志愿者进行募集图书的工作。

结果：阅读室建成后，孩子们非常开心，经常去阅读室读书学习。孤儿院的管理员也对我们表示感谢，认为我们的行动为孩子们带来了更多的乐趣和希望。这次经历让我更加珍惜生活中的每一个机会和时间，希望能够做更多的事情回馈社会。

二、根据面试的时间顺序，划分面试类型

（一）初次面试

初次面试通常是基于申请材料而安排的面谈环节，有时也会有所不同。比如，在招聘会上，简单介绍完简历后就可能直接进入面试阶段。如果你有幸被邀请参加面试，这意味着你已被视为该职位的潜在合适人选。要知道，这可是从众多候选人中脱颖而出的机会，竞争激烈程度可见一斑！

初次面试的主要目的是帮助雇主快速筛选候选人，通常会关注整体印象和基本资料，因此过程较为简短且高效。

（二）第二轮面试

到了第二轮面试，重点往往会转向考察个人的专业技能或技术能力。这也为公司高层提供了深入了解你的机会，包括企业主、管理层等关键决策者。有时候，这种面试可能会以非正式的形式进行，比如在当地一家咖啡馆轻松交谈。值得注意的是，有些公司为了最终确定人选，可能会安排多轮面试，这里不再赘述。

三、面试前的准备

（1）充分了解应聘信息：通过公司网站、期刊等各种渠道充分了解公司情况，如公司的架构、规模、业务运营情况和市场表现等，留意报纸或杂志上有关该行业的信息，还需要了解你所应聘的职位，如学历要求、具体的能力要求、工作的职责范围等，做到心中有数，才能更有信心。

（2）物品准备齐全：一般情况下，要准备的物品包括简历、求职信、正式的照片、相关证明文件、学历证书、获奖证书、职业资格证书等；另外，还要随身携带一些必需物品，如轻便笔记本、笔等，最好列一张清单，避免遗忘。

（3）演练面试应答：面试时，通常需要介绍自己过去的学习和工作经历，成功或失败的经验，你为何要选择应聘这个职位等，你要提前组织一系列能体现出自己特色及优势的答案。另外再准备1～2个关于公司或职位的问题，这也可以表现出你对于公司和工作的兴趣以及想获得此份工作的热切期盼。

（4）形象准备：第一印象常常会影响面试的结果，甚至可能让你错失理想的工作机会。因此，在准备面试时，务必提前整理好思路，花更多时间思考如何展现自己的最佳状态。在面试中，从着装到精神面貌，都要力求给人留下美好的第一印象。

（5）让心情更轻松：在面试前一天晚上，可以简单地预演一下面试环节，做到胸有成竹。同时，尽量保持放松，洗一个热水澡，听听舒缓的音乐，这样有助于改善睡眠质量。避免阅读报纸或文字繁多的书籍，因为这可能会让你感到疲惫，并增加紧张感。

（6）做好灵活应变的准备：面试前准备的问题有可能在面试中一个都没有问到，因此，放平心态，端正态度，机智应对才能做到“以不变应万变”。

第二节　面试礼仪与职业规范

一、外表

1. 着装

面试着装不仅体现了你对未来的憧憬，还展现了你的个人形象及对职位的理解。对于大多数职业性和商业性岗位而言，最佳建议是：穿上一套你力所能及的优质行头，搭配合适的鞋子和包包，自信满满地去参加面试。你的装扮应该尽可能契合所申请的职位。如果你非常渴望获得这份工作，了解公司内部人员的着装风格并加以模仿，不失为一种理想且有效的方法。具体来说，男女求职者的着装要求有所不同。对于男性而言，建议穿着深色或柔和色调的西装套装，款式应简洁大方，可搭配整洁的衬衫和领带。领带的颜色不宜过于张扬，最好与西装保持统一的主色调。如果天气炎热，也可以单穿一件色调明亮、柔和的衬衫，材质以棉、麻、腈纶或混纺为佳。鞋子方面，搭配皮鞋最为适宜。女性则更适合穿着简约大方的裙装或套装，寒冷季节可以选择西装或其他短外套。冬季着装应避免臃肿，切忌穿着运动装、牛仔裤和T恤，以免显得不够正式。透明薄纱裙或吊带裙也不适合，容易让人忽视求职者的才华而被其性感所吸引，从而被认为不够庄重。建议选择色调沉稳、柔和的服饰，如黑色、白色、咖啡色、奶油色或蓝色。鞋子以中跟为佳。还有一些细节需要注意：如果是新购置的衣物，务必提前试穿，坐下来检查整体效果。男士需确保袜子颜色与服装和鞋子协调一致。千万不要黑色裤子和鞋子搭配白色袜子。

2. 装饰

男士形象建议：男士应该保持头发干净整洁，避免过于油腻或湿漉漉的外观。发型应简洁朴素，鬓角不宜过长。胡须最好刮干净，避免留山羊胡或络腮胡。根据中国的传统习惯，男士一般不建议涂抹化妆品，以免引起不必要的联想。此外，还要注意头皮屑、指甲和袖口等细节。

女士形象建议：女士应保持端庄整洁，并特别注意脸部轮廓。如果不是短发，最好将头发束起并固定在脑后。对于某些职业有特定发型要求的情况，应遵守相关规定。化妆时应突出年轻女性的气质，根据自身特点突出优点、掩盖不足，妆容宜淡不宜浓，避免给人过于艳丽或轻浮的印象。所选香水应与个人气质相匹配，香味宜淡雅，让人感觉舒适。指甲要干净整洁，修剪得当，长度适中。

饰品搭配建议：男士在饰品方面相对简单，可佩戴手表或胸针等简约饰品。刚毕业的女大学生应选择简单、优雅、大方的装扮，可以佩戴一块手表，或用丝巾、披肩等进行点缀，并搭配一个大小适中的手袋。在户外佩戴的变色镜或太阳镜，一旦进入面试场所就应该摘下，否则会显得傲慢无礼。

二、肢体语言

科学研究表明，大约55%的信息交流是通过肢体语言传达的，而38%的信息则取决于你的语气和说话方式，仅有7%的信息是由你实际说出的内容构成的。

1. 正确的握手方式

握手不仅是关系建立的象征，更是沟通的第一桥梁。许多人认为握手无须学习，自然而然就能掌握。然而，如何与陌生人握手、摇动的频率以及握手的时间长度，都是初次见面时传递信息的关键细节。如果在面试中与面试官握手力度太轻或摇动无力，可能会被认为缺乏自信；反之，若用力过猛，会让对方感到疼痛，也可能让人疑惑你是来展示知识还是“力量”。

一般来说，如果面试官坐在座位上没有起身，无须主动握手。了解面试官是否会与候选人握手，可以询问前面已面试的人员。通常，面试官会先伸手，当然，如果是女性求职者，可以主动伸手，以展现自己的开放和友好态度。而在男性求职者面对女性面试官时，则应等待对方先伸手。因此，对于女性来说“该出手时就出手”；对于男性则“该出手时才出手”。

理想的面试握手应该是双方平等、热情的问候。握手时，在双方距离约一尺时就应准备好手势，不要等到对方的手触碰到自己后才匆忙应对。正确的姿势是：拇指和食指呈V字形，自然与对方的V字交叉，有力地收拢手指，与对方的手掌贴合。摇动时，力量应来自肘部而非腕部，以免因腕部用力导致手部变形，弄疼对方。一般摇动2～3次即可自然松开。握手时应面带微笑，注视对方，不要四处张望，显得心不在焉。此外，通常握手用右手，但如果对方伸出左手，也应相应伸出左手，以示尊重。

2. 坐的学问

几乎所有的面试都是坐着进行的。“坐”看起来比握手更简单，实则，其中学问也不小。中华民族自古强调“站有站相，坐有坐相”，拿到面试中来，也很有道理。

面试官会在握手之后安排你的座位，在他说 “请坐”之前，不要自己拉来椅子就坐下，那样会显得无礼和傲慢。坐在椅子上也有一些禁忌，一是不要过于紧张而显得僵硬，坐得过于板正，小腿和大腿、腰部和腿之间都成90度并不见得是好姿势，坐姿稍侧有助于减少紧张感，同时身体略向前倾，表示你对这份工作感兴趣；不要坐在那儿一动不动，让人觉得你并不适合在这里工作。二是在坐的时候不要斜、歪、懒、散，有的求职者往往没有认识到面试场所和家里的区别，张开四肢斜躺在椅子上，或者是身子靠在桌子上。

你随身携带的公文包、文件包或者其他装有资料的挎包不要随意放在面试官的桌子上，也不要放在自己的怀里，应该放在椅子旁边，注意不要离你太远，免得需要资料时还得起身去拿。如果包放在怀里，你可能会在紧张的时候摆弄包的背带或者拉链，这样效果很不好。

需要特别注意的是，如果椅子离主考官比较远，你可以在征得他同意的情况下把椅子挪近一些，在这个过程中，千万要小心，动作要轻，又不显出紧张，不出声响是最基本的要求。有的用人单位专门把椅子放在离主考官很远的位置，利用这一搬一放的过程来考察应聘者。

3. 千万不要吝惜你的微笑

在面试中，微笑对你大有裨益。它不仅能帮你缓解紧张情绪，还能营造出轻松和谐的氛围，并展现出你的自信。当然，不必笑得合不拢嘴，适时的微笑就足以表明你在认真倾听，并且认同面试官的观点。此外，点头也可以与微笑相辅相成，但要注意，点头的方式并不仅仅是简单的动作，可以通过不同的力度来表达对不同观点的认可程度。

情景案例

雪晴是某商学院的一名应届毕业生，从刚开始上大学起，她就希望自己以后成为一名公关，但是很多人对她不看好，认为雪晴的形象过于普通。雪晴深知，作为一名公关，如果有出色的美貌自然会给她加分不少，但是美貌却不是成为一名公关的必备条件。她或许没有令人惊艳的美貌，但却拥有一颗善解人意的心，情商也颇高。与她交谈总能让人感到愉快和舒心，仿佛一股暖流悄悄流入心田。她善于察言观色，能准确把握对方的心理状态，她的微笑更是独具魅力。大学毕业后，雪晴成功进入一家合资企业，成为一名合格的公关。

她后来回忆道："在当时那批面试者中，我不是最出众的那个，但老师在考核结束后告诉我，是我真诚的笑容打动了他。公关的关键准则之一就是'把最美好的微笑献给每一位受众'。真的，微笑很重要。"

微笑是一种能让人感到愉悦的面部表情，它能够拉近人们之间的心理距离，营造出温馨和谐的交流氛围。通过雪晴的分享，我们得知，她将微笑视为源自内心的关爱，并认为它是人际交往中的润滑剂。这种由内而外展现出的微笑最为自然真诚、友善亲切。她还提到，在面试中保持微笑，可以增加成功的概率。总结自己的微笑"经验"，雪晴认为微笑有四大优点：

（1）展现出真诚与友善。微笑体现了内心的坦诚、善良与真挚，而不是虚伪的情感。这样，在与人交往时，能让对方感到自然舒适，不知不觉中拉近彼此的心理距离。

（2）表现乐业敬业。面试官会认为求职者热爱本工作，会全力以赴履行职责。微笑能够营造出和谐温馨的氛围，让周围的人感到愉悦与温暖。

（3）展现个人魅力。脸上洋溢着平和快乐的笑容，表明内心充满喜悦、知足常乐，并且积极乐观地面对生活，这样的人更具吸引力。

（4）保持自信。微笑示人，展现对自己能力的坚定信心，用平和从容的态度与他人交流，这样能够赢得他人的信任，更容易被接纳。

微笑可以改变一个人的容貌，微笑能够给予人力量和自信；微笑使人阳光，微笑不但表现在眼角、嘴角等处，更重要的是眼神，发自内心的微笑更打动人。总之，真诚的微笑是源自内心的，表里一致的。微笑作为所有肢体语言中最直接的一种，求职者应充分运用它的优势。

（资料来源：改编自吴剑编著，《新时代大学生就业创业指导案例教程》，清华大学出版社，2023年9月版。）

三、面试中的交流

如今的面试越来越强调双向沟通，面试官也越来越倾向于鼓励求职者主动提问，以便获取更多有用的信息。

1. 倾听的重要性

要有效应对面试，首先需要准确理解面试官的问题，从而有针对性地做出回答。如果在交谈过程中分心、未能认真听取问题或答非所问，那么面试结果自然不会理想。为了更好地倾听面试官的讲话，可以通过以下几种方式展示你的专注：

（1）保持眼神交流：在思考问题或准备回答时，可以短暂地将目光移开，但大部分时间应与面试官保持眼神接触。

（2）复述问题：适当地重复面试官的问题，不仅表明你已经理解，还能为你争取一些思考的时间。例如，“如果您是在询问我是否有实习经历，我可以告诉您，我在某年某月至某年某月期间，在某家公司实习了三个月”。

（3）身体语言：身体稍微前倾，保持良好的坐姿；避免双臂交叉、倚靠桌子或紧贴椅背；同时注意其他非语言信号。

（4）表情管理：尽量保持真诚、谦逊的笑容，展现出积极乐观的态度，让面试官感受到你的热情和诚意。

2. 回答问题——镇定、简洁

在应对各种场合时，应当保持冷静自若的态度，回答问题时做到从容不迫、温文尔雅，并且积极回应每一个提问。尽管有时可能会遇到难以立即作答的问题，此时切勿沉默不语，可以先用几句过渡的话语缓和气氛：“这个问题我之前未曾深入思考过。根据目前的情况来看，我认为……”同时快速整理思路，提炼出几个关键点。如果依然找不到确切答案，不妨先讲述自己已知的内容，并坦诚地表示有些方面尚未深思熟虑。这种诚实的态度同样是一种宝贵的品质。面试官考察的不仅仅是问题的答案，更重要的是应聘者能否自信地表达自己的见解，即使这些见解不够完善或略显稚嫩，也不会对整体印象造成负面影响。

正如“简洁是天才的姊妹”，应聘者应在日常生活中锻炼自己的语言表达能力，力求用最精练、贴切的语言传达深刻的思想。追求语言的简洁、准确和清晰，是提高沟通能力的基础。例如，一位女士用流利的英语介绍自己：“我在上海的一家酒店工作了一年，能够承受每天长达十几个小时的工作强度，可以熟练使用计算机，并能驾驶小型汽车。”这样的自我介绍往往能增加获得高薪职位的机会。

3. 驾驭你的声音

声音包含语气、语调和音量三个方面，在交流过程中合理运用这些元素需要一定的技巧。面试时，应注重声音的基本特征和规律。由于面试场所通常较小，考官与应聘者之间的距离较近，因此语气应平和，语调适宜，音量适中，以确保良好的沟通效果。自我介绍时，多采用平稳的陈述语气，避免使用感叹或命令式的语气。但在讨论某个话题时，可以通过抑扬顿挫的声音变化来增强表达效果。例如，在强调重点时，可以适当加重语气或稍微拉长音节，以引起对方的关注。音量方面，既不能过大也不能过小，以确保每位面试官都能清晰听到你的发言。当然，你还可以利用这些技巧来揣摩面试官的情绪或偏好，从而适时调整自己的策略。

4. 重视让你提问的机会

"你有什么问题想问我吗?"——这是许多面试官在谈话接近尾声时常常抛出的问题，同时也是对你整体表现的一个考量。这是一个绝佳的机会，不仅让你获取所需信息，还能加深对方的好感。巧妙的提问有助于你在众多候选人中脱颖而出，因此，提前准备几个合适的问题至关重要。以下是几点建议：①提出的问题应展示你对公司的关注、你的专业知识，或是你的综合分析能力。②即便心中有很多疑惑，也尽量控制在一两个问题之内，避免给人一种刨根问底的感觉。③谨言慎行，不必要的言论尽量避免。④切忌本末倒置。

情景案例:

在一家会计师事务所的面试中，李明遇到了一位年轻的男面试官。经过几轮常规提问后，面试官突然转向询问李明的兴趣爱好。李明随口提到了对英国小说的喜爱，没想到面试官也兴趣相投，两人聊得热火朝天，一个多小时仍意犹未尽。最后，面试官甚至邀请李明共进午餐，继续畅谈。这种轻松愉快的面试氛围让李明心情愉悦。然而，最终他还是收到了婉拒的通知。原因在于，尽管面试过程非常愉快，但面试官冷静分析后认为，李明的性格过于外向，不太适合从事会计工作。

（资料来源：编者根据相关资料整理。）

我们建议，你的提问可以体现以下内容：

体现你对所申请工作的团队或部门有更多的了解；

表现出对所申请单位的产品和服务感兴趣；

关注培训和提升的机会。例如，可以询问是否有针对每位员工的专业培训，或是有无专门为毕业生设计的培训计划。

避免提出关于养老或补贴方面的问题。不要通过反复提问让面试官感到你在绕圈子，这样会让他们觉得自己被戏弄。

情景案例

在一次面试接近尾声时，面试官问应聘者小张："您有什么想了解的问题吗?"小张身体略微前倾，接着问道："请问公司的规模如何？养老保险的基数是多少？加班补贴又是怎样规定的？带薪年假有多少天呢?"在求职面试中，一定要把握好自己的定位。像小张这样，显然是没有找准自己的位置，所提的问题超出了适宜的范围，让面试官感到不悦。

（资料来源：编者根据相关资料整理。）

5. 适时地离开

请注意：大多数面试官需要面见多位候选人，因此他们对时间把控非常严格。请务必尊重这一点，并在收到面试结束的信号时迅速做出回应。

四、良好的心理状态

1. 自信

自信的重要性无须再多言。可以说，在每一次面试中，都会给求职者一些空间，让他们自主掌握谈话的方向、语气和内容。你能否引导面试官关注你简历中的亮点，关键在于你的自信心有多强。

2. 自我激励

要在面试中脱颖而出，一个关键策略是多次强调你的才能、技术和经验，以及你过去取得的成就。同时，展现你认真负责、守时守信的职业态度，证明你非常适合这份工作及其工作环境。如果有必要，不妨向面试官展示你的技能和智慧。

3. 扬长避短

在面试过程中，你难免会遇到一些可能暴露出缺点和不足的问题。并不是建议你把自己塑造成完美无缺的超人，而是推荐你用恰当的方式来描述自己的不足，这或许能带来意想不到的效果。你需要给出一个真诚且积极的自我评价，但同时要注意避免过分强调自己的短板，尽管你的未来雇主确实希望听到真实的回答。

五、面试中应该避免的问题

面试中应避免的“禁忌”如下。

（1）不要迟到。

（2）不要提及致命缺点。我们都有缺点，面试中要强调你的优点和长处，致命缺点不要提，比如懒惰、粗心、马虎、爱迟到等缺点，都是职场大忌。

（3）避免抱怨。将过去工作、个人生活中或求职时遇到的问题带进面试，会产生过多的负面影响。

（4）不要反复提及自己的名字。如果你在自荐信或之前的交流中已经提到过，面试官自然会记得，无须在谈话中不断重复。否则，这可能会让人觉得你在炫耀，从而引起反感（这样做只会增加敌意）。

（5）别盯着手表看。除非面试时间需要延长，否则整个面试的节奏应由面试官掌控。

（6）避免单打独斗。在讲述经历时多用“我们……”，这样可以更好地展现你的团队合作精神。

（7）不要忘了表示自己十分需要这份工作，并且感谢面试者所给的时间。

（8）在参加面试时，不要抽烟、嚼口香糖或事前喝酒。

（9）不要对金钱表现出极大兴趣。当然，也不能漠视金钱。

（10）避免不当的肢体动作。例如，口袋塞满物品且发出叮当声响；交谈时不停地用手指敲击桌面，或是让手臂和手掌在椅背上不断滑动；玩弄头发、衣角、手表或其他饰品，触摸耳朵、胡须或拉扯鬓角、睫毛；面部肌肉抽搐；咬指甲或抠指甲，双手绞在一起，摆弄手指；头部不停晃动，眼神四处游移，不安地拨弄衣领；跷起二郎腿或不断抖腿，身体在椅子上摇来晃去等。

（11）请勿大声说话。面试通常在招聘单位的工作场所进行，任何公司、企业或机关都要求办公环境安静。因此，求职者切勿在此场合喧哗，这会招致招聘人员和面试官反感，甚至可能因此失去机会。

（12）不要口沫四溅。有些求职者因平时不注意，谈话时常会口沫四溅。这不仅造成双方的尴尬，还损害个人形象，给自己求职之路增加不必要的障碍。

（13）不要左顾右盼。整个面试过程中，应保持举止优雅、谈吐谦逊、态度真诚。若有多位面试官，回答问题时应注视提问者，并适时环视其他面试官以示尊重。交谈时，应适时注视对方，避免左顾右盼，显得心不在焉，也不要低头垂目，显得缺乏自信。

六、面试后需要做的工作

面试结束不代表尘埃落定，在很多情况下，应聘者的事后表现还是能够影响最后结果的，能增加成功砝码，甚至能够扭转失败局面。因此，不管在面试中表现如何，下面的一些工作还是应该做的。

（一）表示感谢

建议你在面试后的两到三天内，通过邮件向招聘人员表达感谢。邮件的内容应控制在一页以内。在邮件开头，记得提到你的名字和基本情况，以及面试的具体时间，并对招聘人员表示感谢。正文部分应再次强调你对公司及所申请职位的热情，并补充一些有助于求职成功的新信息。最后，在结尾处可以表达你对自己能力的信心，以及为公司未来发展贡献力量的决心。

（二）不打听结果

通常情况下，每次面试结束后，招聘团队会进行讨论和投票，并将结果提交给人事部门进行汇总，最终确定录用的人选。这一过程可能需要三到五天的时间。在这段时间里，求职者应保持耐心，等待通知，避免过早询问面试结果。

（三）收拾心情

如果你同时向多家公司申请职位，在完成一次面试后，记得调整心态，全力以赴准备下一家公司的面试。因为在收到正式录用通知前，面试结果仍是未知的，不应放弃任何机会。

（四）查询结果

通常情况下，如果在面试后两周内，或者到了主考官承诺的回复时间，你仍未收到任何消息，这时可以给招聘单位发邮件或打电话，询问面试的结果。

（五）做好再冲刺的准备

在求职过程中，并不是每个人都能成功，如果你不幸在竞争中失利，切记不要灰心丧气。一次失败并不代表永远，机会还有很多。关键在于总结经验，分析失败的原因，并针对这些不足之处重新准备，争取下次能够卷土重来。

第三节 面试中经典问题及回答

一、应届生常见问题

应届生经常会被问到的一个问题是：你为什么会选择你目前学习的专业呢？千万当心，这个问题的目的是考察你的决策品质（Decision Quality），所以不要简单地说“感兴趣”或者“就业前景乐观”等。给大家提供一个成功的范例（同样适用于诸如“您所做过的一个成功/最大的决定是什么”）：

问：张先生，您为什么会选择财务专业呢？

答：的确，财务已经连续多年成为高校热门专业，这造成了就业时不可避免的激烈竞争。当初我选择财务专业时并不是单纯因为它的热门程度，我早就把就业目标锁定在苏州工业园区的外资企业。根据我高三时收集到的统计资料，园区当时有外企×××家，而且每年以××%的速度在增加。以每家公司财务部至少5个人计算（总账、应收应付、税务、出纳再加上一个经理），加上园区的平均离职率是15%，则在我毕业时，可以有×××个空缺。我毕业那年全国应该有××相关专业的毕业生，其中可能有10%会瞄准苏州，而我填报的苏州大学在当地口碑尚可，属于中等偏上。那么，有1/2的对手会被我淘汰。再加上我就在苏州本地学习，四年中可以更早地寻求机会。所以，我很有信心地选择了这个专业。

其实，没有哪个面试官会相信你真的做过如此缜密的调查分析，但你已经展示了你做决策时的思路，所以可以加分。记住，所有的回答要符合你的专业特点。不要说得太到位，可以自圆其说就行了，否则，他们会觉得你要么太虚伪，要么太狂妄。还有，应该表示对自己的专业的确感兴趣，或者增加点戏剧效果：我本来理解的财务管理就是管账，所以开始的时候还真后悔了一阵，直到大三时开始在企业实践，才有了改观，并真正喜欢上了我的专业。这样显得真实可信，更重要的是，很自然地由你引导到准备好的问题：实习的收获。

为了考察你学习的能力，通常面试官会问你在实习期间的收获。此时，不要夸大自己的成绩，要谦虚一点。还有，不妨说一下自己的失误（不用怕，毕竟你是在实习）。记住，详细说明当时的情境（Situation），你要完成的任务（Task），你采取了哪些行动（Actions），事情的结果（Result），还有你得到的经验教训（Lesson Learned），以及后来怎样将其运用到工作中避免再犯类似的错误。最后做出总结：原来书本上的知识要能够在工作中熟练运用，这期间还有很长的一段路要走。还可以说："回到学校后，我对自己的实习经历做了一番总结，发现自己在×××方面还需要加强。所以，我很注意利用大学的最后一个学期来弥补这一不足。现在，我对自己很有信心，如果时间能够倒流，我相信我能做得更好。"

你有过和别人合作的经历吗？（千万要回答"有"）那么，在这个过程中，你是如何处理意见分歧的呢？现在是考察你的冲突管理能力（Conflicts Management）。现在绝大部分企业都不欣赏没有原则的老好人，所以，你要把自己包装得强势一些。这是一个比较让人满意的回答："每个人在团队中都应该自由坦诚地发表意见，我会非常认真地聆听、分析；但对于自己的意见我不会没有原则地轻易放弃。民主过后还需要集中。我是学校英语俱乐部的主席，在组织校际年度联欢时，有两个干事的意见和我不一致。（停顿一下，让面试官记住你的这个闪光点）我和他们开了会，大家都阐述了各自的理由。很遗憾，我仍然没有说服这两人。在这种情况下，我感谢他们的积极参与，但表示仍然会采用我的方案。我的理念是：Meeting不等于Voting，完全不需要少数服从多数；我是负责人，我相信自己有能力采取最佳方案；假如失败了，我也会承担主要责任。而如果我是团队的普通一员，我会保留自己的意见，但还是认真执行管理者已经做出的决策。当然，公司毕竟不同于学校，情况会更加复杂，但我坚信，只要遵循'对事不对人'的原则，任何问题都可以得到解决。"在回答时，一定要眼睛看着面试官，微笑，以冲淡你的咄咄逼人。

如果你实在没有把握，可以把问题抛回给面试官，试举一例（还是同样的问题）：

问：你是如何处理意见分歧的呢？

答：您问的恰好也是我最困惑的一点，而学校里老师从来不给我们这样的指点。一方面，我不想做没有原则的老好人；另一方面，大家都是朝夕相处的同学，我不想让他们觉得我盛气凌人。我当时是这样做的……可一直到现在，我都不知道是否做得正确，也许我可以从您那里得到一些指教，您说我当时这么做有问题吗？

如果对方马上对你言传身教，那他铁定是菜鸟，你不用紧张了，因为，合理的反应应该是不置可否地说：其实这个问题永远不会有标准答案。

当多个问题同时出现时应该如何解决？这就是考察优先次序设置（Priority Setting）的能力。应对思路是把所有要处理的事情按轻重缓急分成四个象限：重要而且紧急、重要但不紧急、不重要但紧急、不重要也不紧急。但记住，不要直接叙述这个思路，这会让人觉得你不像应届生。还是通过举例说明比较好："我在大三时正好要复习准备英语六级考试，这时有机会可以去一家企业做兼职部门助理，但需要每周花三个半天。同时，每月一次的英语沙龙活动要组织安排，还要（不好意思地说）抽空陪陪女朋友（最后一点很重要，可以活跃气氛，还制造了一个不重要也不紧急的事例）。我当时利用没有课程的下午去公司工作，一般要到五点半回学校。在公车上的30分钟正好用来总结当天在公司的收获和需要了解的知识。在食堂与女朋友吃晚饭，六点半去教室自习，到十点回宿舍。英语沙龙的工作委派给大二的两个干事，他们每天会到自习教室找我谈10分钟，我会给他们一些建议。这样，我没有花太多的精力在沙龙活动上，可对整个过程都有所了解和掌控。后来六级考试顺利通过，那家公司对我的工作评价很高，我也学了很多东西；英语沙龙的活动如期举行，我和女朋友也没有疏远。"

二、面试外企常见问题

外企面试时，要同时展示三条胜任力：优先次序设置（Priority Setting）、服从安排（Delegation）及平衡工作和生活（Work/Life Balance）。作为应届生，在面试前，应该了解一下外企的部门架构。以欧美企业为例，一般部门内的职位从低到高依次为：助理（如果是本科生，有时候可以跳过）—专员—资深专员—主管—资深主管—部门副经理—部门经理。一般来说，主管要求有5年以上的相关工作经验，这是一个分水岭。我们回过来谈谈面试时如何回答关于职业生涯规划的问题。其实，这种问题并不需要你回答得无懈可击，这也办不到

——你说得通俗了，显得你胸无大志；回答太专业了，又显得你好高骛远。回答这类问题，有以下几点可以帮你加分。

（一）设定长远目标

这个目标要和公司的工作有关，但不要局限在企业内部（因为空间有限，会遭遇许多太过于细节的问题）。例如，HR专业的学生可以说，自己的目标是在35岁之前，也就是10年内，成为一名优秀的人才测评专家或者资深企业人力资源顾问；工程技术专业的学生，可以说成为精益生产专家或者黑带大师；IT专业则可以说在信息资源整合和ERP解决方案方面成为专家；等等。注意，要着重突出你想做些什么，而不是你想爬到什么级别。

（二）目标分解

以1年、3年、5年、10年的进度逐步推进。记住，要说明每个阶段你能为公司做出怎样的贡献，你能得到怎样的提高，与你长远目标的关系是什么。此时，可以适当联系到前文提到的部门架构。

（三）希望得到公司帮助

在此过程中，除了自己想办法不断充电，还要说一下你希望公司可以给你什么样的帮助。比如提供岗位轮换的机会，或者允许你参与各种项目等。不要表示希望公司会对你进行培训、送你出国、给你报销学费，要表现出自己希望在实践中成长。

（四）强调自己的心态

你可以这样说："中国人最讲究'名正言顺'，或者'不在其位，不谋其政'，所以很多人都认为，只有给了主管的职位，才能运用主管的权力，发挥主管的作用。我的理念和别人不同，我认为恰恰相反，当你展示出了主管该具有的能力，能完成更多的工作，公司自然会考虑对你的职位进行调整。在没有足够的权力时，要使用自己的影响力，所以我鄙视那些成天想着晋升却没有任何建树的人。"这样，你的自我包装就成功了一大半。

（五）表现自己的不成熟

要注意，在回答类似问题时，不要显得过于胸有成竹。偶尔显示出涉世未深，可以让面试官觉得你还有学生的单纯。“这个问题很大，我在学校里也曾经断断续续地考虑过，现在我简单地讲一下，可能会显得一厢情愿，希望得到您的指教。”这样的表述，在许多时候很管用。

（六）保持合适的肢体语言

学者调查研究发现，在面试中几乎90%的人在入座后都采用一种非常闭合的姿势，很拘谨。这不能说是坏事，但的确会让面试开始的破冰显得艰难。现在，闭上眼睛，想象一对亲密情侣在烛光下甜蜜交谈，他们的姿势应该是几乎一样的；你们平时和好朋友促膝长谈，相信采用的也是相同的姿势；电视上国家元首交谈时，绝大多数情况两人的姿势也相同或接近。这是因为：两个人如果在交谈过程中采用同一种姿势，则双方在潜意识中会有彼此认同的感觉。我们把这样的姿势一致称为融洽（Rapport），很多HR非常注重采用Rapport来增进沟通效果。面试时手势的运用也很重要。特别是回答较大的问题时，用手虚拟地在桌面上列出1、2、3，这样会让人觉得你很有条理，而且不会显得很稚嫩。而说到自己会怎样怎样时，把手掌放在心口，真的有强化的效果。用一句话概括，面试时不怯场、思路清晰、口齿清楚是基本要求。

三、面试经典问题回答技巧

在深入调研了大量大学生的求职面试案例后，笔者发现多数求职者在面试心态与技巧层面存在显著提升空间。若想顺利通过企业选拔并开启职业生涯，应聘者需系统性提升这两方面的能力。面试过程中，企业人力资源（HR）部门常通过结构化提问考察应聘者的综合素质，其回答内容将直接影响录用决策。因此，理解面试问题的深层逻辑与考察维度，已成为当代求职者必须掌握的核心技能。

问题一：“请你自我介绍一下。”

问题二：“谈谈你的家庭情况。”

问题三：“你有什么业余爱好？”

问题四：“谈谈你对加班的看法。”

问题五：“谈谈你对薪资的要求。”

问题六：“谈谈你的缺点。”

问题七："谈一谈你的一次失败经历。"

问题八："如果你被录用，到岗后会怎么开展工作？"

问题九："对这项工作，你有哪些可预见的困难？"

问题十："谈谈你胜任该岗位的优势。"

问题十一："与上级意见不一致，你将怎么办？"

问题十二："我们为什么要录用你？"

问题十三："你能为我们做什么？"

问题十四："你是应届毕业生，缺乏经验，如何能胜任这项工作？"

问题十五："你希望与什么样的上级共事？"

问题十六："工作中有标准化流程和非标准化流程，你更倾向于哪一种？"

面试的重头戏往往是面试官以提问的方式，在一问一答中分析面试人选。这一问一答的方式，所表达的信息，不仅局限于表面的文字，背后的深层次分析，以及面试者与工作的匹配度，才是这些问答的关键。前面介绍了面试问题回答的技巧，下面将这些面试的问题以及面试问题的回答思路一一罗列，希望能够给即将毕业的你们一点点提示，在面试中可以应对自如。

问题一："请你自我介绍一下"

思路：

（1）这是面试的必考题目。

（2）介绍内容与简历不矛盾。

（3）表述方式尽量口语化。

（4）要切中要害，不谈无关、无用的内容。

（5）条理要清晰，层次要分明。

（6）事先最好以文字形式写好并背熟。

问题二："谈谈你的家庭情况"

思路：

（1）家庭情况对于了解应聘者的性格、观念、心态等有一定的帮助，这是招聘单位问该问题的主要原因。

（2）宜简单地罗列家庭人口。

（3）宜强调温馨和睦的家庭氛围。

（4）宜强调父母对自己教育的重视。

（5）宜强调家庭成员对自己工作的支持。

（6）宜强调自己对家庭的责任感。

问题三："你有什么业余爱好"

思路：

（1）业余爱好能在一定程度上反映应聘者的性格、观念、心态，这是招聘单位问该问题的主要原因。

（2）最好不要说自己没有业余爱好。

（3）不要说自己有那些庸俗的、令人感觉不好的爱好。

（4）最好不要说自己爱好仅限于读书、听音乐、上网，否则可能令面试官怀疑应聘者性格孤僻。

（5）最好能有一些户外的业余爱好来"点缀"你的形象。

问题四："谈谈你对加班的看法"

思路：

实际上很多公司问这个问题，并不证明一定要加班，只是想测试你是否愿意为公司奉献。

示例：

如果是工作需要我会义不容辞加班。我现在单身，没有任何家庭负担，可以全身心地投入工作。但同时，我也会提高工作效率，减少不必要的加班。

问题五："谈谈你对薪资的要求"

思路：

如果你对薪酬的要求太低，显然贬低了自己的能力；如果你对薪酬的要求太高，又会显得你分量过重，公司受用不起。一些雇主通常会事先对招聘的职位定下开支预算，因而他们第一次提出的价钱往往是他们能给予的最高薪资。他们问你只不过想证实一下这笔钱是否足以引起你对该工作的兴趣。

示例一：

我本人对这一岗位特别感兴趣，对工资没有硬性要求。我希望公司能根据我的情况和市场标准的水平，给我合理的薪水。

示例二：

如果你必须说出具体数目，请不要说一个宽泛的范围，那样你将只能得到最低限度的数字。最好给出一个具体的数字，这样表明你已经对当今的人才市场做了调查，知道像自己这样学历的雇员有什么样的价值。

问题六:“谈谈你的缺点”

思路:

(1) 不宜把那些明显的优点说成缺点。

(2) 不宜说出严重影响所应聘工作的缺点。

(3) 不宜说出令人不放心、不舒服的缺点。

(4) 可以说出一些对于所应聘工作“无关紧要”的缺点，甚至是一些从表面上看是缺点，从工作的角度看却是优点的缺点。

问题七:“谈一谈你的一次失败经历”

思路:

(1) 不宜说自己没有失败的经历。

(2) 不宜把那些明显的成功说成是失败。

(3) 不宜说出严重影响应聘工作的失败经历。

(4) 宜说明失败之前自己曾信心百倍、尽心尽力。

(5) 说明是由于外在客观原因导致失败。

(6) 失败后自己很快振作起来，以更加饱满的热情面对以后的工作。

问题八:“如果你被录用，到岗后会怎么开展工作”

思路:

进入一个新单位开展工作，要想让自己更好地发展，我会按照以下方式开展工作。

首先，需要适应新的环境，不管是工作环境还是人际关系。主动去学习单位里的规章制度，保证自己在基本问题上不出错，然后主动去跟其他同事沟通，熟悉彼此的工作方式方法，为接下来相互配合工作做准备。

其次，我会提升自己的专业能力。主动查阅相关资料，学习自己岗位的专业知识，向老同事去询问他们的工作经验，尽快提高自己的专业技能，保证工作效率，稳扎稳打。

最后，在自己的岗位上对所有事情都能做到熟练掌握的同时，可以主动去帮其他同事，提升整个单位的工作效率，并且也可以拓展更多业务，让自己更好地全面发展。

问题九:“对这项工作，你有哪些可预见的困难”

思路:

(1) 不宜直接说出具体的困难，否则可能令对方怀疑应聘者不能胜任这份工作。

(2) 可以尝试迂回战术，说出应聘者对困难所持有的态度——“工作中出现一些困难是正常的，也是难免的，但是只要有坚韧不拔的毅力、良好的合作精神以及事前周密而充分的准备，任何困难都是可以克服的。”

问题十:“谈谈你胜任该岗位的优势”

示例:

各位考官好，我是今年的应届毕业生。我的专业是××，在校期间，我获得国家奖学金以及学院一等奖学金三次，专业成绩也在前十。我在学校曾经担任组织部部长一职，带领团队的同学一起组织学校多种活动，比如校庆活动，组织形式和主题等获得老师们的认可，这也让我的组织经验获得了很大的提升。

除了担任组织部部长，我还有幸参与了××项目，在项目中主要负责帮助老师评估××（可用精练的话语概括在这个项目中的参与度)。虽然我只是一个小小的助手，但是这次经历让我对所学专业有了深刻的理解，也让我坚定了今天报考贵岗位的信念。

在日常生活中，我是一个非常有主见的人，身边很多朋友特别喜欢来找我拿主意，他们觉得我会帮助他们分析利弊，可以从一个旁观者的角度理性看待问题，而我认为今天报考的岗位也是需要非常理性、严谨细致，我觉得跟我的性格非常符合，所以希望自己有幸能将优势发挥出来，在这个岗位上尽自己最大的努力，发光发热!

问题十一:“与上级意见不一致，你将怎么办”

思路:

(1) 一般可以这样回答:“我会给上级以必要的解释和提醒，在这种情况下，我会服从上级的意见。”

(2) 还有一种回答:“对于非原则性问题，我会服从上级的意见，对于涉及公司利益的重大问题，我希望能找上级领导沟通。”

问题十二:“我们为什么要录用你”

思路:

(1) 应聘者最好站在招聘单位的角度来回答。

(2) 招聘单位一般会录用这样的应聘者：基本符合条件、对这份工作感兴趣、有足够的信心。

(3) 如:“我符合贵单位的招聘条件，凭我目前掌握的技能、高度的责任感和良好的适应能力及学习能力，完全能胜任这份工作。我十分希望能为贵单位服务，如果您给我这个机会，我一定努力工作，提升自己，为公司的发展贡献自己的力量。”

问题十三：“你能为我们做什么”

思路：

（1）基本原则为“投其所好”。

（2）回答这个问题前应聘者最好能“先发制人”，了解招聘单位期待这个职位所能发挥的作用。

（3）应聘者可以根据自己的了解，结合自己在专业领域的优势来回答这个问题。

问题十四：“你是应届毕业生，缺乏经验，如何能胜任这项工作”

思路：

（1）如果招聘单位对应届毕业生的应聘者提出这个问题，说明招聘单位并不真正在乎“经验”，关键在于应聘者怎样回答。

（2）对这个问题的回答最好体现出应聘者的诚恳、机智、果敢及敬业。

（3）如：“作为应届毕业生，在工作经验方面的确会有所欠缺，因此在读书期间我一直利用各种机会在这个行业里做兼职。我也发现，实际工作远比书本知识丰富、复杂。但我有较强的责任心、适应能力和学习能力，而且比较勤奋，所以在兼职中能圆满完成各项工作，从中获取的经验也令我受益匪浅。请贵公司放心，学校所学及兼职的工作经验使我一定能胜任这个职位。”

问题十五：“你希望与什么样的上级共事”

思路：

（1）通过应聘者对上级的“希望”，可以判断应聘者对自我要求的意识，这既是一个陷阱，又是一次机会。

（2）最好回避对上级具体的希望，多谈对自己的要求。

（3）如：“作为刚步入社会的新人，我应该多要求自己尽快熟悉环境、适应环境，而不应该对环境提出什么要求，只要能发挥我的专长就可以了。”

问题十六：“工作中有标准化流程和非标准化流程，你更倾向于哪一种”

思路：

（1）表明观点。

标准化流程指的是可遵循的一系列标准形成的工作步骤和流程，非标准化流程反之，当然，标准化流程也存在一定局限，但是就我个人而言，我更倾向于标准化流程。

（2）阐述理由。

首先，有利于指导工作开展。标准化的流程，能够以“明文规定”的形式，使员工在工作的时候有章可循，提高执行力。一个团队有无执行力取决于是否有工作流程的指导，完善的标准化的工作流程，对工作的开展起到指导和保驾护航的作用，提高了工作效率。

其次，有利于保障工作效率。事事有标准、岗岗有标准，能够让单位摆脱对个体能人的依赖，鼓励员工大胆创新，凝聚单位员工的智慧和力量，更好地解决工作难题。

再次，有利于提升管理效能。一方面，标准化流程能良好定位和控制运行风险，降低企业的内部交易成本，使产品和服务得到一致性提高，提高重复性工作的效率；另一方面，能够排除企业决策风险，提高企业管理透明度，防范腐败，减少损失，在出现事故的时候，快速溯源和追责，降低管理难度。

最后，标准化流程存在一定局限。尤其是处于动荡的、快速发展的市场环境中，企业会受到标准化流程的制约，错失发展机会，比如标准化流程会导致增加成本、有质量问题的产品召回处理难、企业级决策变缓慢、遭遇群体思维、责任不明等情况。但是目前市场环境正从高速发展转为高质量发展，总体平稳，所以我更倾向于标准化流程。

课后练习:

1. 根据自己的求职目标和个人情况，写一段200~400字的自我介绍。要求：紧紧围绕求职目标，针对性强，重点突出，语言简洁流畅。

第五章　迈好职场第一步

人的一生，会经历多次不同的社会角色的转换。当大学生完成了学业，选择了自己心仪或较为满意的职业和工作单位，便正式踏入了社会。这无疑是我们人生的一个重要转折点，也是我们社会角色的一次重大转变。如何迅速适应这种变化，顺利实现从学生到职场人的身份转换，并迈出职业生涯的第一步，成为每个毕业生亟待解决的关键问题。在这个关键时刻，大学毕业生应当保持积极正面的心态，认识并适应新的角色，从而确保整个转型过程平稳顺利地进行，不断走向成功。

情景案例

符青青是中国艺术学院钢琴专业的毕业生，她从4岁开始学琴，基本功扎实，又经过中国音乐学院名师的指导，可谓琴技非凡。本科毕业后她应聘到一家知名的钢琴培训学校担任钢琴教师，负责6～12岁琴童的教学工作。学校领导在面试时就对青青有深刻印象，钢琴基本功扎实，专业过硬，胜任这项工作应该绰绰有余。上班第一天，教学主管就安排新来的老师每天要轮流打扫公共区域卫生，自己琴房的卫生要自己负责。符青青认为自己是这一批新入职老师里面专业最好的，为什么还要让自己打扫卫生？这明摆着是不重视她。因此，到她打扫卫生的时候，她就消极怠工，敷衍了事，结果被主管当场批评。教学主管觉得符青青是大小姐脾气，于是给她安排的学生就很少，符青青因此去找主管理论，结果无功而返。因为自己教学经验不足，虽然有专业能力，却没有教学能力，她的学生都不喜欢跟她上课，最后不到2个月，自命清高的符青青就被学校辞退了。

（资料来源：作者根据真实案例编写，名字有改动。）

第一节 角色认知与角色转换

怎样才算是就业了呢？奔波于人才市场，投递了几十份简历，笔试、面试——通过种种考验，收到录用通知——找到工作，这算是就业了吗？可以肯定地告诉你，没有！这只是解决了走出校门的问题。

客观地讲，顺利进入岗位，得到用人单位的认可，在试用期内没有被“退货”，才算是真正就业，才标志着完成了人生一次重大的角色转换。

从学校走向社会，大学毕业生充当的社会角色将发生变化。按照社会某种角色的期待和要求来培养自己的角色意识，充分做好角色必备的心理、技能等各项准备，既是我们走向社会、立业创业的主观条件，也是步入社会的客观要求。当青年学生步入社会，实现从学业社会到职业社会的过渡时，我们需要尽快形成新的独立社会角色意识，明确社会对各种职业角色的期望，并根据这些角色要求来塑造自我。唯有如此，才能赢得职业社会对我们即将承担的新角色的认可，在新的人生旅程中创造出卓越的成就。

一、“从学到工”的转变，前后两个角色的特点

在校期间，任务清晰明确，那就是通过考试，拼尽全力拿高分。小学、中学、大学乃至研究生，我们都是围绕这个目标行动，甚至我们进入岗位，如考公务员、考编制、考教师资格证等，都是以考高分为目标。一定程度上，这或许是一种称得上“最公平”的竞争方式，考试面前人人平等，即便出身寒门，也有机会一举成名。而围绕考试展开的教育体系，培养了一批具备一定的读写能力、能处理一些基本事情的毕业生。

职场与学校大不相同，职场上更讲究工作能力和业绩，当然人际关系也很重要。

首先，工作任务是不明确的，领导就交代了一句话，比如“小王，我下周要去成都出差见李总，你帮我安排下。”怎么安排？要做什么？是要订酒店、订机票还是约一下李总？中间有太多需要沟通和明确的事情。一次看似简单的差旅，真正落地执行的时候，可能包括预订机票、订酒店、订车，还有跟对方

沟通预约、整体时间安排等，细节非常多，其实一点都不容易。

其次，工作没有绝对的评判标准，做得好或者不好，做完后没有一个准确的分数来告诉你它的好坏。常常是多年后，才恍然大悟，原来以前自己做事多么不扎实。而彼时彼刻，自己可能还觉得做得挺好。最有效的方法就是通过不断复盘总结来提升，这个过程并不轻松。

最后，身在职场，我们需要直面领导的任务，不抱怨，不拖拉，高效率执行。面对领导安排的任务，你不要质疑做这件事情的原因和意义，认真执行，高效落实是第一要务。很多初入职场的大学生面对一堆琐事，总是怨声载道，认为自己做的都是毫无意义的小事，自己的价值没有被体现，殊不知，每个职场人的耐心和能力都是通过这些微不足道的琐事锻炼出来的。

所以，初入职场的毕业生们一定要细致观察职场特征，比对个人已有的优势，思考如何将个人优势在新的场域中发挥出来，使自己获得更大的进步。

二、明确我们的社会角色

“角色”一词原本是戏剧领域的专业术语，指的是演员通过化装扮演的剧中人物。美国社会学家乔治·米德率先将这一概念引入心理学领域，他认为社会如同一个大舞台，每个人都是其中各种角色的集合体。从20世纪20年代开始，美国芝加哥学派系统地运用了这个概念。通常认为，社会角色是由特定的社会地位决定的，并遵循相应社会期望的行为模式。它反映了个体的各种社会属性或社会关系，构成了社会群体或社会组织的基础。社会角色的核心在于其作为社会地位外部动态表现的一面，包括一系列行为规范和期待，反映出个体多元的社会属性和社会关系，是构建社会群体和社会组织的基石。在社会生活中，每个人都会扮演多种角色。例如，一位女性医生在家可能是妻子和母亲，在医院则可能是内科医生、科室主任、学术团体成员或工会会员；在公共场所，她可能是公交车上的乘客、商店里的顾客或公园里的游客；在国家政治生活中，她又成为选民或候选人。这些多样化的社会角色体现了这位女性医生多方面的社会归属。此外，任何一种社会角色都不是孤立存在的，而是反映了个体多元的社会关系。例如，这位女性医生在医院需要与患者、家属、护士、检验员、药剂师及医院管理人员等多个角色互动，这一系列相互关联的角色反映了医院内部复杂的社会关系。

（一）树立角色意识

不同的职业岗位赋予了从业者相应的职责。当年轻人从学校步入社会时，他们的角色会发生转变，随之而来的是义务、责任和权利的变化。因此，在进入职场之前，我们需要培养新的角色意识。

1. 明确角色的责任与权利

大学毕业生初入社会，首先必须对新单位的特点和新角色的要求做出恰如其分的评析，并在此基础上初步明确自己将担任角色的任务、内容、职责、权利和义务，以确定自己的角色规范。

2. 做好担任一定社会角色的心理准备

由于校园生活相对封闭和单一，再加上年轻人爱幻想的特点，以及各种传播渠道所展现的社会理想模式在某种程度上提升了学生对社会的期望值，这常常导致一些毕业生对新环境缺乏充分的认识，难以适应社会现实，不能妥善处理各种矛盾，很难按照应有的角色规范行事。对于心理素质不够强大的毕业生来说，更容易出现心理失衡，从而影响个人发展。因此，正确地认识社会并做好承担一定社会角色的心理准备显得尤为重要。

3. 恰如其分地估计自己

对于将要担任的角色，除应做好认识上、心理上的充分准备外，还要恰如其分地估计自己对角色的实际担任能力。就像前文案例中的符青青一样，专业能力和职业能力并不能画等号。因此，应低调行事，多向前辈学习，千万不要刚入职就被骄傲冲昏了头脑。

（二）正确明晰角色期望

每个人在社会中都担任着一定的角色，每个人所担任的角色都处在一个不断变化的过程中。同时，还要明确的是，你所担任的社会角色和他人对你的期望往往不会同步，于是，我们就在对这种“不同步”进行修正的过程中了解他人对我们的期望，调整自我的角色意识，进而实现“角色自我”。因此，正确地明晰外界对我们的角色期望，是我们树立角色意识和实现自我价值的前提之一。

1. 明确社会总体评价对角色转化的期望

从迈出大学校门的那一刻起，我们在社会中的地位就发生了根本性的变化，我们不可能再享受半价的学生票，也不好意思再向父母伸手要生活费——这些仅仅是表象，是客观现实和一般的认知经验对我们的基本要求。透过这些表象，在更深的层次上，我们的社会角色已经发生了变化，不仅社会总体评价认为我们应该从学生转变为职业人（社会人），并且需要承担更多的社会责任，其实我们也已经为这一天的到来做好了准备。

2. 明确家庭对角色转化的期望

自古以来，国人以成家立业作为衡量一个人成熟与否的标志，尤其是家庭（或家族）中这种认识是根深蒂固的。当我们走上职业岗位的时候，我们的家庭就已经理所当然地认为我们正在或已经“立业”了。此时家庭对我们的期望不再停留在做一名好学生、拿奖学金上，而是在“我们做一份怎样的工作，担当怎样的职务，有什么职业发展”上寄予了厚望。

3. 明确工作对角色转化的期望

无论我们从事怎样的职业，它都会有一整套的要求、规则来约束我们，这种约束与其说是期望，更像是命令。抛开这一点，单是职业关系的各个方面对我们的期望就够我们应付的了——上级、同事、客户、竞争对手，对此我们要想得积极一些，他们对我们的期望正是我们需要学习的东西，他们的期望越明确，我们的目的也就越明确。但在这个过程中，我们要努力学会处理方方面面的人际关系，这一点在后文还会提到。

（三）注意避免发生角色偏差

社会角色纷繁复杂，初入社会的大学毕业生要认真理解自己所担任角色的特点，尤其是职业角色特点。要把握必须的行为、允许的行为和禁止的行为的界限，明确应该做什么和怎样去做，以免发生角色偏差。

需要尽力避免的角色偏差主要有以下几种类型：

1. 角色冲突

当在社会角色的承担与转变过程中，出现角色间或角色自身内部的矛盾、对立和抵触，从而阻碍了角色承担与转变的顺畅进行时，便产生了角色冲突。

2. 角色错位

角色错位即行为处事超越自己的角色规范。角色错位可能会引发他人的不满，不利于构建良好的人际关系。

3. 角色泛化

因为同时承担的几个角色的规则不一致，因此，在担任角色的过程中可能出现干扰现象，即在担任一个角色时，受另外一些角色规范的干扰，从而影响当前角色的担任。

4. 角色模糊

角色模糊指的是社会大众或角色承担者对某一角色的行为标准不够明确，从而引发的角色冲突。特别是大学生毕业后，由于对新环境和工作缺乏了解，未能清晰认识自己的新角色，常常会因此产生角色模糊，继而引起一系列的心理障碍。

5. 角色中断

角色中断指的是个人在承担前后两种不同角色时出现的冲突。这种情况通常源于个人在结束前一个角色时，未能为即将承担的新角色做好充分准备。例如，一些大学生在毕业后发现自己的工作与所学专业不符，或是未能正确理解并准备好迎接新角色，从而难以迅速适应新的身份，陷入角色中断的状态。

6. 角色失败

角色失败则指个体因各种原因在角色扮演或转换过程中无法成功适应和完成角色任务，最终导致严重失败的现象。角色失败大致可分为两种情形：一种是角色承担者被迫中途退出；另一种则是尽管仍在某一角色位置上，但实际上已被证明其角色扮演已经失败。比如，总是受处分的干部、经常不能完成定额的工人以及经常出车祸的汽车司机等，都属于这种情况。

由相对单纯的校园踏入较为复杂的社会，我们难免会遇到这样那样的问题，这些都是正常的成长过程，关键在于我们要用积极的心态和科学的方法去克服它。

三、实现角色转换

大学毕业生参加工作是从小学、中学、大学到走向社会的几次角色转换中的一次，是必然要发生的事情，它不会“体谅”你有没有准备好。需要从以下几个方面努力，以实现从学生到职业人的角色转变。

（一）树立良好的第一印象

对于刚步入职场的大学生来说，在新环境中建立良好的第一印象至关重要。良好的第一印象不仅能提升他人与你互动的积极性，还能帮助你更快地融入团队；反之，则可能导致事倍功半。

第一印象是指客观事物首次接触人的感官时，在大脑中形成的总体感知，涵盖了外观、行为特征以及初步的价值评判。在人际关系的建立和发展中，第一印象的作用不容小觑。从心理学角度来看，它可以分为先入为主效应、光环效应（晕轮效应）以及定式效应。良好的第一印象能放大个人的优点，掩盖不足之处，即便偶尔出错也能获得他人的谅解；而不良的第一印象则会放大缺陷，并且纠正起来需要更多时间和努力。为了塑造良好的第一印象，需要注意以下几点：

（1）保持衣着整洁，注重仪表。进入新工作环境时，服装应符合自身身份和公司文化，不必追求时尚奢华，但必须干净整洁。男士避免邋遢或过分修饰，女士不宜浓妆艳抹，整体应简洁大方。

（2）言行举止得体，展现亲和力、热情和礼貌。说话做事要恰到好处，既不能鲁莽冲动，也不能木讷呆板。

（3）遵守规章，讲求诚信。按时上下班，守信守约，这是工作中必备的职业素养，也是人际交往中的美德。作为新人，应该提前到达，稍晚离开，严格遵循公司的各项规定，积极主动地完成任务，保证工作效率。相反，缺乏时间观念、不守纪律、拖延怠工的行为必然无法赢得信任和尊重。

（4）保守秘密，真诚待人。对于一些保密要求较高的机构如军队、安全部门等，工作人员必须严格保密，不得随意泄露内部信息（相关单位会提供培训）。与同事相处时，要坦诚相待，平等交流，既不自卑也不自傲。

此外，还要做到“三多”：多请教、多沟通、多承担力所能及的工作。切忌表现傲慢、夸夸其谈；过于谦逊或缺乏自信；过于随意或在办公场所闲聊打电话。总之，尽管第一印象具有短暂性和表面性的特点，但它的重要性不言而喻，有助于大学生在新工作岗位上站稳脚跟。

（二）了解你的新集体

当然，我们的工作是多种多样的，有的在国家机关，有的在新闻单位，有的在母校，有的在企业。这里仅以公司为例，向大家说明如何去了解你的新集体。

1. 了解公司的企业文化

企业文化是一个公司长期以来形成的，具有纲领性和指导性作用的一系列精神原则和行为规范的总和。

企业的文化往往源自高层领导者的理念与思想，体现了他们在管理、客户服务、员工价值以及财务方面的观点。或许你在面试过程中已有所体会，但要真正领悟公司的核心理念和行事原则，可能还需几个月的时间。有时候，你会发现实际操作与公司所宣传的文化并不完全一致。从长远角度来看，你的工作满意度将取决于个人价值观与公司文化的契合度。

2. 学习公司规章制度

你已经在员工手册中阅读了公司的正式规章制度。接下来，需要了解三个关键点：哪些规定被严格执行？哪些没有？公司内部有哪些不成文的规定？如果不加以重视，这些问题可能会让你在工作中遇到麻烦，并且你可能始终不明白自己究竟错在哪里。因此，提前搞清楚这些规则至关重要，而不能仅凭直觉行事。

3. 掌握初入职场的处事原则

一般来说，刚参加工作，一切都是新的，为了适应新的环境，应做好以下几方面的事情：

（1）办公室中的礼仪虽然很少有明文规定，但其重要性往往超出我们的想象。所谓“礼仪”，即为大众和权威共同认可的行为规范。了解并掌握所在团队中的这些不成文规则，将对你大有裨益，因为一旦出现失误，“不知情”并不能成为你被宽恕的理由。记住，用你希望被对待的方式去对待他人，总是没错的。

（2）尽快掌握业务知识和技能至关重要。只有拥有深厚的专业知识和出色的能力，才能胜任工作中的各项任务。这些实际操作与学校教育中的理论知识截然不同，后者多为书本上的固定知识，而前者则更侧重于实践经验和灵活应用。

（3）按时完成工作任务。每一项任务都有其既定的完成期限，作为职场新人，你需要确保在规定的时间内高效地完成工作，切忌找借口拖延。当然，如果能够提前完成任务，那就更加理想了。

（4）在工作时间内避免“走私”。我们必须明确不能把丝毫个人的东西带进工作场所，更不能拿自家的事情与同事闲聊。

4. 执行任务时的要点

（1）当上司布置的任务中，有些并不需要立即完成时，应该优先处理重要的事项。不过，记得先把所有待办事项记录下来，以防遗漏。

（2）如果你正在忙于手头的工作，而上司又临时安排了新任务，要学会灵活应对。此时，应立即与上司沟通，避免耽误工作进程。

（3）外出收款、取文件或购物时，要问清金额、物品数量和质量等重要细节，然后再去。

（4）在没有完全理解上司交代的任务之前，务必详细询问清楚，切忌擅自行动。

（5）外出办理公务时，应当尽职尽责，迅速高效地完成任务，不得借此机会处理私人事务。

（6）离开工作岗位时，务必整理好相关资料。即便是在工作进行中因上司召唤、接待访客或其他突发情况需短暂离席，也要迅速将桌面上的重要文件和资料整理妥当。或许有人觉得这样做有些多余，但意外往往就在不经意间发生。文件丢失已令人头疼，若被外人窥见公司机密，后果将不堪设想。到那时，任何解释都无济于事，只能怪自己疏忽大意。

四、建立和谐的人际关系

（一）对上——以尊重为基础，多多沟通

1. 尊重你的上司

尊重他人是一种高尚的品德，而敬重上司则是每位员工不可或缺的职业素养。

（1）适应上司。

上司是决定团队命运的关键人物，其他成员只有积极主动去适应他，才能形成有效的配合力量。因此，作为下属，适当地了解上司的工作习惯和处理事务的风格是很重要的。甚至要了解上司的一些独特习惯，这样才能对上司的决定做出较正确的判断。初入职场的员工更应主动适应上司，使自己得到更好的发展。

（2）勇于承认错误。

你是新人，犯错误是被允许的，但这不能成为你犯错误的理由。如果在工作中违反了单位的规定和准则，就要对自己的失误承担责任。应当明白，承认错误并不是一件丢脸的事；相反，被揭发后仍然拒不承认，才是真正的不明智之举。

（3）正确处理上下级之间的关系——一切以工作为基础。

在国外，一般不提倡与上司建立私人感情，而是保持纯粹的工作关系。在我国，多年形成的“裙带”观念和家族式管理也在现代管理体制下有所松动甚至瓦解。因此，我们要明确的是，大家走到一起，什么是基础？工作是基础，没有工作，其他一切都无从谈起。

因此，不要与上司过多谈论私人生活，这可能影响你在上司心中的形象。此外，如果同事们觉得你与上司关系过于亲密，可能会对你产生偏见，从而影响你的工作和人际关系。

（4）做个有心人。

你有没有想过准备一个小本子，记上单位常用的电话，甚至是司机、保洁员的电话呢？如果没有，建议你到新的工作单位后准备一个这样的本子。关键时刻，它会给你很大的帮助。

（5）不要忘了上司身边的人。

初入职场的你除了要与上司搞好关系，也要与上司身边的人处理好关系。因为他们虽然不亲自“理政”，却能够通过非正式途径对上司产生影响，从而发挥重要的“参政议政”作用，这种“非正式”的影响是举足轻重的。

2. 学会与上司沟通

如果员工希望获得上司的认可，成为其信赖的核心成员，就要在日常工作中增加与上司的互动。要做到心往一处想、力往一处使，下属必须加强与上司的沟通，增进彼此的理解。接近上司需要一定的勇气，同时也要保持自然的态度。不妨偶尔在公共场合遇到上司时，无论对方是否记得你，都大方地打个招呼，但不必多言，以免打扰他们。离开时，也不要忘了礼貌地道别。如果上司要搞些活动，如请下属吃饭、野餐等，你应该愉快地接受邀请，好好享受一下，事后要表达自己的谢意。这样，有利于你们互相了解，对以后的工作都有好处。

与上司接触多了，上司对你的能力有所了解，经常会交办一些事情。你一定要抓住这些机会，要尽心尽力，圆满地完成上司交办的事情，为自己的前程铺好每一块砖。在与上司的接触过程中，还要注意照顾同事的情绪。你得到上司的赏识，有些同事心里肯定会不舒服，有些同事甚至会产生嫉妒心理。因此，你需要做好充分的心理准备来面对这一切。

3. 工作积极主动

人在社会中不是孤立存在的。尤其是每个人的职业成功，不仅取决于完成任务的能力，而且，由于你是单位的一分子，职业的成功还取决于你为了与同事相处而进行自我调整的能力，为了与主管合作而具备相互沟通的技巧，以及为了与客户建立关系而表现的服务态度等。因此，真正有能力的人在工作中，总是表现得主动、积极、富有责任感，能够踏踏实实、全神贯注、干净利落地把任务完成，又能在事后表现出轻松、愉快和若无其事的平易态度。这就是成功者的素质。

表现主动性的另一种方法，就是积极学习工作所需的各种知识。你可以通过参与那些并非自己必须参与的工作，而了解企业中的不同岗位要求，并得到多方位的锻炼；你也可以向有经验的员工或主管学习他们如何思考和迎接新的挑战；你也可以充分学习那些在企业中可能用到的其他知识，甚至是为了你将来的发展所需的后备知识。总之，唯有持续学习，才能让你成为工作中的多面手，从而为未来的晋升创造更多机会。

另外，积极主动地工作还要求你比其他人付出更多的努力和牺牲。比如牺牲自己的休息时间、承担艰苦和困难的工作、主动加班完成更多的任务、提高自己的工作标准，等等。

总而言之，一个能够自我激励、持续学习、不需要太多监督并且值得信赖的人，是任何团队都极为珍视的成员，自然也就是上司将来所倚重的人。

（二）要学会与他人友好相处

为什么必须学会与他人友好相处呢？因为，无论一个人有多么出色，仅仅靠个人的努力是不能使整个团队获得成功的，所有老板都希望他的下属能和平共处、共同努力，以便提高工作效率。所以，一个能够与同事友好相处的员工，将是最得人心，也最为老板所欣赏的。自然，这种员工的发展机会也就最多。

“大家都对他感兴趣的人，其秘密在于他对大家都感兴趣。”如何在团队中立足和发展，想必每个人都有自己的心得或打算，在这里给大家一个忠告——做事先做人——这不仅仅适用于职场。

1. 成为团队的优秀成员

许多职业失败者的例子显示，导致失败的最常见原因，是他们难以与他人共事。你可能拥有特殊的才能，但如果无法成为团队的优秀成员，不能与他人友好相处，你就无法取得成功。

要成为团队的优秀成员，在工作中获得成功，必须成为一个受人喜欢和让人感兴趣的人，并具有能够令他人欣赏的特征，例如，快乐、幽默、情感丰富、有同情心，以及参与的愿望等。这些特征不仅会帮助你与同事友好相处，也会增加你晋升的机会。

2. 与他人相处的关键——合作

与他人友好相处的关键是具有合作性。合作包括自己的努力和给他人提供必要的帮助。合作就像一个蓄电池，它或许不会马上发挥作用，但经常充电的话，关键时刻它总会发挥出不可替代的作用。

合作的必要性不仅表现在两个人之间，还包括与整个团队的合作。例如，协助完成与自己岗位没有太大关系的工作；如果他人有更好的想法可以为工作团队或公司谋得利益，就应当放弃自己的想法；如果自己有一些新的想法，尽快告诉他人，以便大家更加快捷地开展工作。

除合作之外，讲究礼貌、耐心、真诚和充满激情也是与别人友好相处的重要方面。礼貌可以显示出对别人的真诚和重视，可以塑造出一种良好的工作环境；可以使你显得友善和行为举止得体，有助于创造快乐的、合作的、高生产效率的工作环境。耐心的态度则能够避免冲突，保持同事间的和谐。真诚是人与人和睦相处的法宝，每个人都希望与对自己真诚的人共事。激情则是一种可以传染的情感，它通常会促使人们更加迅速和轻松地完成工作。这几种个人素质显然非常有助于同事关系的和谐、愉快。

恰当地表达自己的观点和意见也是处理与同事、上司关系的重要方面。当你认为自己观点正确的时候，要非常轻松地表达出来，不要不假思索随便说话。要考虑自己要说的内容，以及正确判断自己应当何时发表观点，何时保持沉默。有一些问题你需要进行评论，甚至是争论，但你必须经常听取同事、主管或顾客的观点。如果你的观点被驳回或拒绝，你必须用一种愉快的心情接受大多数人的决定。当然，在任何团队中，总有许多做法并不是你所愿意接受的，你往往会发表自己的看法和观点，这时应把自己当作集体中的一个成员来处理事情，要注意自己的言行。

关心和爱护他人也是非常重要的。尤其对曾给团队制造了麻烦的员工，绝不可采取躲避的做法，而应积极地支持他们，帮助他们克服自身的问题，成为团队的优秀成员。

同事间要做到友好相处，某些行为是必须杜绝的。比如，怨恨别人、工作急躁、嫉妒和猜疑、过度自怜等。注意不要表露这些情感，在工作中努力克制相应的行为，就可以减少同事间不必要的冲突，从而保持和谐的关系。

3. 虚心求教，懂得尊重他人

人人皆有此愿——得到尊重。年轻人是这样，老年人也是这样；男人是这样，女人也是这样。谁都希望被别人想念着，关切着，甚至爱慕着。因此，坚持对别人的尊重，也是与同事处好关系的重要方法。

在工作中，多听一听前辈们的意见和建议，对你的好处是多方面的。即使他们的观点与你的观点有偏差，仍会对你的工作有一定的借鉴作用。如果发生了观点偏差，最好不要驳斥他们。一旦伤了对方的自尊，不利于你日后的工作。正确的做法是，把他们的观点和你的想法进行比较，综合分析后做出的决定可能会更加完美。

前辈们一般都会认为，愿意做好工作的年轻人才能受到尊重。为此，你应该积极听从他们的忠告，学会推动工作圆满完成的方法。千万不要自大地说："这不算什么，您不要管了。"如果有什么烦恼或放心不下的事情，最好找前辈们商量，向他们虚心求教，以此建立亲密关系。对于前辈的批评要抱着"有则改之，无则加勉"的态度真诚接受，无论受了多大委屈也不要发火，真心地表现出对前辈的尊敬。

当然，一个人不可能被所有人喜爱。有一些人就是天生地不会喜欢你。因此，做好自己分内的事，我们没必要讨得每个人的喜爱。

4. 克服不良心理品质

大学毕业生步入职场后，需要注意克服以下几种不良的心理品质：

（1）性格孤僻，爱猜忌别人。在公司不愿意主动与他人交流，给人一种冷淡且不易亲近的印象。同时，由于刚加入新环境，担心受到伤害，自我保护意识较强，常常将精力集中在防范他人上。

（2）自私，嫉妒心强。处理事情时总是优先考虑自身利益，争名夺利，缺乏自省精神，无法容忍他人超越自己。对于那些工作表现优异并得到组织和领导提拔的同事，尤其是学历和能力不如自己的同龄人，心里往往难以接受，甚至心生怨恨。

（3）傲慢，轻视他人。少数毕业生认为自己毕业于知名学府，各方面的条件都很优秀，年轻且专业基础扎实，自视甚高。一旦进入单位，便对周围的人和事诸多挑剔，唯我独尊的态度明显。

（三）构建良好人际关系的一些“窍门”

1.“四项基本原则”

（1）诚实守信。诚实是做人的基石。这也是建立良好人际关系的基础。守信意味着坚守承诺，言行一致，言出必行，不夸大其词。只有诚实守信，才能在人际交往中实现彼此的理解与沟通，增进互信，从而和谐共处。

（2）尊重他人。这是我们反复强调的问题，只有懂得尊重他人，才能赢得他人的尊重。这是与人相处的基本原则，也是构建良好人际关系的基本前提。

（3）谦和大度。保持谦逊随和的态度，待人接物平易近人，这样能让人感到亲切，增强彼此间的亲和力。反之，如果高傲自大、孤芳自赏，或是性格孤僻不合群，同事们可能会对你敬而远之。在与同事相处时，难免会出现一些分歧、摩擦或误会，导致矛盾的产生。此时，应该以宽容的心态去理解和体谅他人的感受与处境，避免斤斤计较或情绪化处理问题。这对与同事长期和谐相处有莫大的好处。

（4）不卑不亢。妥善处理上下级关系是人际交往中的一个重要环节，正确的方式应当是保持不卑不亢的态度。不应因为对方是领导，就丧失原则，一味谄媚讨好，这不仅有损个人尊严，还会让正直的领导和同事反感。同时，也需要尊重上级，服从管理。因为一个单位或部门的正常运作，往往依赖于下级对上级的服从。如果傲慢无礼，拒绝配合，将会导致工作流程受阻，影响整个单位的正常运行。

2.“八项注意”

（1）调整心态，不要把同事当“冤家”。

毋庸置疑，同事之间存在竞争，许多人常常怀有一种偏见，认为同事是阻碍自己职业发展的障碍，这样的心态会让你在职场中举步维艰，更别提有所成就了。事实上，同事之间的关系不仅仅是竞争，更多的是合作。只有建立在互惠互利基础上的关系才能持久，这也是你融入团队并被团队接纳的基本前提。

（2）不过问他人隐私。

每个人都有不愿被他人知晓的秘密，即便是最亲密的朋友，也有一些事情是不适合分享的，更不用说同事之间了。因此，不要随意打探他人的生活情况，除非对方主动与你分享。过度关注别人的隐私是一种缺乏教养且无聊的行为。

（3）不把个人感情带入办公室。

你有自己的好恶，同事也有。我们对很多事物的看法和观念都带有强烈的主观色彩，但请记得，千万别把这一点带到办公室。你的新同事中，有人可能与你志趣相投，也有人或许与你截然不同。对于意见不合的同事，最好保持沉默，避免随意评论，更不要因此划清界限、区分亲疏。这就需要你具备良好的“兼容性”。这种“兼容性”将会为你赢得同事的尊重和支持。

（4）积极参加集体活动。

在空闲时间，不妨与同事们一起参与各种娱乐活动，如唱歌、郊游、跳舞等，这样可以增进相互之间的了解与交流。这不仅能让大家收获更多欢乐与放松，缓解内心的紧张情绪，还有助于营造更加和谐的人际氛围。

（5）坦诚接受批评。

你受到批评，证明你的影响力在逐渐发展，已经到达了显著的程度。因此，批评往往意味着你很重要。人对批评所采取的反应，能决定他各项事业的成败。“有则改之，无则加勉”，这正是取得成功的最简单的秘诀。

（6）经济上分清楚，AA制是最佳选择。

对日常的集体花销最好采取AA制，这样大家都能轻松无压力，经济上也都能负担得起。切记不要过于吝啬，紧紧捂住自己的钱包，即便偶尔有些小损失，也无须太过介怀。

（7）拒绝抗辩。

许多人在遭到恶意的指控时，都会感到非常愤怒，往往会认为自己有绝对正确的理由，因此尽力辩白，全力反击，以为这样就能获胜。其结果往往是既伤害了自己，也伤害了别人，最后两败俱伤。其实，真正能获胜的唯一方法就是不去理会他。

（8）自愿承担艰巨的任务。

尽管每个部门和岗位都有明确的职责分工，但仍有一些任务难以具体落实到个人身上，而这些任务往往较为繁重。此时，如果能主动站出来承担，无论结果如何，这种迎难而上的态度都会赢得大家的认可与尊重。

拓展资料

职场红人八大特质

特质一：为人自信，处世低调

一个自信满满的人，即使在街头漫步也能散发出耀眼的光芒，仿佛拥有无尽的活力与能量；在职场上，他们的一言一行都显得从容优雅，不仅提升了公司的形象，还为上司增光添彩。有些人虽然拥有海外名校的背景和留学经历，却从不倚仗这些优势而自傲或树敌，而是凭借其成熟稳重的态度赢得上司的信赖。他们既有能力又不骄纵，自然能够赢得人心，成为上司的得力助手。

特质二：忠于公司，忠于老板

忠诚于自己所在的公司，并获得管理层的信任，往往会带来更多的机会和更大的责任。尤其是在面对危机时，若你能站在老板的角度思考问题，理解其用心良苦，并感激他在困难时期坚守岗位、不让公司倒闭，即使你无法帮他解决燃眉之急，但你的理解和支持也会帮助他释放情绪、缓解压力，从而让他对你心存感激。高度的忠诚是职场宠儿的重要特征。

特质三：积极主动，愿意付出

“努力未必成功，但不努力必定失败。”无论你是前台接待员还是肩负CEO重任，在职场上取得成功的金科玉律之一便是要有责任心，勤勉敬业，全力以赴。在工作中，切勿敷衍了事，尽管你可能觉得只需在办公室内努力即可，但实际上，精明的老板对你的工作投入程度了如指掌。因此，职场宠儿通常始终保持“付出”的心态，积极主动地投身工作。

特质四：善于表达，勤于沟通

优秀的语言表达和沟通能力是现代职场不可或缺的核心技能。无论是哪种工作，都需要良好的沟通技巧。当上司挑选管理人员时，他们往往会选择善于与人交流的人，而非沉默寡言者。通常，善于沟通的人更能领会领导的意图，也更擅长解决实际工作中的各种矛盾。大多数老板宁愿聘用一位技术能力一般但沟通能力出色的员工，也不愿接受一个独来独往、特立独行的“天才”。由此可见，与同事、上司和客户顺畅沟通的能力，已成为企业招聘时重点关注的核心技能。

特质五：与人为善，受人欢迎

“你怎么对待别人，别人就会怎么对待你。”《水知道答案》这本书很好地诠释了一个理念：职业成功的基础在于良好的人际关系。你不必是处理人际关系的高手，但一定要建立和谐的同事关系。融洽的人际关系不仅能帮助你在工作中保持良好的心态和情绪，还能让你的表现更加出色，更容易融入团队。在职场中，尽量做一个友善的人。即便职场如同战场，但在他人遇到困难时，也要热情地伸出援手。当你在工作中不慎出错或面临加薪、晋升的关键时刻，良好的人际关系会让你获得意想不到的帮助。如果你还能成为办公室里的开心果，善于营造愉快氛围，经常鼓励同事，那么成为职场宠儿几乎是水到渠成的事。

特质六：做老板眼中可靠的人

灵活应对，时刻准备，成为老板眼中可靠的人。其实，这背后不过是一句老生常谈：机会总是青睐有准备的人。职场危机或突发事件往往在最不经意的时候降临，当大多数人感到束手无策时，那个挺身而出、化解危机的人必然会赢得老板的青睐。如今的职场，成为宠儿的一个显著特质就是具备开放的心态，学习能力强，可塑性高，敢于迎接挑战，并具备核心竞争力。除专业技能之外，“成为可靠的人”更重要的是一种态度的转变。

特质七：有清晰可行的职业规划

要在职场上取得成功，关键在于及早找到合适的职业定位。观察那些职场上的佼佼者，不难发现，他们在职业生涯初期就已经明确了方向，并制定了完善的职业规划。因此，尽早确定适合自己的行业和职位是迈向成功的重要一步。许多职场明星在发展过程中始终保持积极的心态，珍惜每一个工作机会，避免频繁跳槽。由于拥有清晰的职业规划，他们对“为何忙碌”“为何工作”有了更深刻的理解。当职业目标明确、规划具体时，不仅能提高工作满意度和生产力，还能增强学习的针对性和工作的持久性，从而提升个人的职业竞争力，获得更高的薪酬，更好地掌握自己的职业生涯。这样的员工更容易成为老板眼中的可造之才，赢得信任与青睐。

特质八：适度展示，彰显努力

要想证明自己比别人更具价值，首先要出色地完成本职工作。然而，埋头苦干并不一定能带来优异的成绩，也不一定能得到老板的认可。聪明的职场达人往往懂得适度展现自己的努力与付出，这样往往能事半功倍。例如，以往习惯通过电子邮件与客户沟通，现在可以改为电话联系或面对面交流，让老板亲耳听到、亲眼看到你的努力，这才是最有力的工作证明！

（资料来源：吴剑编著，《新时代大学生就业创业指导案例教程》，清华大学出版社，2023年9月版，有改动。）

第二节　树立职场学习意识

古人云“活到老学到老”“三人行必有我师”等，都是告诉我们学习的重要性，很多同学都以为自己大学毕业了，终于走出校门了，可以不用学习了，其实不然，当我们踏上工作的岗位后，人生真正的“学习”才刚刚开始。

一、功利性学习

什么是功利性学习？

功利性学习，就是从工作的实际需要出发，学习后立马在实际工作中应用。功利性学习就是有目的地按需学习。

不知道大家在工作中有没有这样的经历，想要学习一项新技能，比如Excel、PPT的使用，一款新软件的操作等。如果只是单纯地想要学习Excel技能，按照Excel的网络课程系统地学习一遍后，没过多久就忘得差不多了。觉得自己已经学会了，但其实，一到要用的时候，基本什么都不会。

为什么会这样呢？一方面，我们的大脑有时像个有瑕疵的学习工具，常常让我们误以为已经掌握了知识，实际上却只是停留在表面，并未真正深入理解。此外，大脑的记忆功能也不够可靠，学过的内容在一小时之内可能会迅速遗忘。因此，要将知识转化为长期记忆，必须反复练习。那么，怎样才能避免这种浅尝辄止的学习方式，更深刻地掌握方法和技能呢？答案是：功利性学习。

具体地，可以按照以下三个步骤进行：

（1）选择一个工作中你正在解决或者准备要解决的问题。比如，领导交给你一项项目路演的任务，而你压根不会做PPT，也不擅长演讲。那么，为了完成任务，你需要马上学习这两项技能，这种学习往往效率高，印象深刻。

（2）确定学习内容的范围与顺序，应基于问题解决的紧迫程度。当时间宽裕时，可以进行全面深入的学习；而面对紧迫的时间限制，则需专注于立竿见影的具体方法。在界定学习范围时，务必克制想要学习更多内容的冲动，紧密围绕解决问题的实际需求来规划学习内容及其先后顺序。否则很容易浪费了有限的时间和精力，学习一些不实用的知识。

（3）学以致用。我们学习的目的，就是要运用所学知识解决实际问题，所以一定要做到学以致用。学到的知识如果不能多次运用，很容易就会遗忘。

二、搭建知识框架

普通人和高手的区别在哪里？为什么专家比普通人学得多、学得快、学得深？

有研究发现，一个人接触到的信息质量和数量会影响大脑的结构。无论是优质的经验还是不良的习惯，一旦反复出现，都会在大脑中形成固定的连接，进而影响后续的学习效果以及信息输出的效率和质量。

相较于普通人，专家们采用了更加高效的方法来组织和运用信息与知识，在大脑中建立起更为优化的知识网络。因此，最有效的学习方法是构建一套基于自身经验的知识体系框架。在学习新知识时，不断调整和完善这个框架。具体地，在工作中，如何建立属于自己的知识框架呢？

1. 基于工作流程的知识体系框架

最简单的构建知识框架的方式是基于目前的工作流程。比如，当我们刚入职一家新公司时，对公司的业务流程都不熟悉。很多公司都会有一套完善的业务体系流程，比如销售有销售流程，品控有一套完整的品控体系，新产品开发也有一个固定的流程。作为一名新员工，可以基于这些工作流程，搭建起一个初步的知识框架，并不断学习，向框架内填充知识。

2. 基于业务领域的专业知识框架

如果你想提高专业技能，仅仅熟悉流程性的知识还不够，需要深入研究某一个专业领域。

明确了学习方向之后，如果你对想要学习的领域不太熟悉，该如何构建相应的框架呢？可以通过高质量的信息渠道，找到一个现成的体系，而不是从零开始自行搭建。比如，从书籍中找到体系、请教这个领域的专家、查询专业网站，你可以按照教科书或专业图书的目录来构建。

3. 基于职业目标的能力知识体系

进入职场是一个不断学习和探索的过程，能力是一个人选择职业的筹码。如果想要提高自己的职业竞争力，仅仅有专业技能是不够的，整个职业发展要紧紧围绕核心素质、通用能力、专业技能、必备知识逐一开展。

值得注意的是，应根据实际的职位目标，围绕岗位需求来搭建知识体系。同时，随着职位目标的变化，不断调整和完善这一知识体系，使其更加全面。

三、可迁移技能和知识

当今时代，仅凭一项专业技能过一生的情况已成为过去。如果一个人无法将知识和技能进行转移和应用，很可能被社会淘汰。未来的职业中，不会有一个岗位终其一生，要么这个岗位淘汰你，要么你淘汰这个岗位。当然，理想状态是人不断地淘汰岗位，这也意味着我们不断地提升自己的能力，挑战新的或者更为高级的岗位。

可迁移技能是指那些你从一个岗位转到另一个岗位，从一家企业跳槽到另一家企业，或是从一个行业跨入另一个行业时，都能够发挥作用并值得依赖的能力。例如，解决问题的能力、沟通技巧、执行力、协作与求助的能力以及信息检索的技能等。知识和技能的迁移分为近迁移和远迁移。

近迁移是指运用已有的知识和技能处理与之前情境类似的任务或问题。如解决问题的能力、沟通技巧、执行力等就属于近迁移。

远迁移是指运用已有的知识和技能来应对与以往经验截然不同的任务或问题。不同于近迁移，远迁移强调的是规律的本质性，这使得知识和技能更具通用性。这意味着这种规律能够解决更广泛的问题，从而帮助你在不同的岗位和领域中更好地发挥作用。

例如，在进行市场策划活动时，积累的经验不限于具体的策划步骤和工具的使用，更重要的是学会如何洞察客户需求这一核心能力。因此，无论将来你是转行成为产品经理，还是投身互联网运营，都能凭借这一核心能力表现出色。

前文所述的可迁移能力与工作息息相关，但是还有一些可迁移能力，虽然与工作没有直接关系，但也会发挥举足轻重的作用，如情绪管理能力，时间管理能力，执着、有毅力、积极乐观、善解人意等自我管理能力，这些能力在各行各业都是不可或缺的。

就拿情绪管理能力来说吧。

情绪管理在工作场合中扮演着至关重要的角色，它直接影响着我们的工作效率和职业发展。良好的情绪管理可以帮助我们更好地应对工作中的挑战和压力，提高工作效率，从而实现个人职业发展的提升。

在职场中，每天要面临各种繁杂的事情，如同事关系处理、加班熬夜等，在处理这些事情时，我们多少都会带有一些感情色彩，或喜或悲，或怒或惊。这些情绪上的波折会在职场里快速传播，造成或好或坏的影响。

擅长情绪管理的人，在工作时通常能敏锐地察觉他人的情绪变化，从而找到解决问题的最佳时机和最合适的人选，最终实现“事半功倍”的效果。遇到困难时，他们也能迅速排解负面情绪。情绪稳定能为你积累情感资本，这也是人力资源管理中的一个重要理念。简言之，一个情绪稳定的人会在领导和同事心中树立起值得信赖且可靠的形象。因此，他们会给予你更高的评价，使你拥有一定的情感资本。这样一来，重要的任务自然会交到你手中，升职加薪的机会也会向你倾斜。因此，情绪管理是我们每个职场人的必修课。

第三节　职场新人胜出攻略

刚离开校园，踏入职场，是不是感觉有点蒙？每天上班，面对陌生的环境和工作，心里难免会有点紧张。别担心，大家都经历过这个阶段。下面是过来人的经验分享，能帮你更快地适应职场，少走一些弯路。

一、心态篇

职场不是温室，成长需要破茧。刚步入职场的年轻人，往往带着学生时代的理想主义。但现实是，职场如丛林，没有永远的庇护所。想要生存，首先要学会调整心态。

目标导航：把人生规划写进备忘录，每年拆解为具体目标。就像登山者需要明确的路标，职场人也需要清晰的方向感。停止抱怨：如果不喜欢当下的工作，要么离开，要么闭嘴。初入职场的年轻人常犯“眼高手低”的毛病，记住，小事不愿做，大事轮不到你。孤独修炼：学会与寂寞共处。职场中难免有独处时光，与其刷手机消磨时间，不如用来提升专业技能。逆境思维：顺境时为自己留条退路，逆境时把困难当作垫脚石。就像沙漠旅人会在绿洲储备水源，职场人也要有危机意识。

二、沟通篇

会说话是本事，会倾听是格局。良好的沟通能力是职场的隐形翅膀。掌握以下技巧，能让你在人际交往中游刃有余。

尊重法则：重视同事的观点，肯定他人的劳动成果，保护同事隐私。记住，你怎样对待别人，别人就会怎样回馈你。

倾听艺术：沟通中80%的时间应该用来倾听。专注的眼神、适时的点头，比滔滔不绝更能赢得好感。

坦诚相待：职场人际关系虽复杂，但真诚永远是必杀技。不必刻意讨好，也无须过度设防，用真心换信任。

语言管理：避免“大概”“可能”等模糊表述，多用“我建议”“我需要”等明确表达。同时管住自己的嘴，不议论是非，不传播负面情绪。

三、行动篇

高效能人士的任务管理法则——面对堆积如山的工作，科学的任务管理能让你事半功倍。

任务拆解术：把大目标分解为可执行的小步骤。就像拆解乐高积木，每个零件都清晰明确，完成时才会成就感满满。

优先级矩阵：每天用“时间管理”四象限规划工作。先处理“救火”任务，再专注“浇花”事项，避免陷入无效忙碌。

时间胶囊法：为每个任务设定明确的时间节点。用工具（如看板管理）可视化进度，让拖延症无处遁形。

碎片利用术：通勤时处理邮件，午休时整理思路，候机时回复消息。把零散时间变成职场加速器。

四、进阶篇

那些让你少奋斗十年的职场智慧。跳出舒适区：敢于挑战新领域，在陌生环境中锤炼能力。就像游泳者不能永远待在浅水区，职场人也要有突破自我的勇气。细节决定成败：一份没有错别字的报告，一次提前5分钟的会议，都是你专业度的无声宣言。结果导向思维：用业绩说话，而不是用苦劳感动自己。老板关心的是你创造的价值，而非加班时长。持续学习力：把公司培训当作开胃菜，下班后的自主学习才是主菜。投资自己的大脑，永远是稳赚不赔的买卖。

五、长期主义

职场生存的终极法则。诚实比聪明更重要：欺骗或许能赢得短期利益，但信任才是职场的硬通货。感恩比计较更快乐：对同事的帮助心怀感激，对工作的挫折保持平常心。分享比独占更富有：把经验传递给新人，将资源与团队共享。你的格局决定了职场的高度。沟通比封闭更高效：主动打破部门壁垒，用开放心态拥抱变化。

六、提升工作能力

职场中，我们总会发现有些人的工作能力很强，他们总是能在职场的竞争中如鱼得水，有一个很好的职业生涯。

同样是上班，为什么有这么大的差别呢？

身处职场，工作就是我们的生活，工作能力的高低关乎着我们的存在价值。大家都希望提升工作能力，因为那意味着你有机会获得更多的回报，比如升职、加薪。会工作的人工作能力强，往往左右逢源；不会工作的人工作能力弱，时常晋升无门。大家上班时间差不多，所处环境差不多，为什么结果却有天壤之别呢？说到底还是工作能力的问题。大家都希望自己是一个“工作能力出众”的人，但如果你不知道以下提升工作能力的五件事，恐怕是难以实现的。

（一）接受工作，只问标准

领导布置给你一项工作，有一件事你必须当面问明白：“这件工作我要做到什么标准?”

工作标准不能靠猜，建议当面确认或用文字沟通清楚，避免出现误解。

接受任务，不怕多问，怕的是你不懂装懂，自己在那儿瞎琢磨。

为什么一定要弄清楚工作标准呢？因为要想量化考核工作，就必须要有明确的工作标准；要想达成目标，目标本身必须清晰。工作标准不能意会，只能言传或者白纸黑字写清楚，这样才可避免误解。如果领导期望达到A标准，你却认为B标准就行了，结果就是你把工作做到B标准，本以为领导会嘉奖你，结果却落了个“工作不合格”，你一定会认为受到了不公正的对待，满腔热血瞬间冷却。

麦当劳创始人克洛克曾说：我强调标准的重要性。如果你想经营出色，就必须使每一项最基本的工作，都尽善尽美。同样地，在回复上司的工作安排时，如果你能对任务完成进行确认，会让上司更加放心。

举个例子：一个重要客户要来公司考察，上司安排你去做接待。你可以这么说：好的领导。请问他们有几个人？怎么过来？我需要安排什么规格的接待标准？我先确定下，然后立即协调车辆和酒店。这样回复，不仅可以让上司看到你的用心，也能确保自己更高效地完成任务。

（二）请示工作，必带方案

在我们日常的工作中，总会遇到很多超出我们能力范围的事。比如项目无法推进、活动突发情况、客户突然要解约，此时就需要请示领导了。

但在请示之前，你要先动动脑子，思考一下这些问题，并给出一到两种参考方案。

会做工作的人，会让领导做选择题，而不是做问答题。领导有很多事情要做，肯定很忙。如果你遇到事情的时候，只会跑去问领导自己该怎么办，那领导要你有什么意义。遇到问题，先想一想，这个问题应该怎么解决，然后把想好的解决方案跟领导汇报，问领导这样行不行，而不是问领导怎么办。甚至于，给领导的是多套方案，让领导选择。你不是领导者，没有决策权，但你是执行者，具有强大的建议权。

还有一个很致命的情形是，如果跟领导请示时，只谈问题却不带方案，很容易说着说着就情绪激动，变成吐槽或抱怨，矛头直指客户或领导，那就更糟糕了。很可能你得到了一时的口舌之快，却永远失去了成长进步的机会。

（三）汇报工作，突出结果

领导时间很宝贵，他对下属的工作细节也没兴趣，所以不管是项目汇报还是日常汇报，都要遵循“先说重点”的原则，最后加上计划。这样汇报，效率会非常高。

参考公式：工作结果+原因+行动计划。对于不同工作的办理情况和结果，汇报反馈的内容应该有所侧重，有的只需汇报办理的结果，有的需要汇报处理的方法进程，有的还需要分析存在的困难和下一步的对策措施，不同情况区别对待，不能千篇一律。有些人希望什么事情都全面汇报、深入汇报、详细汇报，殊不知面面俱到、穷其所有、“眉毛胡子一把抓”，效果并不理想。

应该找准工作的重点，抓住领导的关注点，分清哪些地方要概括，哪些地方该具体，处理好宏观层面与微观层面的关系。但是在进行工作汇报时，不管是过程汇报还是结果汇报，一定要把汇报重点放在结果上。一切没有结果的工作汇报就是浪费时间。领导首先关注的一定是结果，只有当结果非常好或者非常差时，工作过程才会被提起。

（四）分享工作，细说流程

如果某项工作你做得很好，业绩出色，领导安排你在部门内做工作分享，这时就得重点谈工作过程，结果说得太多，会给人炫耀的感觉。和别人分享，也是自己总结复盘的过程。在分享时，要多谈细节，不但要说清楚做得好的方面，也要说清楚做得不好的方面。既有成功也有失误，既有经验又有教训，这样的分享才是真正的分享。

要知道，别人花专门的时间来听你讲，目的是学习取经，而不是检查工作。你的工作结果他们一点都不关心，他们关心的是你究竟做了哪些流程控制，最终才会把工作完成得这么出色。分享是职场上的一门重要功课，只有懂得分享，才可以收获别人的真诚回报，学到新东西。

（五）复盘工作，漫谈感受

个体的成长，离不开“复盘”。复盘可以帮助我们避免犯同样的错误，固化流程、校验方向、认清问题背后的问题，发现和产生新的想法与知识。除了提升能力，它还对提升个人品性有巨大作用。如果你足够优秀，做出了让人惊艳的业绩，也许有机会在大会上或领导面前复盘工作。你讲话的重点，就要多放在工作感受上。因为你的工作结果大家已经知道了，工作细节对其他岗位的人没有参考意义。

比如，谈谈自己是如何拆解复杂项目、落地执行的；团队是如何进行分工协作，提高效率的；在工作过程中你是如何思考、如何决策、如何学习的；等等，这才是大家想听的内容。

职场如棋，落子无悔。与其羡慕别人的高光时刻，不如修炼自己的生存法则。记住，真正的职场精英，既能在顺境中策马奔腾，也能在逆境中逆风翻盘。愿每一位新人，都能找到属于自己的职场破局之道。

课后练习：

（1）你认为从学生角色到职场人士的转变过程中，自己最需要注意的是什么？请列在纸上，并说明原因。

（2）俗话说：“活到老，学到老。”你最想学习的职场实用技能是什么？你要如何去学习？

第六章　毕业生常见的就业问题

在就业过程中，毕业生经常会遇到一些困惑，这些困惑可能来自对就业常识不了解，或是对就业流程不熟悉，导致很多同学从校园走向社会时往往出现问题。以下梳理了就业过程中常见的一些问题，以提醒毕业生特别关注。

第一节　离校前的准备

一、就业前的准备

毕业生求职前需做好周全准备，方能在竞争激烈的求职之路上稳步前行、游刃有余。我们将就业前的准备工作概括为“一核心、两要点、三关注”。

一核心：明确求职目标

求职过程中，毕业生需确立清晰的求职目标。围绕目标职业，深入开展用人需求的信息收集、整理与分析工作，让这一目标成为贯穿整个求职过程的指引灯塔，确保求职行动有的放矢。

两要点：打造优质简历与备齐证明材料

（1）精心雕琢简历。

简历是开启求职大门的首把钥匙。一份专业且极具针对性的简历，能够在众多求职者中脱颖而出，吸引用人单位的目光。毕业生应结合自身优势与目标岗位需求，精心撰写简历内容，突出个人亮点。

（2）备齐证明材料。

荣誉证书、成绩单等相关证明材料是个人能力与学习成果的有力佐证。毕业生需提前整理齐全，以便在用人单位需要时能够及时提供，展现自己的综合素质。

三关注：聚焦就业信息、方法与动态

（1）关注就业信息。

积极拓展就业渠道是获取更多机会的关键。毕业生可在电脑中创建专门的收藏夹与求职日历。收藏夹用于集中收藏每日必浏览的各类就业信息网站，如本校就业信息网、中华英才网、应届生求职网等，广泛收集招聘信息，拓宽信息来源。

（2）关注求职方法。

一方面，积极参加学校组织的各类就业指导活动，汲取专业求职技巧与经验；另一方面，深入了解自己感兴趣的职位和企业的招聘流程、需求及特点，收集详细信息，为求职过程提供有力指导。

（3）关注就业动态。

密切关注就业过程中的重要时间节点，如公务员考试、各省选调生考试等，提前做好规划与准备。若在就业过程中遇到问题，应及时与学校的就业指导老师沟通，获取专业的建议与支持。

二、就业协议书和劳动合同的区分

就业协议书是毕业生和用人单位在正式确立劳动人事关系前，经双方选择并就确立劳动关系、明确双方权利和义务而达成的书面协议，其有效期为签约之日起至双方正式确立劳动关系后终止。劳动合同则是劳动者和用人单位明确劳动关系及双方权利义务的协议，是劳动者从事何种岗位、享受何种待遇等权利和义务的依据，其有效期为双方协商约定的聘用期限。就业协议书和劳动合同均可作为学校编制毕业生就业方案的证明材料。毕业生从学校毕业后，应及时与用人单位签订书面劳动合同。

三、签订就业协议时，除了协议书还需要其他什么材料

签订就业协议时，一般还要将《就业推荐表》原件交用人单位留存。如在上海、北京、深圳等地就业，签约后，还需填写上海户口报批表、进京审批表或到深圳市人事局申请接收函，用于办理户口或档案迁转手续。

四、与用人单位签约时，应注意哪些问题

第一，在签约以前，要先了解一下求职单位的基本情况，如单位的成立年限、经营状况、用人机制、晋升制度、培训体系、发展方向等。对于刚刚毕业的大学生来说，最关键的是要明确应聘职位的工作内容是否与自己的职业发展方向相契合，单位的稳定性如何，自己的职业能力是否能够得到提升。

第二，要明确试用期期限和合同期限。劳动合同期限三个月以上不满一年的，试用期不得超过一个月；劳动合同期限一年以上不满三年的，试用期不得超过两个月；三年以上固定期限和无固定期限的劳动合同，试用期不得超过六个月。同一用人单位与同一劳动者只能约定一次试用期。

第三，注意单位的薪水额度和福利状况，是否有交“五险一金”的约定，不要随意放弃自己的权利。

第四，当用人单位提出，要先安排你去基层锻炼时，不要断然拒绝，因为这是用人单位的常规做法。

第五，要明确违约责任，谨慎应对口头约定。有的用人单位为“留住”毕业生，会约定高额的违约金来约束毕业生。针对协议书中的高额违约金，毕业生在签约前可与用人单位协商调整违约金数额，通常约定的违约金不超过5000元；若无法协商则需谨慎考虑、慎重签约，一旦签署则应自觉履约。同时，针对一些毕业生所关心的协议内容，包含但不限于“考公、考取事业编制或者考研成功后，无须缴纳违约金，双方即可解除就业协议”，请以“补充条款”或补充协议的形式增加至就业协议中，切忌停留于口头约定。

第六，毕业生在签署就业协议书或接受用人单位的网上邀约前，务必仔细阅读就业协议书内容，针对不明确或有疑义的地方需及时与用人单位沟通解疑，警惕协议中不合理、不合法约定。

五、填写三方协议前需要了解什么

（1）每位国家计划内统招的毕业生有且只有一份就业协议书，因此，毕业生首先要考虑清楚再与用人单位签订就业协议书。

（2）就业协议书是办理毕业生户口、档案转迁手续的依据，用人单位如果不能落实毕业生的户口和档案关系，就不必与用人单位签订就业协议书。

（3）毕业生要与用人单位认真核对就业协议书上的信息，单位名称、档案转寄单位名称、户口迁移地址等内容必须规范填写，以保证顺利办理毕业生就业有关手续。

（4）毕业生应如实介绍自己的情况（如已报考研究生），毕业生在签订三方协议时应向用人单位讲明情况，并在就业协议书相关项目中填写清楚，否则很容易引起协议纠纷。

签订三方协议应该注意的事项：

（1）毕业生在择业时，应持学校统一下发并有相关单位盖章的推荐表、学习成绩单和带有教育部门统一编号的就业协议书等材料。

（2）就业协议书是学校、用人单位、毕业生形成就业约定的有效凭据，高校毕业生就业指导中心将根据有效的就业协议书制订就业方案。

（3）毕业生与用人单位约定的其他事项须以书面形式进行说明。

（4）被保送研究生的毕业生不能与用人单位签订就业协议书。

（5）填写就业协议书时，就业协议书上用人单位名称一栏必须完整填写单位名称（和公章一致）。单位地址、户口迁移地址、档案转寄单位名称与地址必须完整准确。

六、签订三方协议的权利、义务、责任

三方协议明确规定了用人单位和毕业生（甲、乙）双方的责任、权利和义务，甲、乙双方经协商签订协议书，无论学校鉴证与否，协议书都将具有法律效力，不能随意更改。学校作为鉴证登记方，将依据毕业生就业协议书编制就业计划并监督甲、乙双方履行毕业生就业协议书所商定的各项权利和义务。毕业生一旦签约，应信守协议。如果毕业生因本人原因单方面毁约，必须在规定的时间内征得原签约单位的同意，并向用人单位交纳协议书中所商定的违约

金，由用人单位出具同意解约的书面证明，经学校毕业生就业主管部门批准，方可重新与其他单位签约。因此，毕业生应慎重签约，以免违约造成个人负担或给学校声誉造成不良影响。

七、毕业生户口和档案如何转迁

当毕业生即将离校，户口和档案的转迁事宜便提上日程，以下是详细的转迁流程与注意事项。

1. 户口转迁流程

（1）学校办理手续。

毕业生离校之际，学校保卫部门会依据相关规定，前往辖区公安机关为毕业生办理户口和档案转迁手续。公安机关则会根据毕业生就业方案上所明确标注的就业地址，为毕业生开具户口迁移证。

（2）毕业生注意事项。

毕业生在领取到户口迁移证后，务必仔细核对上面的各项信息。同时，要妥善保管好户口迁移证，避免出现污损或丢失的情况。倘若发现户口迁移证上有错漏之处，千万不能自行涂改，因为一旦涂改，该户口迁移证将自动作废。

（3）落户手续办理。

毕业生抵达工作单位后，需要携带户口迁移证前往辖区公安部门办理落户手续。不过，部分单位会统一为毕业生办理此项手续，具体可咨询所在单位的相关负责人。

2. 档案转迁流程

（1）投寄至工作单位。

毕业生的人事档案会由学校根据其就业单位的情况，通过机要局统一投寄到毕业生工作单位所属的人事档案管理部门。

（2）无人事权单位的处理。

如果签约单位不具备人事权，学校一般会将档案投递到单位委托的人才机构，由该机构负责接收和管理。

（3）回生源地就业情况。

对于回生源地就业的毕业生，其人事档案会被投寄到毕业生生源地所属的毕业生就业工作部门。

档案对毕业生而言至关重要，它记录着个人的学习经历、工作经历等重要信息，与个人的职业发展、社会福利等方面息息相关，因此，毕业生绝不能随意丢弃不管，一定要妥善处理档案关系。若毕业生想要了解档案的转寄时间和转寄地点，可以与所在高校的档案管理部门取得联系进行查询。

八、未就业的毕业生如何办理相关手续

1. 海南省外生源

毕业离校时，未就业毕业生在毕业去向登记系统登记户口、档案回原籍，由公安部门按规定办理回原籍的户口迁移证，到保卫处领取户口迁移证后，到生源所在地就业主管部门办理报到、落户手续。

2. 海南省生源

毕业当年9月1日之前落实工作的海南省生源，可以在学校办理就业手续；9月1日之后仍未落实工作的，学校将其档案转回户籍所在区县人力资源和社会保障局毕业生就业工作部门。毕业生后续手续由当地人事部门办理。

九、灵活就业毕业生如何办理就业手续

对于选择灵活就业的毕业生而言，办理就业手续是保障自身权益、规范就业流程的重要环节。以下是详细的办理流程及注意事项。

1. 材料提交与审核

灵活就业的毕业生需要准备一系列相关材料，并提交至学院（系）进行审核。具体材料如下：

填写完整的《海南地区高校毕业生选择去向表》。

（1）已签订劳动合同的毕业生，需附上劳动合同复印件。

（2）由单位开具用人证明的毕业生，需附上单位证明。

（3）从事自由职业的毕业生，需附上个人声明，说明自身灵活就业的具体情况。

（4）自主创业的毕业生，需附上营业执照复印件或个人声明，以证明创业事实。

（5）其他灵活就业形式的毕业生，同样需附上个人声明，清晰阐述就业

形式。

(6) 学院（系）会对毕业生提交的材料进行仔细审核，审核通过后，统一交至学校就业工作部门。

2. 就业手续办理

(1) 本省生源毕业生。

灵活就业的本省生源毕业生，需前往户籍所在区（县）人力资源和社会保障局毕业生就业工作部门办理就业手续。在办理过程中，要遵循当地部门的具体要求和流程，确保手续顺利办理。

(2) 省外生源毕业生。

灵活就业的海南省外生源毕业生，需将户口和档案转回生源地。同时，要按照各省、自治区、直辖市就业工作的归口管理部门的有关规定，办理接收毕业生回原籍的相关事宜。这可能涉及档案转接、户口迁移等多个环节，毕业生需提前了解生源地的具体政策，准备好所需材料。

十、出国留学的毕业生如何办理户口、档案

申请出国留学的毕业生可以在毕业当年向所在学校提交申请，并于出国成行后，将户档转到教育部留学服务中心，也可转至生源地正规人才服务机构。

由于高校毕业生的就业政策在不断调整，本节所涉内容仅供参考，具体政策还要以当年毕业时所在地的具体政策为准。

第二节　毕业生档案管理

一、档案是什么

毕业生档案是学生毕业前家庭状况、学习成绩、政治思想、身体状况等信息的文字记录，是用人单位选聘人才的重要依据，尤其国家事业单位审核严格，绝不能随意丢弃，需妥善处理。

毕业生档案一般包含履历材料，鉴定、考核、考察材料，学历材料（高中

及以上的毕业生成绩表、毕业生登记表等)，政治历史审查材料（如入党审查材料等)，党团材料（如入党志愿书、入党申请书、转正申请书、党员民主评议表、入团志愿书等)，奖励材料（如三好学生等)，违纪材料，其他材料（如体检表等)。

二、档案的作用

档案是记录一个人的主要经历、政治面貌、品德作风等个人情况的文件材料，起着凭证、依据和参考的作用，个人在转正定级、职称申报、办理养老保险以及开具相关证明时，都需要使用档案。

三、毕业后，档案转到哪里

如果到机关、国有企事业单位就业或定向招生就业的，档案转递到就业单位或定向单位。

到非公单位就业、灵活就业以及自主创业的，转递到就业创业地或户籍地公共就业人才服务机构。在超大城市就业的，具体政策要咨询当地人社部门。

暂未就业的，可以根据本人意愿转递到户籍地公共就业人才服务机构，或按规定在高校保留两年。

四、档案的注意事项

1. 谁能保管高校毕业生档案

非公单位就业和暂未就业的高校毕业生档案，可以保管在档案管理服务机构，包括县级以上人社部门所属的公共就业人才服务机构，以及经省级人社部门授权管理流动人员人事档案的服务机构。

2. 档案是如何转递的？可以由高校毕业生本人转递吗

档案是严禁个人保管、携带和转递的。

毕业生离校前，高校首先按规定整理毕业生登记表、成绩单、党团组织、奖惩记录等材料，形成完整的高校毕业生档案。然后根据毕业生填写的毕业去向登记信息确定就业单位名称、转递编号等内容，填写《高等学校毕业生档案转递单》后，将档案和转递单一并通过机要通信或邮政特快专递渠道寄出。

3. 高校毕业生如何找到自己的档案

教育部门已建立高校毕业生去向登记制度，高校按照毕业生填写的毕业去向登记信息转递档案。毕业生可通过原就读高校相关部门查询档案转递信息，也可以通过全国人力资源和社会保障政务服务平台查询。

4. 高校毕业生档案存放是否收费

不收取费用。自2015年1月1日起，已取消收取人事关系及档案保管费、查阅费、证明费、档案转递费等名目的费用。

5. 档案内的信息有变化，需要更新吗

档案管理服务机构依据档案材料提供服务，如相关部门形成新材料时，应及时进行归档。

对高校毕业生而言，要及时将反映政治面貌、工作经历、教育培训、职业资格、职称等材料，以及工作变动中形成的劳动合同、企业录用手续、就业登记、劳动用工备案等材料，主动移交给档案管理服务机构。档案管理服务机构将甄别整理后进行归档。

6. 如果辞职、再就业，档案存放在哪里

档案在户籍地档案管理服务机构存档的，可继续由原机构保管。档案在就业地档案管理服务机构存档的，应及时转递至户籍地，或根据新工作单位性质，转递至新工作单位或新就业地档案管理服务机构。转档手续可以在档案管理服务机构窗口办理，也可以在相关线上平台办理。

7. 如何线上办理档案相关服务

2021年年底，全国跨地区流动人员人事档案管理服务运行平台上线，支持档案基础信息数据已被上传至平台的流动人员在线办理转递接收等高频服务，也可以查询相关存档信息。具体业务可注册登录全国人力资源和社会保障政务服务平台，在“跨省流动人员人事档案管理服务”专栏进行办理。

五、签订就业协议后档案处理要点

签订就业协议后，务必遵循单位安排处理档案相关事宜。不要主观臆断觉得公司会有不合理限制，若遇到不公平情况，可申请劳动仲裁。切记不要擅自

行动，遇到问题先与单位沟通，以免引发诸多麻烦。

六、不同就业情况的档案处理办法

未签协议或单位不接收档案：若毕业时未签订就业协议，或者工作单位不接收档案，建议将档案存放在人才市场，最好在两年择业期内办理。具体存放在原籍人才市场还是工作地人才市场，可根据个人规划决定。较为简便的方式是将档案存放在原籍省人社厅，这样后续调动较为方便，只需一纸调函即可办理。

考上研究生：无论是先工作后考研、毕业直接考上研究生，还是未工作考上研究生，录取院校都会要求调走档案。关于工龄问题无须担忧，研究生毕业时会组建新的档案，原档案会并入其中。此时可将自己视为新毕业学生来处理档案。

出国读书：高中毕业就出国的学生没有档案，回国后需通过教育部进行学历认定，然后找当地专门负责国际人才服务的机构（各地人社厅均有此部门）或者省级人才市场办理档案。大学毕业后继续出国深造的学生，可先将档案存放在省级人社厅，或者留学人员服务中心。毕业回国后同样要进行学历认定，并将国外学历相关材料放入原档案中。

档案丢失：如果档案丢失，若学校同意补办则最为理想；若学校不同意补办，就只能通过当地人社厅重新建档。

由于高校毕业生的就业政策在不断调整，本节所涉内容仅供参考，具体政策还要以当年毕业时所在地的具体政策为准。

第三节　大学生签约时应注意的事项

毕业生历经笔试、面试的重重关卡，成功斩获Offer，接下来要面对的便是签约事宜。倘若有同学此前已与其他单位完成签约，如今又希望与新单位签约，这就会牵扯到违约的问题。本节将着重阐述毕业生签约时需要留意的要点，同时帮助大家明晰签Offer与签三方协议的差异。

通常而言，签约主要分为签Offer和签三方协议两种形式。其中，签Offer对于个人和企业的约束效力，远远比不上签三方协议。下面分别了解一下这两种签约方式。

一、签Offer相关说明

Offer通常是单位向个人发出的录用意向，以合同形式呈现，它类似于个人与企业之间达成的一份约定，在外企中较为常见。此外，一些无法为员工解决户口问题的单位，一般也会先与员工签Offer，待员工正式入职工作后再签订正式的劳动合同。

二、在签Offer之前，有以下几点需要特别留意

（一）Offer的作用

Offer是毕业生与公司签订的录用意向书，此过程不涉及学校，因此对双方的约束效力相对较弱。若公司仅愿意签Offer，而拒绝签订三方协议，这往往意味着该公司无法为毕业生解决落户问题。这种情况在北京、上海等受户口指标限制的城市企业中较为常见。

面对此种情形，毕业生有两种选择：一是在毕业前寻找一家能够挂靠户口和档案的单位，并与该单位签订三方协议；二是选择在毕业时将户口和档案迁回原籍。无论选择哪种方式，最终的结果都是：毕业后，毕业生的户口和档案会留在挂靠单位或者回到原籍，之后再与先前签订Offer的公司签订正式劳动合同。

（二）签Offer后违约及违约金问题

倘若签了Offer之后又不打算前往该单位就职，这种情况属于违约。尽管Offer并非三方协议，但它实际上是毕业生与公司签订的一份非正式合同。因此，若Offer中明确约定了违约金条款，当毕业生选择不去该单位时，便构成违约，需要按照规定支付违约金。相反，如果Offer中未对违约事宜作出规定，那么一般情况下无须支付违约金。

总体而言，在大多数情况下，签Offer并不会阻碍毕业生寻找其他工作机

会，但这并不意味着它对毕业生毫无约束力。所以，在签Offer之前，毕业生务必深思熟虑：该Offer所提供的薪资待遇、工作地点等因素是否都能接受。若无法接受，建议谨慎考虑，不要轻易签署。

三、签三方协议相关说明

三方协议是应届毕业生、单位与学校三方共同签署的正式协议，对单位、学校以及个人均具有强大的约束力，属于正式的签约形式。由于该过程涉及诸多复杂问题，下面将为大家逐一介绍。

（一）三方协议签订流程

签订三方协议一般有以下流程：

1. 与用人单位达成就业意向

毕业生需要先与用人单位达成就业意向，确定就业单位和岗位。

2. 申请就业协议书

毕业生向学校就业指导中心申请就业协议书。一般情况下，学校会提供格式化的三方协议书，毕业生需按照要求填写相关信息。

3. 毕业生填写相关信息

毕业生依据实际情况如实填写“毕业生基本情况”，填写时要注意自己的专业名称是否与毕业证书、学位证书上的专业名称一致。

4. 用人单位盖章

填写好三方协议后，提交给用人单位，由用人单位签订意见并盖章。

5. 学校盖章

用人单位填写完毕并盖章后，需要由院系或学校就业部门审核并盖章。

目前来看，一些高校的就业协议书签订分为纸质签约和网上签约，以上流程可做参考，同学们要关注学校发布的相关信息，或及时向辅导员询问了解，明确就业协议书的具体签约方式。

（二）签订三方协议时的注意事项

（1）明确违约金数额。通常公司在签约时会提出违约金的金额，毕业生要在协商中力争将违约金降到最低，违约金一般不得高于损失的30%。违约金特别高的单位要慎签。

（2）“备注”部分允许三方另行约定各自的权利义务。为防止用人单位的承诺无法落实，毕业生可以将工资、奖金、补贴、休假、住房、保险等协商好的福利待遇在备注栏中写清楚，不要留白。

（3）正式签订三方协议时，一定要仔细和慎重，看清三方协议的每一则条款，注意用人单位名称，观察用人单位名称是否与印章名称一致，确保无误后再签订。

（4）三方协议可以约定户口及档案相关问题，毕业生在签订协议时，要明确用人单位是否接收档案、负责迁移户口，确保相应地址填写正确。

（5）纸质版就业协议书共三联：第一联学校就业中心留存；第二联用人单位留存；第三联毕业生自己留存。电子版就业协议书一般可在线上签约完成后自行下载打印。

（三）签订三方协议的常见问题

1. 签订三方协议后不想去了怎么办

毕业生一旦违约必须承担违约责任，在征得用人单位同意并支付违约金后才可重新签约。毕业生违约时，必须办理完毕与原签约单位的解约手续，将解约材料提交学校，经学校审核通过后，方可申请新的协议书。签订三方协议后一旦违约，毕业生除承担违约责任、支付违约金外，还可能影响自身就业及学校声誉，需谨慎考虑。

2. 就业发生纠纷怎么办

可以联系学校咨询，寻求帮助；向用人单位的上级主管部门提出申诉；提交给当地的劳动争议仲裁委员会进行调解和仲裁；向人民法院提起诉讼；对用人单位违法违规情况，可向人力资源社会保障部门举报、投诉。三方协议虽不是劳动合同，但作为一种普通的民事合同，仍具有约定的法律效力。

第七章　就业权益及保护

近年来，我国高校毕业生人数不断增加，2025年应届毕业生人数已达1222万人。大学毕业生群体数量庞大，就业压力大，这使得社会上出现大量针对毕业人群的不法行为。教育部及人力资源和社会保障部对此情况极为重视，每逢毕业季都对预防工作做出部署，但类似案件依旧屡屡发生。为减少此类事件的发生，我们对近年来发生的相关毕业生侵权案件进行整理，大体可分为：黑中介、高价培训费、借贷陷阱、合同漏洞四大侵权类型。下面以真实案例为例，说明现状，提出建议。

社会普遍关注拖欠农民工工资的问题，然而在劳动法律制度日益规范的今天，在“象牙塔”通往社会的道路上还涌动着一股暗流——刚刚毕业的大学生的劳动权益往往得不到保障。造成这种状况的原因很多，其中最主要的因素还是我们因为一些眼前的利益放弃了原则，也放弃了我们为社会日益规范与日益和谐所应尽的责任。法治社会建设的主力军应该就是我们这些受过高等教育的人，我们应该懂得通过法律手段来维护自己的权益。

第一节　毕业生就业权益受损类型

在当前就业形势严峻的情况下，不法分子往往会利用毕业生求职心切的心理发布虚假招聘信息，骗取毕业生钱财；一些企业打着培训的幌子骗取求职者的“培训费”；还有一些用人单位以收取“服装费”“体检费”等为名赚黑心钱。为了保护毕业生的就业权益，本节列举了几种常见的侵害毕业生权益的现象，旨在提醒广大毕业生关注这些问题，防止被侵害。

一、黑中介

此类型具体是指一些非法的职业介绍机构打着帮助求职者找工作的幌子，收取各种名目的费用。这些机构通常不具备人力资源服务许可证等相关资质，而是通过假冒或伪造证件来获取求职毕业生的信息。即使他们提供了岗位信息，也常常与高校毕业生的需求不符，甚至根本就是虚假的工作机会。此外，还有一些无资质的中介机构发布虚假招聘信息，利用“轻松赚高薪”“快速升职加薪”等诱人广告来欺骗毕业生，骗取钱财。

为了更快地找到满意的工作，一些毕业生选择向中介机构求助，以为这些机构都设在高档的写字楼里，应当是手续正规、效率高、渠道多的正规中介公司，介绍的工作也一定不错，所以放松警惕，并未核查其资质。来自山东的受骗同学揭露说，他通过中介应聘一家MCN公司的文员，广告上说月薪7000元，尽管他心有疑虑，但还是前往应聘。到达面试地点后岳某负责接待、填写个人简历，郑某冒充招聘单位的面试经理，对求职者假装进行面试后签订职业技能测评协议，并以测评费、服装费、体检费、操作电脑押金等名义骗取求职者现金，再谎称由孔某等人带求职者去单位进行测评培训，途中故意采用贬损招聘单位、操作电脑系人为事先做过手脚以骗取赔偿金等手段劝说求职者放弃应聘，在求职者返回店面要求退还押金时，练某以求职者主动违约为由，威胁求职者须支付双倍违约金，迫使求职者同意其不退还或者退还少量押金。

更有甚者以拥有各类公司、单位的“内部关系”为噱头，以内部推荐为名行诈骗行为的“中介人”身份出现。例如，2023年，来自陕西省的毕业生张某准备参加陕西省某航空公司的考试，在准备期间张某加入了备考的QQ群，群中有人称在公司内部有相应关系，可以帮助应聘成功。经私下询问，此人表示他是航空公司的餐饮供货商赵某，在内部有“硬关系”，可以为考生保驾护航，但是办理需要费用20万元，于是张某向父母索要20万元，并将20万元存入赵某的银行账户。后因该工作未办理成功，张某要求退钱，赵某又称其将张某安排到延安市吴起县某乡镇事业编制岗位工作，张某同意后来到延安将简历交给赵某。之后张某的工作依然没有办好，张某多次找赵某退钱，赵某只退还张某5万元。截至案发前，剩余的15万元仍未退还。

警方介绍，在“黑中介”类型案件中的受害人大多为刚毕业的大学生，由于刚刚走出大学，处于人生的空窗期，自身缺乏竞争力或意图走捷径，而盲目寻求其他途径。我国《人力资源市场暂行条例》第18条规定："经营性人力资源服务机构从事职业中介活动的，应当依法向人力资源社会保障行政部门申请行政许可，取得人力资源服务许可证。"而由于法律意识的淡薄和求职心情的急切，学生无法冷静理性地核实中介的合法性，以至于落入不法者的陷阱。

情景案例：

招聘业务经理，实际上是推销员，甚至传销员。

在一次大型招聘会现场外，小李正要进入会场时，一位身着西服套装的女士递给他一份广告：本公司正在高薪诚聘业务经理。他问：业务经理是做什么工作的？女士说，是做管理工作，月薪不低于3000元，并约他周日上午面试。周日一早，小李兴冲冲地穿好西服，打上领带，倒了几次车，辗转到达位于南城一家小旅社的这家公司。主试的正是那天那位女士，房间内挂着许多女士内衣。女士开始说，本公司主要业务是推销这种刚从国外进口的正在打知名度的名牌内衣，请你来是做管理人员，但我们所有管理人员都要从一线做起，先做推销。底薪是800元，加上提成，月收入不会低于3000元，做得好月收入会上万。

他从女士的叙述中搞清楚了，所谓800元底薪要每月推销至少200套才能拿到。拿去推销的样品，"因怕某些人品行不端"要预付押金。并建议"知道我们的产品确实好才好推销"，所以你应当先给你的妻子或家人买上两套。

他走出这家小旅社的时候，太阳当空，头有点犯晕，他想大老远来也来了，不妨试试这工作，可越想越不对劲，问问走出的其他应聘者，原来大家都是来应聘经理的，但实际都是搞推销。

其实有心人稍微想想也会发现不对劲，从始至终，公司好像没说一句假话，其实是没有一句真话。

无论大型或小型的招聘会现场外，或人才中心职介中心外，总会有这种不进会场而在街边招人的公司。无一例外他们都在招推销人员、公关人员或是拉广告卖保险的。这类人不好招，他们便挂羊头卖狗肉，拿出各种招数先把你骗上船再说。当然无论在招聘中还是使用过程中他们都不会承担任何风险，苦的是这些做了精心准备又大老远跑去面试，浪费了时间和精力的应聘者。

自有招聘会以来，这种街头招聘就没断过，受骗上当的人也没断过。因此，建议多走几步路，进入正式的会场，不给这种街头招聘以机会，多询问几次，不要让自己后悔。

二、入职收费

入职收费指的是某些用人单位或中介机构以招聘为幌子，向高校毕业生收取诸如报名费、服装费、体检费、培训费、押金、岗位稳定金及资料审核费等各种费用。有些中介机构与不良雇主联手，先以工作技能培训为名收取费用，当毕业生前往该单位报到时，这些不良雇主便会找各种借口不让毕业生上岗或中途将其辞退。还有一些机构则承诺提供高薪实习机会，但前提是毕业生需支付相应的服务费用。

情景案例1：

毕业生荣某在招聘网上看到一个待遇高、包食宿的招聘链接，发现一个叫东佰万公司的行政文员的职位不错，于是就申请了这个职位。之后收到了东佰万公司的面试通知短信。第二天中午荣某参加了该公司的面试。在与面试官进行简单的面谈后，对方给出了较高的薪酬待遇，并让其到某医院体检。第三天公司要求荣某填写了入职申请书，又要了他的照片和身份证复印件，随后就将其和另外几个人带到医院体检。到医院后，在收费处荣某交了500元体检费，但是体检后就没有入职消息了。这时荣某才明白自己被骗了。后经查实，犯罪人通过互联网发布虚假招工信息，谎称招工单位要求应聘者做体检，让应聘者到特定医院体检并缴纳较高的体检费，后医院将体检费按照每人100～110元不等的标准返还给犯罪人，以此牟利，犯罪人因此获利达16万余元。

情景案例2：

不久前，黎先生收到了数十位求职者的投诉，称一家位于广州的所谓“高科技公司”在东莞进行招聘活动，声称要招聘电子工程师、生产主管和销售人员，但实际上是在骗取求职者的钱财。26岁的电子工程师林先生在前往人才市场寻找工作时遇到了这家公司的招聘人员。与两名自称是公司管理层的男士交谈了几分钟后，对方表示对他非常感兴趣。满怀信心的林先生几天后前往广州参加面试，并当场被告知录用。他按照要求支付了30元的“填表费”、50元的“登记照费”以及200多元的“统一着装费”，并被告知一周后前来签订合同并正式入职。然而，就在林先生准备去公司报到之际，却接到通知说“该职位已找到更合适的人选”。当他专程赶到广州要求退还那300多元费用时，对方却坚称“无法退还”。

情景案例3：

毕业生林某求职过程中，多次碰壁。直到接到来自云南某信息技术有限公司的面试邀请电话，应聘岗位是“视频剪辑”。面试当天，林某来到该公司所在大楼，看着西装革履的人们，公司墙上的各种规章制度，感觉这是一家非常正规、发展前景不错的公司。由于其大学专业为工程类型，视频剪辑仅是爱好。在经过一个多小时的个人能力测试后，人事部和技术部的面试官“委婉”地告诉林某，她目前的技术能力无法胜任视频剪辑岗位，不能进入公司项目部，只有通过培训才能够留在公司或进入合作企业。然后面试官向林某介绍了公司的强大实力：“项目部资源和经验都很丰富，留在这里可以有很好的学习机会和发展前景。”“公司非常重视人才培养，等学成后试用期工资为每月5000元，转正后则达7000～10000元。”在此“机会”和面试官的轮番游说下，林某和这家公司签订了岗前培训合同。合同表明：甲方按照乙方选择的专业技术方向，为乙方提供培训服务，目标是使乙方获得进入企业承担相关专业技术所需的技能、职业素质和相关项目经验，并承诺为乙方提供就业服务并保障其就业。与其同期的学员有70余人，大部分为应届生。合同同时表明：甲方明确告知乙方岗位培训为等价有偿项目，乙方自愿参加培训须承担相应成本。培训时长在2.5～3个月，金额为24900元。然而在培训结束后，公司却完全不提安排工作的事，反而让林某他们自己去找工作。

警方介绍，此类案件主要针对刚毕业的大学生，以公司规章或学生能力不足为借口，以高薪资、高待遇、好前景为诱饵，向应聘者收取较高费用。《中华人民共和国劳动合同法》第9条规定：“用人单位招用劳动者，不得扣押劳动者的居民身份证和其他证件，不得要求劳动者提供担保或者以其他名义向劳动者收取财物。”由于学生缺乏对假薪资、假公司的识别能力和相应的法律知识，陷入由对方虚构的前景中，从而导致假招工的把戏屡屡得逞。

因此在应聘过程中，对网上发布的招聘信息要加强鉴别，切勿轻信任何“画大饼”的招聘信息；一旦遇到要求交纳填表费、体检费、服装费、培训费等费用的情况，一定要提高警惕；如确认被诈骗，应保留证据、及时止损并拨打110报警！

（资料来源：以上资料来自网络。）

三、借贷陷阱

这种犯罪行为通常与高价培训相关，一些中介机构或雇主以高薪职位为诱饵，向大学毕业生承诺培训后保证就业，但前提是需通过指定的借贷平台支付培训费用。然而，培训结束后，这些机构往往无法兑现承诺，或者提供的工作与当初的承诺差距很大，导致毕业生不仅背负高额债务，还未能实现就业。为了避免陷入此类陷阱，求职者应提高警惕并加强防范意识。在参加培训之前，务必做到以下几点：首先，确认培训机构是否具有合法的培训资质；其次，核实其业务范围是否涵盖培训项目；最后，比较承诺的薪资是否与市场上相同职位的薪酬水平大致相符。此外，还应注意保留所有相关材料。如果发现自己被骗，请立即向相关部门报案。

情景案例：

2023年毕业生周某遇到了此类案件，其在赶集网、58同城等网站发现上海一公司发布的招聘广告，在高薪资的吸引下该学生到公司所在地参加招工面试，进入公司后，多名犯罪人假扮前台接待、面试官等不同角色，以IC卡工本费、服装费等虚假名目骗取被害人钱款。然后，再由假扮的公司领导以提高薪酬、签订保密协议、疏通关系等虚假理由，要求被害人请客吃饭、缴纳押金、给付红包，进一步骗取被害人财物，同时借此掩盖虚假招工的真相。待周某前期投入后，公司又以帮助其学习为名，收取培训服务费用。由于周某在之前已经将随身财物用于“打点”不得不通过贷款支付培训费，公司又以某公司利率低有合作为由，将周某带至特定公司申请贷款。

（资料来源：以上资料来自网络。）

此类犯罪与之前的入职前收费类型联系紧密，都是以高薪资、高待遇为诱饵，诱使应聘者投入财物，在将以应届毕业生为主的应聘者财物骗光后，利用沉没成本的原理进一步指使受害人贷款从而获利。毕业生应该擦亮眼睛，同时不要妄想一步登天，天上不会掉馅饼，只有脚踏实地，摒弃投机心理才会远离骗局。

四、合同漏洞

在签订合同的过程中，一些用人单位为了减少用人成本并规避责任，可能会侵害高校毕业生的合法权益。有些单位仅签署《就业协议书》，或者通过口头交谈、电话沟通等方式约定工作事宜，而不签订正式的书面劳动合同。还有一些合同内容过于简略，缺乏具体的工作岗位、工作地点、薪酬标准、劳动条件以及合同期限等关键信息。更有甚者，为了少交税款，准备了薪资不同的"阴阳合同"。

此外，部分合同中还包含了不合理的条款，如要求几年内不得结婚、必须无条件接受加班、试用期内离职不予结算工资等。

大学毕业生对劳动合同并不陌生，然而什么样的劳动合同才能够保障他们的合法权益，他们却不太清楚。

大学毕业生在签订劳动合同时，一定要详细审查，谨防以下不合理的合同或者合同陷阱。

1. 口头合同

这种情况常常出现在一些用人单位与求职者之间，双方仅就权利、责任和利益达成口头共识，而未签订正式的书面文件。许多急于就业、经验不足的大学毕业生很容易轻信企业的各种"承诺"。然而，这种口头协议往往并不可靠，一旦出现任何变故，这些承诺便会烟消云散。

2. 单方合同

一些招聘单位利用求职者急于找到工作的心理，只在合同中详细规定了求职者的义务，以及违反约定所需承担的责任和违约金等条款，却几乎完全忽略了求职者的权利。如果签订了这样的合同，就会出现明显的不公平。因此，这种合同也可以称为"霸王合同"。用人单位在合同条款中处处体现"我说了算"，令求职者处于被动从属地位。

还有的合同是以给劳动者或其亲友造成财产或人身损失相威胁，迫使对方在违背真实意思的情况下所签订的，受害对象一般为高科技人员。比如，有的企业看中一名技术员后，先与该技术员的亲朋好友订立劳动合同，并且给予优厚的待遇和报酬，然后再与该技术员本人进行谈判，强迫与其订立劳动合同，否则就以解雇其亲朋好友相威胁。

3. 格式合同

格式合同即"暗箱合同"，多见于民营企业，用人单位按照国家有关法律规定和劳动部门制定的合同示范文本事先打印好的聘用合同。根本不与劳动者协商，不向劳动者讲明合同内容。表面上看这种合同似乎无可挑剔，可是具体条款却表述含糊，甚至有多种解释，一旦发生劳务纠纷，用人方总会按照“合同”为自己辩护，最终吃亏的还是应聘者。在合同中，只从企业的利益出发规定用工单位的权利和劳动者的义务，而很少或者根本不规定用工单位的义务和劳动者的权利。对于这样的合同，由于其约定的条款内容与法律相抵触，所以，应当是无效的。

4.“两张皮”合同

有些用人单位慑于有关部门的检查，往往与应聘者签订两份合同，一份合同用来应付劳动部门的检查，另一份才是双方真正履行的合同。用来应付检查的合同是用人单位一手炮制的，连签名也是假造的，应聘者不但见不到这份合同，甚至不知有这份合同的存在。而双方真正履行的那份合同是不能暴露在阳光之下的，因为那份合同一定是仅有利于用人单位的不平等合同。

5. 生死合同

生死合同即在一些危险行业用人单位为逃避应该承担的责任，常常在签订合同时，要求应聘方接受合同中的“生死协议”，即一旦发生意外，企业不承担任何责任。如果签订这种合同，真的发生意外事故后，恐怕交涉中会有大的麻烦。合同是维护自己合法权益的武器，一旦掉进合同陷阱，不仅会失去自己的尊严，同时也会失去应得的利益。有的用人单位不按《劳动法》的有关规定履行生命安全义务，提出“工伤概不负责”等条款逃避责任。因此，有关人士提醒广大求职者，签订合同时，一定要睁大眼睛看清楚再签。

6. 押金合同

通常做法是在招工时收取风险基金、保证金、抵押金。对于此类合同，劳动部办公厅、国家经贸委办公厅于1995年下发的《对“关于用人单位要求在职职工缴纳抵押性钱款或股金的做法应否制止的请求”的复函》中明文予以制止。但如今仍有不少用人单位利用劳动者求职心切的心理向劳动者收取押金、风险金、培训费、保证金等各种名目、数额不等的费用，劳动者稍有违反管理的行为，用人单位即“合法”扣留这部分押金。

7.“卖身”合同

具体表现在一些用人单位与劳动者在合同中约定，劳动者一切行动听从用人单位安排，一旦签订合同，劳动者就如同“卖身”一样完全失去行动自由。主要表现在：3年内不得跳槽到同行业的公司工作；在工作中，加班加点，被强迫劳动；有的单位连吃饭、穿衣、上厕所都规定了严格的时间，剥夺了劳动者的休息权、休假权，甚至任意侮辱、体罚、殴打和拘禁劳动者。有的合同还规定，求职者的一切行动都得听从用人单位安排。劳动者的生活、娱乐和人身自由受到非法限制。

8. 不明合同

由于对法律知识的欠缺或其他原因，某些用人单位即使与劳动者签订了劳动合同，其合同内容也是粗疏而不完整的，劳动合同权利义务约定不清楚，有些方面极易引起争端。主要表现在：①工作岗位模糊不确定，造成用人单位随意调整、更换劳动者的工作岗位，影响劳动者的就业目的；②工作时间不确定，随意延长劳动者的工作时间，侵害劳动者的合法权益。我国《劳动法》有明文规定："国家实行劳动者每日工作时间不超过8小时，平均每周工作时间不超过44小时的工时制度"，对实行计件工作的劳动者，用人单位应当根据前文所规定的工时制度合理确定其劳动定额和计件报酬标准。根据此规定，用人单位不得随意让劳动者加班加点，如有特殊需要，也必须依照《劳动法》第44条的规定，向劳动者支付加班工资。

五、试用期陷阱

有的用人单位超过法定上限约定长时间试用期，或重复约定试用期。有的以试用期为由，支付工资低于当地最低工资标准，或不缴纳社会保险。还有的大量招聘应届毕业生，约定较低的工资，等试用期结束后，以各种理由解聘，"假试用，真使用"。此类公司利用了毕业生急于入职的心理，在劳动合同上做手脚，促使毕业生签下不合理合同，忽略不合理、不合法条款。由于不合理的试用期规则，这些公司既可以降低用人成本，也可在毕业生离职时少赔偿甚至不赔偿。同时致使毕业生在毫无防备的情况下成为廉价劳动力，无法享受正常劳动者应有之待遇，给其职业发展带来极为不利的影响。

试用期不签合同，你先来干活，试用期合格，马上和你签合同。这在现实中最为普遍。用人单位对劳动者先试用，试用满意的，再订立劳动合同，将试用期合格作为订立劳动合同的前提。

用人单位在试用期间不订立劳动合同，即招用后故意不按规定订立劳动合同的，应属故意拖延不订立劳动合同，按《违反〈劳动法〉有关劳动合同规定的赔偿办法》（劳部发〔1995〕223号）第2条规定，对劳动者造成损失的，应赔偿劳动者损失。现在，不仅仅是私营企业，不少推行聘用制的事业单位在试用期内也不与劳动者签订试用合同。

情景案例1：

何先生应聘到南宁市一家事业单位，对方表示先试用3个月再签订劳动合同。找一份好工作不容易，何先生也没计较，便全心全意地做好本职工作。试用期满后，这家单位也与何先生签订了正式聘用的劳动合同，并从正式聘用之日起为他缴纳了社会保险。

点评：不了解劳动法的单位以为只有正式聘用才签订合同，并在正式聘用时为劳动者缴纳社保就可以了。其实，试用期内劳动者享有签订劳动合同及社会保险的权利。在试用期用人单位同样必须与劳动者签订劳动合同；从劳动者与用人单位建立劳动关系，签订合同时起，用人单位就应该为劳动者缴纳各种社会保险，包括在劳动合同期内的试用期。

（资料来源：以上资料来自网络。）

“试用期不合格，离职吧。”只试用却不录用。这是用人单位辞退职工时最常说的话。仅仅一句“不合格”，就把职工打发了。

当然，在试用期间，用人单位有解除劳动合同的权利。《劳动法》第25条第一款规定“在试用期间被证明不符合录用条件的”，用人单位可以解除劳动合同。对本款条文的理解，最重要的有两点：

首先，“在试用期间”，对在试用期间不符合录用条件的劳动者，用人单位可以解除劳动合同；若超过试用期，则用人单位不能以试用期间不符合录用条件为由解除劳动合同。

其次，“不符合录用条件”，录用条件应当是经公布的、为用人单位和劳动者所共知的，而不仅仅是用人单位自己心里的“小九九”。劳动者在试用期间未被证明不符合录用条件的，用人单位不得单方面解除劳动合同。

情景案例2：

小刘大学毕业后，很快就应聘到一家物流公司做办公室文员，当时双方口头约定试用两个月后就能成为正式员工。小刘在试用期间特别卖力工作，可是，两个月过去了，老板都没有表示正式录用她。第三个月，小刘鼓起勇气问老板，可是老板却以小刘不符合录用条件为由将其辞退了。

点评：劳动者在试用期内可随时提出解除劳动合同，但用人单位如在试用期内解除劳动合同，劳动者有获得经济补偿的权利。用人单位如果不能提供确凿证据证明劳动者在试用期不符合录用条件，而随意解除劳动合同，就应该按照有关规定支付劳动者经济补偿金。

（资料来源：以上资料来自网络。）

六、招聘歧视

招聘歧视的“恶行”主要有以下几种：

（1）性别歧视。男女平等是中国的基本国策。《宪法》规定妇女在政治、经济、文化、社会和家庭生活等方面享有同男子平等的权利 。《反家庭暴力法》和《妇女权益保障法》等多部专门法律保障妇女免受性别歧视。此外在《民法典》和《劳动法》等法律中也有涉及保障妇女权益的条款。

（2）年龄歧视。年龄歧视是用人单位自主权与求职者平等就业权之间矛盾的反映。劳动市场上的年龄限制对用人单位和求职者来讲都已经司空见惯了。在我国“35岁现象”日益凸显。35岁成了很多人职业生涯的一道分水岭，35岁，就意味着机会不再，就业艰难，很多学成归来、满怀热情、踌躇满志的35岁求职者陷入了尴尬和无奈的境地。

（3）地区歧视。地区歧视主要是在劳动力市场上，依据劳动者的区域来源决定是否聘用、划分雇员群体并实行不同待遇的行为。我国地域歧视的现象比较严重，人才自由流动受到巨大阻碍。

（4）学历与经验歧视。对于一个工作岗位，如果具备一定的学历层次的劳动者即可胜任，而招聘单位却要求求职者具备相对较高的学历层次，就构成学历歧视。在我国一些招聘单位或雇主还经常向求职者提出具备工作经验的要求，使得众多应届毕业生或其他刚开始踏入社会的青年成为经验歧视的受害者。

（5）体态特征歧视。“无论男女，那些肯定更具有吸引力的人平均比相貌平常的人收入高5%。那些相貌平常的人比被认为吸引力更低的人收入高5%～10%。”曼昆在其《经济学原理》一书中，对就业中体态特征差异而导致收入水平差距进行了论述。

（6）其他就业歧视。劳动者在就业时，还常常因为语言文字、宗教理念、健康状况、政治面貌、家庭出身、角色性质等方面的不同而被差别性地对待。

在现实生活中，各单位的招聘信息每天每时都在发布，应聘者每天每时在活动，对某些人群就业上的歧视，将使整个社会得不到这部分人群所带来的利润，同时又会增加贫穷、犯罪、高税收、城市病态等一系列社会问题。因此，在这个过程中，社会还是应该少一点就业歧视，多一点就业支持和帮助，鼓励和提倡合理的招聘条件，为就业创造良好的社会环境。歧视现象的消除，还要靠政府、社会以及我们每一个人的共同努力才能实现。

第二节　高校毕业生权益受损的原因

大学生就业权益受损的原因是多方面的，涉及毕业生自身、用人单位、高校、政府及社会环境等多个层面。

一、毕业生自身因素

1. 法律知识不足

部分大学生对劳动法律、就业政策等相关法律法规了解不够深入，不清楚自己的合法权益及维权途径，导致在权益受损时无法有效保护自己。毕业生就业权益受到各类侵害的原因主要是毕业生的法律知识不足。在选择中介服务时，毕业生不具有分辨中介公司是否正规的基本能力，不了解国家对于中介公司资质的审核条件，仅在看到公司表象的情况下就选择中介公司的服务，从而导致被坑骗；在面对入职前高收费项目时，不清楚劳动合同法关于入职前收费的相关规定，未能面对收费做出正确应对，而是受高薪资待遇的诱惑选择相信；在指定贷款的情况下，对于诈骗犯罪不能提高警惕，而是因前期投入越陷越深；在签订劳动合同时，未能提起重视，仔细阅读关于试用期、薪资构成、书面落实承诺等方面的条款，致使自己陷入被动的局面。

《劳动法》对合同违约的处理提供了法律依据，毕业生在签订就业协议或劳动合同后，如果发现企业违约，可以依据法律维护自己的权益。然而，现实中，毕业生往往缺乏足够的法律知识，对合同条款的理解不足，导致在权益受损时难以寻求法律救济。

2. 社会阅历有限

高校毕业生社会经验相对较少，判断能力有限，容易在求职过程中受到不良用人单位的欺诈或误导。社会阅历有限是高校毕业生在求职过程中面临的一个重要问题。由于他们刚从学校毕业，踏入社会的时间不长，因此在处理各种社会事务和应对复杂情况时，往往显得经验不足，判断能力也相对有限。

这种社会经验的缺乏使得高校毕业生在求职时更容易受到不良用人单位的欺诈或误导。他们可能无法准确判断招聘信息的真实性，也难以识别出用人单位的某些不正当行为，如虚假承诺、夸大职位前景等。

因此，对于高校毕业生来说，在求职过程中保持警惕，增强辨别能力，以及积极寻求有经验的人士或机构的帮助和指导，都是非常重要的。同时，高校和社会也应该加强对毕业生的法制教育和就业指导，帮助他们更好地了解就业市场的规则和法律法规，提高他们的自我保护能力。

3. 急于求成，盲目签约，忽视了对自身权益的保护

首先，有些大学生在校期间没有很好地掌握专业理论知识和职业技能，在用人单位苛刻的招聘条件面前，只能无奈退败。其次，受“学而优则仕”等传统观念的影响，一些父母“望子成龙”心切，使得有些大学生怕苦怕累，做事急躁，从而导致大学生就业盲目，产生浮躁和投机心理，很难理智地制定职业规划。最后，大学生缺乏对就业形势的了解，对就业的期望值过高。眼高手低的大学生缺少吃苦耐劳精神，导致他们不愿意下基层，去条件艰苦的环境就业。这些大学生自身认识方面存在的问题使其就业难上加难。

毕业生大多希望一毕业就可以找到发展前景好，就业薪资高，工作内容少的工作。如此一来，在面对不法分子发布的虚假招聘信息时，无法正确应对，清晰辨别真实性。不法分子正是利用如此心理，乘虚而入谋求非法利益。

二、用人单位因素

1. 缺乏社会责任感

一些用人单位为了追求利益最大化，可能不遵守劳动法律法规，如不提供安全的工作环境、克扣工资、不缴纳社会保险等，损害毕业生的合法权益。部分用人单位为了降低成本，可能忽视工作场所的安全设施和条件，导致毕业生在工作中面临安全隐患，甚至发生工伤事故。某制造业公司在招聘毕业生时，

为了节省成本，未按照国家规定提供必要的安全生产条件和劳动保护用品。毕业生小李入职后，发现工作场所存在严重的安全隐患，如设备老化、防护措施不到位等。在一次生产事故中，小李因未佩戴合适的防护装备而受伤。

用人单位可能以各种理由克扣毕业生的工资，如以业绩不达标、违反规章制度等为由，减少或延迟发放工资。这种行为不仅违反了劳动法律法规，也严重损害了毕业生的经济利益。

社会保险是保障劳动者权益的重要制度，但部分用人单位为了降低人力成本，可能不为毕业生缴纳社会保险费。这将导致毕业生在医疗、养老、失业等方面失去应有的保障，长远来看对其生活和发展都会造成不利影响。

2. 利用信息不对称

部分用人单位可能利用毕业生对就业市场的不了解，发布虚假招聘信息，或以各种名义收取费用，给毕业生带来经济损失。

三、高校因素

1. 就业指导不完善

部分高校的就业指导工作偏重于就业技巧、就业心理等方面的培训，而忽视了对毕业生的法制教育，导致毕业生在求职过程中缺乏必要的法律知识和维权意识。

就业对于大多应届毕业生来说，是走出高校后的第一步，此时他们的社会经验近乎零。在此情况下，就业指导就显得尤为重要，而毕业生的父母往往由于地域、职业、教育水平的原因，无法给予有效的就业指导。毕业生实际上处于社会闲散人员的状态，学校无法对学生的就业情况进行实时监管。这就导致毕业生在岗位选择和就业去向上无所依靠。同时，由于毕业生去向未定，无论是其户籍所在地还是实际所在地的人力资源部门无法提供具体就业指导帮助。在此情况下，毕业生自然成为各类犯罪人的主要侵害群体。

2. 校企合作不深入

高校与用人单位的合作不够紧密，难以有效监督用人单位的招聘行为，也无法为毕业生提供更多的实习和就业机会，增加了毕业生权益受损的风险。高校可能无法及时获取用人单位的招聘计划和招聘流程，难以判断其招聘行为的合法性和合理性。由于缺乏深入的合作机制，高校可能无法通过实地考察、定期沟通等方式对用人单位的招聘行为进行有效监督。毕业生在求职过程中遇到的不公平待遇或招聘陷阱，可能无法及时反馈给高校，导致高校无法及时采取措施保护毕业生的权益。

四、政府因素

1. 法律法规不完善

虽然我国已经制定了一系列保护劳动者权益的法律法规，但在具体实施过程中仍存在一些漏洞和不足，难以全面有效地保护毕业生的就业权益。针对现有的就业陷阱，毕业生能够采取的救济措施仅有报警和申请劳动仲裁。然而，两种救济手段都具有严肃性强、周期长，时间和精力投入大的弊端。刚刚走出校园的毕业生在面对不法侵害时，还要面对极为严峻的生存压力。他们几乎没有存款，大多远离家乡，在所在城市举目无亲。在面对不法侵害时想要获得相应救济，面对法律机关时心理压力大，在等待处理结果的同时，要寻找其他生活来源。因而往往抱有担心报复、息事宁人和吃一堑长一智的想法，使犯罪人在实施侵权行为后依旧逍遥法外。

2. 监管力度有待加强

政府对就业市场的监管力度有待加强，对违法违规的用人单位打击力度不够，导致一些不法行为得不到及时有效的遏制。目前，网络招聘市场不断扩大，类似于58同城、BOSS直聘等网上招聘平台和App数量还在不断增加，年轻人也越来越习惯于使用此类非官方软件获取招聘信息。一方面此类渠道可以使毕业生和岗位快速对接，另一方面也应当承认目前相关部门对于网上招聘信息发布的监管十分有限。这既源于网络技术发展迅速，监管难度陡然提升，传统的监管方式无法对网上招聘领域实现全面有效的监管，也源于相关部门未能及时构建起新的监管机制，而机制的空缺是就业市场乱象频发，毕业生权益在就业过程中屡屡受到侵犯的主要原因。

五、社会环境因素

就业竞争激烈。随着高校扩招和就业市场的变化，大学生就业竞争日益激烈，部分毕业生在求职过程中不得不接受不合理的就业条件。

尽管经济在不断发展，但就业岗位的增长速度往往跟不上毕业生人数的增长。特别是在某些行业和地区，岗位供需矛盾更加突出，导致毕业生在求职时处于劣势地位。用人单位招聘门槛提高。随着就业竞争的加剧，许多用人单位在招聘时过度提高学历门槛，导致专科能胜任的工作招本科，本科能胜任的工作招硕士。这种“学历高消费”现象使得非名校或非高学历的毕业生在求职时面临更大的挑战。在竞争激烈的就业市场中，缺乏实践经验往往成为求职的一大障碍。许多用人单位更倾向于招聘有相关实习或工作经验的候选人，这使得缺乏实践经验的毕业生在求职时处于不利地位。

面对激烈的就业竞争和有限的就业机会，部分毕业生可能产生焦虑情绪，急于找到一份工作以缓解经济和生活压力。这种心态可能导致他们在求职时降低对就业条件的要求。部分毕业生对薪资、福利、工作环境等期望较高，而实际市场提供的岗位可能无法满足这些期望。然而，在就业压力较大的情况下，他们可能不得不接受一些不合理的就业条件以换取就业机会。社会对大学生就业的期望值较高，给毕业生带来了一定的心理压力。在舆论压力下，部分大学毕业生可能选择妥协退让，忽视了对自身权益的保护。

第三节　高校毕业生权益保护途径和步骤

毕业生初入职场，当遇到劳动争议时维权的途径和法律申诉步骤是什么？首先我们来说一下维权的途径有哪些。

1. 毕业生就业主管部门的保护

各省市毕业生就业主管部门可通过制定相应的规范来保护毕业生的权益，并对侵犯毕业生权益的行为予以抵制或处理。例如，《上海市高校毕业生就业信息登记制度具体实施办法》规定：对不履行就业信息公开登记手续，侵犯毕业生获取信息权的，市高校毕业生就业办公室不予审批非上海生源高校毕业生进沪就业；同时对这种情况给予通报批评，严重者将取消其录用毕业生的资格。

2. 高校就业指导部门的保护

学校对毕业生权益的保护最为直接。学校可通过制定各项措施来规范毕业生就业指导和就业推荐，对于用人单位在录用毕业生过程中的不公平、不公正行为，学校有权予以抵制以维护毕业生公平受录用权。对于用人单位与毕业生签订不符合有关规定的就业协议，学校有权不予同意，未经学校同意的就业协议不发生法律效力，不能作为编制就业计划的依据。

3. 毕业生自我保护

毕业生权益保护的一个重要方面就是毕业生自我保护，体现在以下几个方面：

（1）毕业生应了解目前国家关于毕业生就业的有关方针、政策和规范以及它们之间的关系，熟悉毕业生在就业过程中的权利和义务，这是毕业生权益自我保护的前提。如果在就业过程中因为所谓的公司或部门规定与国家政策法规相抵触，侵犯了自己的权益，则可以依据法规办事，维护自己的合法权益。

（2）毕业生应自觉遵循有关就业规范，接受其制约，保证自己的就业行为不违反就业规范，不侵犯其他毕业生的合法权益。比如在就业过程中讲诚信，不违约、不透露公司的商业秘密等。

（3）在用人单位接收毕业生的过程当中，毕业生也应对自身权益进行自我保护。

毕业生应对自己的权益有正确认识，这些权益主要包括：按照国家规定毕业生在报到后应享受正常的福利待遇，如养老金、公积金等；对某些工作岗位的特殊体质要求，用人单位应在与毕业生双向选择时就予以明确，否则不得以单位体检不合格为由，比如，仅仅是肝功能表面抗原阳性等将学生退回学校；另外正常的人才流动也应根据国家和当地的有关人才流动规定，不应受到限制；报到后毕业生发生疾病不能坚持正常工作的，则按单位在职人员有关规定处理，不能退回学校。

（4）毕业生应学会运用法律手段维护自身的合法权益。

针对侵犯自身就业权益的行为，毕业生有权向用人单位上级主管部门和学校进行申诉并听取他们的处理意见，同时也可提交给当地的劳动争议仲裁机构进行调解和仲裁，对调解和仲裁结果不满意的也可以向人民法院提起诉讼。

4. 劳动争议的法律申诉步骤

（1）双方自行协商解决。双方通过协商方式自行和解，是当事人应首先争取解决争议的途径。当然，协商解决是以双方自愿为基础的，不愿协商或者经过协商不能达成一致，当事人可以选择调解程序或仲裁等其他程序。

（2）调解程序。当事人可以向用人单位劳动争议调解委员会申请调解。调解程序是自愿的，只有双方当事人都同意申请调解，调解委员会才能受理该案件；当事人可不经过调解而直接申请仲裁。另外，工会与用人单位因履行集体合同发生争议，不适用调解程序，当事人应直接申请仲裁。

（3）仲裁程序。若经过调解，双方达不成协议，当事人一方或双方可向当地劳动争议仲裁委员会申请仲裁。仲裁程序适用于各类劳动争议，但因签订集体合同发生的争议，目前由劳动部门会同有关方面进行协调处理，不适用仲裁程序。除了这种争议，对其他争议而言，仲裁程序是强制性的必经程序，也就是说，只要有一方当事人申请仲裁，且符合受案条件，仲裁委员会即予受理；当事人如果要起诉到法院，必须先经过仲裁程序，未经过仲裁程序的劳动争议案件，人民法院将不予受理。

（4）法院审判程序。当事人如果对仲裁裁决不服的，可以向用人单位所在地的基层人民法院起诉。目前法院是由民事审判庭依民事诉讼程序对劳动争议案件进行审理，实行两审终审制。也就是说，当事人若不服一审判决，仍可向上级法院上诉。法院审判程序是劳动争议处理的最终程序。

5. 处理劳动争议应遵循的原则

（1）依法处理劳动争议原则。在处理劳动争议过程中，劳动争议处理机构和劳动争议当事人，必须在查清事实的基础上依法协商、依法解决劳动争议。要查清事实，首先，当事人应积极就自己的主张和请求提出证据；其次，劳动争议处理机构应及时调查取证，两者有机结合，才能达到查清事实的目的。依法处理争议，就要依据法律规定的程序要求和权利、义务要求去解决争议，同时要掌握好依法的顺序，即有法律依法律，没有法律依法规，没有法规依规章，没有规章依政策。

（2）当事人适用法律上一律平等原则。劳动争议双方当事人法律地位是平等的，适用法律时不能因人而异，不能因为某单位是重点企业，或者是当地创利创汇大户，而对其侵害职工劳动权益的行为进行袒护。

（3）着重调解劳动争议原则。处理劳动争议，应当重视调解方式，调解既是一道专门程序，也是仲裁与审判程序中的重要方法。着重调解原则，首先有利于增加当事人之间的相互理解，使其在今后的工作中能够相互支持和配合；其次是可以简化程序，有利于及时、彻底地处理劳动争议。

实行着重调解的原则应注意：一是必须遵守自愿原则。当事人向企业劳动争议调解委员会申请调解，必须经争议双方当事人同意，否则调解委员会不予受理。二是必须坚持合法、公正原则。调解是建立在查明事实、分清责任的基础上，通过说服教育，使当事人在法律许可的范围内达成和解协议，并不是无原则地进行的。三是必须与及时裁决或及时判决结合起来。对于当事人不愿调解或调解不成的，不应久调不决，以免拖延时日，有损当事人的合法权益，甚至造成不良后果。

（4）及时处理劳动争议的原则。首先，劳动争议发生后，当事人应当及时协商或及时申请调解以至申请仲裁，避免超过仲裁申请时效（《中华人民共和国劳动争议调解仲裁法》规定，劳动争议申请仲裁的时效期为一年），丧失申请仲裁的权利。其次，劳动争议处理机构在受理案件后，应当在法定结案期限内（一般为45天内），尽快处理完毕。劳动争议往往涉及当事人尤其是职工一方的切身利益，如果不及时加以处理，势必会损害劳动者合法权益，甚至使矛盾激化。因此，有关劳动争议法规对争议处理规定了严格的时间限制，以免出现“案无定日”、久拖不决的现象。最后，对处理结果，当事人不履行协议或决定的，要及时采取申请强制执行等措施，以保证案件的顺利处理和处理结果的最终落实。

（5）基层解决争议原则。劳动争议案件应主要由企业设立的调解委员会和当地县、市、市辖区仲裁委员会解决。向法院起诉，也是按法定管辖权由当地基层法院受理。基层解决争议原则，方便当事人参加调解、仲裁和诉讼活动，有利于争议的及时处理和法律文书的送达与执行，有利于就地调查，查明事实真相。

拓展阅读

《中华人民共和国劳动合同法》知识问答

（1）用人单位的规章制度对劳动者有约束力吗?

答：用人单位依照法定程序制定的、内容不违反法律法规并向本单位职工公示过的规章制度，对本单位的劳动者具有约束力，本单位劳动者应当遵守。

（2）直接涉及劳动者切身利益的规章制度或者重大事项是指哪些事项?

答：根据《中华人民共和国劳动合同法》第4条第2款的规定，直接涉及劳动者切身利益的规章制度或者重大事项是指有关劳动报酬、工作时间、休息休假、劳动安全卫生、保险福利、职工培训、劳动纪律及劳动定额管理等事项。

（3）用人单位可以扣押劳动者的身份证等证件吗？

答：根据《中华人民共和国劳动合同法》第9条规定，用人单位招用劳动者，不得扣押劳动者的居民身份证和其他证件。其他证件包括学历证书、学位证书、职业资格证书等。

（4）建立劳动关系时应当以什么形式订立劳动合同？

答：根据《中华人民共和国劳动合同法》第10条第1款规定，建立劳动关系，应当订立书面劳动合同。

（5）建立劳动关系后，最迟应该在多长时间内订立书面劳动合同？

答：根据《中华人民共和国劳动合同法》第10条第2款规定，已建立劳动关系，未同时订立书面劳动合同的，应当自用工之日起1个月内订立书面劳动合同，也就是说，法律提倡用人单位在建立劳动关系之日即用工之日就与劳动者订立书面劳动合同。如果用人单位没有在建立劳动关系之日与劳动者订立书面劳动合同，但在自用工之日起1个月内订立了书面劳动合同的，就不属于违法行为。

（6）劳动合同可以任意解除吗？

答：根据《中华人民共和国劳动合同法》的规定，解除劳动合同必须符合法定情形，不可以任意解除劳动合同。

（7）劳动合同的解除分为哪几种情况？

答：根据《中华人民共和国劳动合同法》的规定，劳动合同的解除分为三种，即双方协商解除劳动合同、劳动者单方解除劳动合同和用人单位单方解除劳动合同。

（8）在什么情形下，劳动合同终止？

答：根据《中华人民共和国劳动合同法》第44条规定，有下列情形之一的，劳动合同终止：①劳动合同期满的；②劳动者开始依法享受基本养老保险待遇的；③劳动者死亡，或者被人民法院宣告死亡或者宣告失踪的；④用人单位被依法宣告破产的；⑤用人单位被吊销营业执照、责令关闭、撤销或者用人单位决定提前解散的；⑥法律、行政法规规定的其他情形。

（9）若劳动合同终止，用人单位是否支付经济补偿？

答：根据《中华人民共和国劳动合同法》第46条规定，有下列情形之一的，用人单位应当向劳动者支付经济补偿：①劳动者依照本法第38条规定解除劳动合同的；②用人单位依照本法第36条规定向劳动者提出解除劳动合同并与劳动者协商一致解除劳动合同的；③用人单位依照本法第40条规定解除劳动合同的；④用人单位依照本法第41条第1款规定解除劳动合同的；⑤除用人单位维持或者提高劳动合同约定条件续订劳动合同而劳动者不同意续订劳动合同的情形外，用人单位依照本法第44条第1款规定终止固定期限劳动合同的；⑥用人单位被依法宣告破产或者用人单位被吊销营业执照、责令关闭、撤销或者用人单位决定提前解散而终止劳动合同的；⑦法律、行政法规规定的其他情形。

（10）用人单位违法解除或者终止劳动合同的，应当怎么处理？

答：根据《中华人民共和国劳动合同法》第48条和第87条规定，用人单位违法解除或者终止劳动合同，劳动者要求继续履行劳动合同的，用人单位应当继续履行；劳动者不要求继续履行劳动合同或者劳动合同已经不能继续履行的，用人单位应当依照经济补偿标准的两倍向劳动者支付赔偿金。

（11）什么是劳务派遣？

答：劳务派遣是指劳务派遣单位与被派遣劳动者订立劳动合同后，将该劳动者派遣到用工单位从事劳动的一种特殊的用工形式。在这种特殊用工形式下，劳务派遣单位与被派遣劳动者建立劳动关系，但不用工，即不直接管理和指挥劳动者从事劳动；用工单位直接管理和指挥劳动者从事劳动，但是与劳动者之间不建立劳动关系。

（12）劳动合同的某一条款无效，是否会导致整个劳动合同无效？

答：根据《中华人民共和国劳动合同法》第27条规定，劳动合同部分无效，不影响其他部分效力的，其他部分仍然有效。根据《中华人民共和国劳动合同法》第28条规定，劳动合同被确认无效，但劳动者已付出劳动的，用人单位应当向劳动者支付劳动报酬，劳动报酬的数额，参照本单位相同或者相近岗位劳动者的劳动报酬确定。

（13）“工伤自理”条款是否有效？

答：一些用人单位在与劳动者订立劳动合同时，约定劳动者在劳动过程中“工伤自理”，即发生工伤时由劳动者自己承担责任，用人单位概不负责；或者约定用人单位不为劳动者缴纳社会保险费等内容。即使在劳动合同订立时劳动者表示同意，这种劳动合同条款也会因违反了《中华人民共和国劳动法》《中华人民共和国劳动合同法》《工伤保险条例》等法律、法规而无效。

（14）什么是竞业限制？

答：根据《中华人民共和国劳动合同法》第23条和第24条规定，竞业限制是指用人单位在劳动合同或者保密协议中，与掌握本单位商业秘密和与知识产权相关的保密事项的劳动者约定，在劳动合同解除或者终止后的一定期限内，不得到与本单位生产或者经营同类产品、从事同类业务的有竞争关系的其他用人单位任职，也不得自己开业生产或者经营同类产品、从事同类业务。劳动者违反竞业限制约定的，应当按照约定向用人单位支付违约金。竞业限制期限不得超过2年。

（15）用人单位是否可以任意与劳动者约定由劳动者承担违约金？

答：根据《中华人民共和国劳动合同法》第25条规定，除在培训服务期约定及竞业限制约定中，用人单位可与劳动者约定由劳动者承担违约金外，在其他情形下，用人单位不得与劳动者约定由劳动者承担违约金。

（16）试用期、服务期是如何确定的？

答：根据《中华人民共和国劳动合同法》第19条规定，试用期的上限根据劳动合同期限设定：劳动合同期限为3个月以上不满1年的，试用期不得超过1个月；劳动合同期限为1年以上不满3年的，试用期不得超过2个月；3年以上固定期限和无固定期限的劳动合同，试用期不得超过6个月。同一用人单位与同一劳动者只能约定一次试用期。根据《中华人民共和国劳动合同法》第22条规定，在用人单位为劳动者提供专项培训费用对其进行专业技术培训的情况下，可以与该劳动者订立协议，约定服务期。

（17）劳动合同是否必须经用人单位与劳动者双方签字才能生效？

答：根据《中华人民共和国劳动合同法》第16条第1款规定，劳动合同由用人单位与劳动者协商一致，并经用人单位与劳动者在劳动合同文本上签字或者盖章后，才能生效。

（18）劳动合同文本可以仅由用人单位保管吗？

答：根据《中华人民共和国劳动合同法》第16条第2款规定，劳动合同文本由用人单位和劳动者各执一份。也就是说，劳动合同文本不可以仅由用人单位保管。

（19）用人单位不与劳动者订立书面劳动合同怎么办？

答：根据《中华人民共和国劳动合同法》第11条、第14条和第82条规定，用人单位自用工之日起超过1个月不满1年未与劳动者订立书面劳动合同的，应当向劳动者每月支付两倍的工资。用人单位自用工之日起满1年不与劳动者订立书面劳动合同的，视为用人单位与劳动者已订立无固定期限劳动合同。

课后练习：

1. 识别求职陷阱。

内容：收集就业信息，识别求职陷阱，并通过分组讨论提出各种求职陷阱的应对方案。要求：

（1）将全班学生分成若干小组，每组6~8人，各组设组长1名。

（2）由组长组织本组成员通过网络、报纸收集或到当地人才市场收集与本专业相关的各类招聘信息（包括各类兼职信息），每人收集2~3条。

（3）各组成员对收集到的信息进行分析，讨论该信息是否真实、是否可能存在求职陷阱等，并简要记录讨论结果。

（4）各组成员针对就业信息中可能存在的求职陷阱，提出切实可行的应对方案。

（5）将讨论结果和应对方案以书面形式提交给老师，由老师进行点评。

2. 假如你在未来的职业生涯中遇到被侵权的情况，你会提起诉讼还是忍气吞声，自认倒霉？

3. 收集至少一个劳动争议的维权成功案例，并梳理被侵权人维权成功的关键点。

附录：就业创业政策100问

1. 政府支持企业稳定就业岗位的政策支持有哪些？

《国务院办公厅关于进一步加大稳就业政策支持力度的通知》（国办发〔2025〕25号）中明确规定：支持企业稳定就业岗位——

（1）扩大稳岗扩岗专项贷款支持范围。各地要持续深化政银合作，积极拓展稳岗扩岗专项贷款合作银行范围，优化业务流程，进一步提升贷款便利程度。

（2）加大失业保险稳岗返还政策力度。上年末失业保险基金滚存结余备付期限在1年以上的统筹地区，可对相关企业提高失业保险稳岗返还比例，其中中小微企业返还比例由不超过企业及其职工上年度实际缴纳失业保险费的60%最高提至不超过90%，大型企业返还比例由不超过30%最高提至不超过50%，政策执行期限至2025年12月底。

（3）实施阶段性缓缴社会保险费政策。相关企业生产经营确有困难的，可按规定申请阶段性缓缴养老保险、失业保险、工伤保险单位缴费部分，缓缴期间免收滞纳金。

2. 政府激励企业扩岗吸纳就业的政策有哪些？

（1）扩大社会保险补贴范围。重点行业领域的中小微企业与重点群体签订1年以上劳动合同并按规定为其缴纳基本养老保险费、基本医疗保险费、失业保险费的，按照个人缴费额的25%给予社会保险补贴，补贴期限为1年。补贴由企业申请，申请期限至2025年12月底。企业领取补贴后，要尽快发放给符合条件的劳动者。具体范围由省级人力资源社会保障、财政等部门会同有关行业主管部门研究提出意见，报省级人民政府确定。

（2）加力落实一次性扩岗补助。对吸纳16—24岁登记失业青年就业，与其签订劳动合同并按规定为其足额缴纳失业保险费、工伤保险费、职工基本养老保险费3个月以上的企业和社会组织，按照每人不超过1500元的标准发放一次性扩岗补助，政策执行期限至2025年12月底。所需资金从失业保险基金中列支，上年末失业保险基金滚存结余备付期限不足1年的统筹地区从就业补助资金中列支。

（3）加大以工代赈实施力度。扩大以工代赈政策覆盖范围和项目实施规模，指导地方在县域范围内谋划实施一批城乡融合发展中小型基础设施建设项目和农业农村中小型基础设施建设项目，充分挖掘工程建设、服务保障、建后管护等各环节用工岗位，广泛吸纳相关失业人员、返乡农民工等群体就业。

3. 鼓励企业做好技能培训提升就业能力的政策支持是什么？

（1）支持企业开展职工在岗培训。相关企业可通过组织职工在岗培训等多种方式稳定职工队伍，所需经费按规定从企业职工教育经费中列支，符合条件的给予职业培训补贴或技能提升补贴。

（2）加大重点群体培训力度。深入实施“技能照亮前程”培训行动，优先组织相关失业人员开展职业技能培训。积极发布职业技能培训需求指导目录、培训机构目录，结合培训意愿、市场需求、技能基础等，分类提供家政托育、新兴技术、智能制造等不同领域职业技能培训，并按规定给予差异化职业培训补贴。

（3）鼓励技工院校招收相关失业人员。鼓励各地将相关失业人员中有提升技能意愿的青年、农民工纳入技工院校招生范围，适当放宽招生年龄限制，帮助提升职业技能。指导技工院校开设先进制造业、生活服务业等领域急需紧缺专业，鼓励技工院校与企业合作开展订单定向培养班、企业冠名班培养。

4. 优化就业服务促进匹配的政策支持是什么？

（1）加强企业用工指导。为重点相关企业配备人力资源社会保障服务专员，“一企一策”提供用工指导、政策咨询、劳动关系协调等服务，强化政策落实。

（2）开展就业岗位定向投放活动。组织公共就业服务机构开展专场招聘活动，动员经营性人力资源服务机构、行业协会等社会力量，归集相匹配的就业岗位，向相关城市、园区、企业集中投放。加密“小而美”、“专而精”的招聘活动举办频次，分类发布招聘岗位信息，支持运用信息技术手段实现精准推送，让就业服务更加可感可及。

（3）完善困难毕业生实名帮扶机制。省级教育部门汇总并向本级人力资源社会保障部门提供尚未落实毕业去向的困难毕业生信息，建立“一对一”实名帮扶台账，有针对性地为每名困难毕业生推荐3个以上优质岗位。困难毕业生离校前，由教育部门与人力资源社会保障部门共同开展就业帮扶、推荐岗位信息；离校后，由人力资源社会保障部门对未就业的困难毕业生建立实名帮扶台账，提供“1131”就业服务（提供至少1次政策宣介、1次职业指导、3次岗位推荐及1次培训或见习机会），持续做好跟踪帮扶。

（4）支持为困难人员提供专业化就业服务。鼓励人力资源服务机构为相关就业困难人员、防止返贫监测对象提供就业创业服务，按规定给予就业创业服务补助。

5. 在强化就业援助兜牢底线方面的政策支持是什么？

（1）加强就业困难人员帮扶。失业人员可在常住地公共就业服务机构办理失业登记，按规定申请享受当地就业创业服务、就业扶持政策、重点群体创业就业税收优惠政策。其中，大龄、残疾、较长时间失业等劳动者可按规定申请认定为就业困难人员，享受就业援助政策。

（2）保障失业人员基本生活。对参加失业保险缴费满1年、非因本人意愿中断就业、已办理失业登记并有求职要求的失业人员，按时足额发放失业保险金，代缴职工基本医疗保险（含生育保险）费，按规定兑现价格临时补贴等待遇。对生活困难的失业人员及家庭，按规定纳入最低生活保障、临时救助等社会救助范围。

6. 在强化就业指导体系方面有哪些政策支持？

中共中央办公厅、国务院办公厅《关于加快构建普通高等学校毕业生高质量就业服务体系的意见》（2024年11月3日）中指出要强化就业指导体系。

（1）强化生涯教育与就业指导。完善生涯教育与就业指导课程标准，推动高校将其列为必修课，打造一批国家规划教材、示范课程和教学成果。成立教育部生涯教育教学指导委员会，组织各领域专家深度参与就业指导工作规划，持续推进教学改革。鼓励高校设立生涯教育与就业指导学科专业，加强研究生层次专业人才培养。办好全国大学生职业规划大赛。

（2）加强就业教育引导。把就业教育作为全员全过程全方位育人的重要内容，与思想政治教育、专业教育深度融合。加强就业心理健康教育，推进个性化求职心理疏导。引导牢固树立正确就业观，促进学校、家庭、社会联动，营造劳动光荣的社会风尚。开展“永远跟党走、到祖国需要的地方去”等活动。

实施大学生就业引航计划。

（3）健全就业实习与见习制度。健全就业实习制度，推动大学生利用寒暑假至少开展1次就业实习，强化实习责任保险保障。落实税收优惠政策，鼓励用人单位提供就业实习机会。支持相关用人单位设立就业见习岗位，按规定给予就业见习补贴。建好用好大学生就业实习基地、毕业生就业见习基地。

7. 在完善帮扶援助体系方面有什么政策支持？

中共中央办公厅、国务院办公厅《关于加快构建普通高等学校毕业生高质量就业服务体系的意见》（2024年11月3日）中指出要完善帮扶援助体系。

（1）健全困难帮扶机制。为脱贫家庭、低保家庭、低保边缘家庭、刚性支出困难家庭、零就业家庭以及有残疾的、较长时间未就业的高校毕业生等帮扶对象提供服务和援助。及时向符合条件的帮扶对象发放一次性求职补贴。推动政、企、校协同联动和信息共享，鼓励用人单位在同等条件下优先招聘帮扶对象。落实离校未就业毕业生实名就业帮扶要求。按规定将符合条件的离校未就业毕业生纳入最低生活保障等社会救助范围。开展困难职工家庭高校毕业生"阳光就业"行动。

（2）加强帮扶对象能力培训。实施"宏志助航"就业能力培训项目，有序扩大培训覆盖面，提升培训帮扶实效。各级公共实训基地强化对帮扶对象的职业技能培训支持，按规定落实培训补贴政策。鼓励社会力量面向帮扶对象提供公益性就业能力培训。

8. 在加快政策性岗位招录方面有何政策指导？

《教育部办公厅关于开展2025届高校毕业生"春季促就业攻坚行动"的通知》（教就业厅函〔2025〕4号）指出：要加快政策性岗位招录，努力做到早招多招。各地教育行政部门要加强统筹协调，尽早安排升学考试，推动相关部门尽早开展地 方公务员、事业单位、国有企业招录及各类职业资格考试，适度扩大招录高校毕业生规模。加力做好"特岗计划""三支一扶""西部计划""大学生乡村医生专项计划"及地方基层服务项目招录工作。加大征兵宣传工作力度，畅通入伍"绿色通道"，积极引导高校应届毕业生参军入伍。

9. 在基层就业方面有何政策指导？

《教育部办公厅关于开展2025届高校毕业生"春季促就业攻坚行动"的通知》（教就业厅函〔2025〕4号）指出：挖掘拓宽基层就业空间，加大政策激励引导。各地教育行 政部门要主动协调相关部门，研究推出新的促就业增量政策。鼓励各地按照社区工作者配备标准，加大社区专职工作人员面向高校毕业生招聘力度。鼓励各地结合乡村振兴、基层治理、社区服务、司法协理、农技推广等需求，创新实施地方基层服务项目。实施高校助管助教岗位募集计划，鼓励高校结合需要开发管理助理、教学助理、学生服务助理等辅助类工作岗位或见习岗位，吸纳更多应届毕业生就业。开展“就业政策宣传月”活动，推动各地加力落实扩岗补助、社保补贴、税费减免等促就业支持政策。

10. 什么是就业能力提升“双千”计划？

人力资源社会保障部、教育部、财政部2025年4月25日联合发布《关于做好2025年高校毕业生等青年就业工作的通知》强调，实施就业能力提升“双千”计划。聚焦就业市场急需的知识和技能要求，推动在全国高校开设1000个“微专业”和1000门职业能力培训课程，重点支持开展人工智能应用赋能就业培训。指导高校组织社会需求不足相关学科专业点学生参与“微专业”或培训课程学习，优化知识和技能结构，通过考核后可获得相应学习证明。鼓励高校建立更灵活的学习制度，允许近年持续就业状况不佳相关专业学生按规定转专业或辅修其他专业。推进急需学科专业核心课程与教学内容实质性更新迭代，根据需要超常规增设一批学科专业点。

11. 什么是“直补快办”？

“直补快办”是各地政府为优化就业补贴申领流程推出的政策，通过简化申报材料、缩短审批时限、实现线上办理等方式，帮助企业快速享受社保补贴等政策支持。

核心特点：（1）线上办理：通过省级一体化政务服务平台实现全程网上申领，企业无需线下提交材料，通过网站或APP即可完成申请、审核、资金发放等流程。

主动筛选受益对象：政府部门通过大数据比对，自动筛选符合条件的用人单位和人员，并推送政策信息，减少企业自行申报的负担。

（2）简化审批流程：取消不必要的证明材料，缩短审核周期（部分地区实现20个工作日内完成发放），并支持“一次审批、全期畅领”。

（3）适用对象

主要为吸纳就业困难人员、毕业年度高校毕业生及离校2年内未就业高校毕业生的企业，补贴标准为企业实际缴纳的社保费用。该政策旨在缓解企业资金压力，支持其扩大就业，特别是在稳岗扩就业方面发挥积极作用。

12. 如何享受“直补快办”政策？

“直补快办”是政府为优化就业补贴申领流程推出的政策，旨在通过简化申报材料、缩短审批时限、实现线上办理等方式，帮助企业快速享受社保补贴等政策支持。以下是享受该政策的详细指南：

（1）适用企业类型：

小微企业、民营经济组织和社会组织；

农民专业合作社、种养大户、家庭农场等“合作社式扶贫车间”；

苗绣特色编制等“居家式扶贫车间”、小微作业企业等生产经营主体。

（2）适用就业人员类型：

就业困难人员（包括残疾人、退捕渔民、就业困难退役军人等）；毕业年度高校毕业生；离校2年内未就业高校毕业生；建档立卡脱贫劳动力；登记失业的16–24岁青年。

其他要求：需与上述人员签订1年以上劳动合同；按规定为其缴纳社会保险费；部分地区要求稳定就业3个月以上。

13. “职引未来”系列招聘活动是什么？

“职引未来”是人力资源社会保障部主办的高校毕业生就业服务系列活动，通过线上线下结合的方式，为高校毕业生提供精准就业对接服务。该系列活动包含专场招聘会、直播带岗、政策宣讲等形式，覆盖先进制造、新能源、银发经济、数字经济等行业领域，以及京津冀、东北三省等区域。例如2025年春季专场推出了船舶与海工装备产业、智能制造、绿色经济等18个细分领域专场，并组织了跨区域巡回招聘会。

参与方式：求职者可登录“中国国家人才网”或“中国公共招聘网”（http://dzcs.newjobs.com.cn/），查询最新岗位信息和活动安排。

14. 政府如何扩大市场化就业岗位？

《人力资源社会保障部 教育部 财政部关于做好2025年高校毕业生等青年就业工作的通知》（人社部发〔2025〕20号）指出：要拓展企业就业主渠道，综合运用扩岗补助、就业困难等人员社保补贴等各类政策，激励企业吸纳高校毕业生等青年。公开本地促进青年就业政策办理流程，明确办理时限，大力推行“直补快办”、“政策计算器”等服务方式，推动各项就业政策集中兑现，提高政策落实率。组织人社专员、高校就业工作人员对接专精特新“小巨人”企业、专精特新中小企业、高新技术企业，提供就业服务，了解面向高校毕业生等青年招聘需求，促进人岗快速匹配。深化“书记校长访企拓岗”专项行动，拓展市场化岗位规模。对招用毕业年度及离校两年内未就业高校毕业生及16–24岁登记失业青年，签订劳动合同，并按规定为其足额缴纳3个月以上的失业、工伤、职工养老保险费的社会组织，参照企业享受一次性扩岗补助政策，政策执行至2025年12月31日。

15. 政府如何稳定公共部门岗位规模？

《人力资源社会保障部 教育部 财政部关于做好2025年高校毕业生等青年就业工作的通知》（人社部发〔2025〕20号）指出：要稳定公共部门岗位规模，统筹用好本地事业单位编制存量，重点面向高校、中学等教育类事业单位和基层医疗卫生机构等医疗卫生类事业单位，挖掘岗位资源，并向高校毕业生倾斜。加快事业单位招聘进度安排，8月底前完成事业单位面向2025届高校毕业生的招聘工作。稳定扩大国有企业招聘高校毕业生规模，延续实施国有企业一次性增人增资政策，政策执行至2026年12月31日。

16. 支持青年自主创业的政策有哪些？

《人力资源社会保障部 教育部 财政部关于做好2025年高校毕业生等青年就业工作的通知》（人社部发〔2025〕20号）指出：支持青年自主创业。用好各地创业孵化载体，鼓励政府投资的孵化器放宽高校毕业生等重点群体免费入驻门槛。强化创业服务保障，将高校毕业生创业项目纳入重点孵化项目库，提供创业培训、创业指导、创业孵化、政策落实等“一条龙”服务，提升创业成功率。

支持建设全国大学生创新创业成果转化中心，促进创新创业项目孵化落地。加强融资支持，遴选有资金需求、带动就业多的高校毕业生创业项目，组织“政企银担”交流活动，开展形式多样的融资对接服务。

17. 在提升青年求职能力方面有哪些政策支持？

《人力资源社会保障部 教育部 财政部关于做好2025年高校毕业生等青年就业工作的通知》（人社部发〔2025〕20号）指出：

（1）全面推开青年求职能力实训营。省级人力资源社会保障部门要加强求职能力实训师队伍建设，组织师资培训班，开办研讨交流、观摩教学等活动。积极开展青年求职能力实训，将毕业年度高校毕业生、离校未就业高校毕业生、失业青年纳入实训范围，组织企业参观、跟岗锻炼等体验活动，开展简历修改、形象礼仪等课程教学，帮助提升求职能力。

（2）实施百万青年职业技能提升行动。引导支持广大高校毕业生等青年根据职业规划、求职意向自主参加技能培训，按规定落实职业培训补贴。2025年，力争组织100万高校毕业生等青年参加技能培训活动。聚焦高校毕业生等青年特点，加强数字人才培育，研究数字经济技能需求清单，开发一批人工智能、大数据、智能制造等领域培训项目。深化校企合作、产教融合，推行工学一体化、学徒制、项目化等培养培训模式，加强岗位核心技能、关键技术实操实训，提升高校毕业生等青年技能水平。

（3）实施百万就业见习岗位募集计划。强化见习岗位开发，面向企业、科研院所等事业单位开发科研类、技术类、管理类岗位。强化见习规范管理，指导见习单位做好见习协议签订、带教制度落实、见习待遇保障相关工作，定期跟进检查见习单位见习人员管理、政策落实和见习实效等情况。强化见习跟踪帮扶，鼓励见习单位留用见习人员，做好见习后未留用人员后续就业帮扶。

➡ 18. 政府有哪些强化就业服务保障措施？

《人力资源社会保障部 教育部 财政部关于做好2025年高校毕业生等青年就业工作的通知》（人社部发〔2025〕20号）指出：要着力强化就业服务保障。

（1）做实做细高校就业指导帮扶。强化就业观念引导，增强大学生生涯规划意识，办好第二届全国大学生职业规划大赛。国家大学生就业服务平台实施“共建共享岗位精选计划”，汇集更多岗位资源。高校建立就业困难毕业生帮扶台账，发动其优先参加“宏志助航计划”。

（2）开展公共就业服务进校园活动。3–6月，省级人力资源社会保障部门会同教育部门持续推动政策宣传、招聘服务、就业指导、创业服务、职业培训、困难帮扶等“六进”校园。充分发挥职业指导师、就业创业领域专家、人力资源经理等专业力量作用，开展多元化交流指导，组织沙龙对话、求职讲堂、就业咨询等活动。支持有条件的地方与高校合作设立就业创业指导服务站，为毕业生求职就业提供便利。

（3）开展百所高校人社厅局长结对帮扶活动。各省级人力资源社会保障部门会同教育部门选取3–5所就业工作任务重、压力大的高校，组织人社厅（局）长、就业局长定点联系、定期走访、定向服务。根据结对院校毕业生学历层次、技能水平、就业意愿等，针对性筛选、推送岗位信息，针对性提供职业指导、创业辅导等服务。

（4）实施离校未就业毕业生就业服务攻坚行动。省级人力资源社会保障部门要主动与教育部门对接，7月份完成有就业意愿的离校未就业毕业生实名信息交接综合运用求职登记、走访摸排等方式，完善实名台账，普遍提供至少1次政策宣介、1次职业指导、3次岗位推荐及1次培训或见习机会。聚焦低保家庭、零就业家庭、防止返贫监测对象家庭、残疾等困难高校毕业生，明确专人结对帮扶，实施“一人一策”，针对性提供3-5个高质量岗位信息。

（5）开展“职引未来”系列招聘活动。全年接续举办百日千万招聘、全国城市联合招聘高校毕业生、民营企业招聘月、国聘行动、人力资源市场高校毕业生就业服务专项行动、24365线上校园招聘等专项活动，丰富行业企业专场、直播带岗等特色招聘，保持市场热度。高校毕业生集中的城市每周至少举办1次专业性招聘，每月至少举办1次综合性招聘，重点面向三四线城市倾斜岗位资源。要强化做好现场招聘会安全管理工作的责任意识和底线思维，严格落实属地管理责任，建立完善风险防控机制，确保各类现场招聘会安全。

（6）建立失业青年常态化帮扶机制。全年开放未就业毕业生求职登记小程序，畅通本地线上线下求助渠道，允许失业青年在户籍地、常住地、求职地进行求职登记。加强就业转失业青年摸排，掌握其就业失业状态，持续开展联系服务。加大异地求职服务力度，依托零工市场（零工驿站）、家门口就业服务站等现有资源，建设一批青年就业驿站，为异地求职的高校毕业生等青年提供政策解读、职业指导、招聘信息等“一站式”服务。

19. 政府在营造就业良好环境方面有哪些措施？

《人力资源社会保障部 教育部 财政部关于做好2025年高校毕业生等青年就业工作的通知》（人社部发〔2025〕20号）指出：要加力营造就业良好环境。

（1）加强招聘信息审核。指导用人单位和人力资源服务机构依法依规设置招聘条件，不得发布性别、民族等歧视性信息，不得发布虚假和欺诈等非法信息，不得发布与岗位职责适配性无关的限制性条件。加强公共就业服务活动和各类校园招聘活动参与企业资质及岗位信息审核，避免不合理招聘信息。

（2）维护人力资源市场秩序。开展清理整顿人力资源市场秩序专项行动，依法打击培训贷、付费实习、虚假招聘等违法行为，及时查处滥用试用期、不签订劳动合同等乱象。加强侵权典型案例警示教育，发布传销、借贷、“黑职介”等招聘求职陷阱提示，加大防电信诈骗宣传，帮助高校毕业生等青年提升风险防范意识。用好12333人力资源社会保障服务热线，及时受理、查处高校毕业生等青年就业创业过程中的侵权线索，维护合法就业权益。

（3）强化宣传引导。开展高校毕业生等青年就业创业政策服务宣传，综合新闻媒体、微博微信、广播电视等渠道，制作发布本地区政策清单、服务项目清单、招聘活动清单，提升政策服务知晓度。开展典型宣传，积极选树服务重大战略、扎根城乡基层、投身西部地区等青年就业典型，组织好“最美高校毕业生”、“平凡岗位精彩人生”、“永远跟党走到祖国需要的地方去”、“劳模工匠进校园”、“基层就业卓越奖学（教）金”等人物事迹宣传，引导高校毕业生等青年将职业选择融入国家建设发展。

各地要切实提高思想认识，把促进高校毕业生等青年就业作为重大政治责任，细化工作方案，明确职责分工，落实工作要求。要加强协同配合，人力资源社会保障部门要加强工作统筹协调，建立工作调度机制，落实各项就业帮扶政策措施，确保各项任务落实落地；教育部门要加强高校毕业生就业指导服务，配合相关部门落实各项促就业政策；财政部门要统筹各类资金渠道，对高校毕业生等青年就业工作予以支持。

20. 如何深化高校“访企拓岗”行动，提高岗位利用率？

教育部办公厅《关于开展2025届高校毕业生“春季促就业攻坚行动”的通知》（教就业厅函〔2025〕4号）指出：深化高校“访企拓岗”行动，提高岗位利用率。实施高校书记校长“百城千园访企拓岗”行动，积极组织高校“访市拓岗”“访县拓岗”“访园拓岗”，主动对接地方产业需求和“两重”“两新”政策落地，挖掘更多就业机会。二级院系要以学科专业点为单位开展走访，特别是新设置专业和上一年度毕业去向落实率低于本校平均水平的专业，要结合毕业生就业需求，有效访企拓岗。要以岗位利用率考核“访企拓岗”成效，组织学生一起走访，邀请走访单位进校招聘。

各地要加强工作统筹，结合本地高校学科专业布局和企业用人需求，积极组织开展集中走访。加强工作督促指导，防止形式主义，确保行动取得实效。

21. 为了精准做好困难帮扶，维护毕业生就业权益的措施是什么？

教育部办公厅《关于开展2025届高校毕业生“春季促就业攻坚行动”的通知》（教就业厅函〔2025〕4号）指出：要精准做好困难帮扶，维护毕业生就业权益。建立困难群体帮扶台账，落实“一对一”帮扶责任，为就业困难群体毕业生优先提供指导服务、优先开展培训和就业实习、优先推荐3个以上针对性强的就业岗位。推动“宏志助航”项目培训提质增效。面向基础薄弱校、偏远地区校，组织开展对口就业援助。加强就业安全教育，及时发布求职就业预警信息，严格落实校园招聘“三严禁”要求。会同相关部门开展就业市场秩序清理整顿专项行动，严厉打击就业歧视、就业欺诈、虚假招聘、“黑中介”等违法违规行为，切实维护就业安全稳定。

22. 流动人员人事档案是什么？

按照2021年12月29日由中共中央组织部、人力资源社会保障部等五部门印发的《流动人员人事档案管理服务规定》指出，流动人员人事档案是反映流动人员政治面貌、道德品行、学习工作经历、专业素养、工作实绩、遵纪守法以及家庭状况、社会关系等情况的历史记录材料。流动人员人事档案是国家档案和社会信用体系的重要组成部分，是党和政府联系服务人才的重要载体，是流动人员参加机关公务员考录和国有企事业单位招聘、办理政审考察、申报职称评审和核定社保待遇等事项的重要依据。

23. 流动人员人事档案的范围有哪些？

（1）非公有制经济组织和社会组织聘用人员的人事档案；

（2）辞职辞退、解除（终止）聘用（劳动）合同、取消录（聘）用、被开除等与用人单位解除或终止人事（劳动）关系的未就业的原机关公务员、国有企事业单位的管理人员和专业技术人员、军队文职人员的人事档案；

（3）未就业的高校毕业生及中专毕业生的人事档案；

（4）自费出国（境）留学的高校毕业生及其他因私出国（境）人员的人事档案；

（5）外国企业常驻代表机构的中方雇员的人事档案；

（6）自由职业或灵活就业人员的人事档案；

（7）其他流动人员的人事档案。

《流动人员人事档案管理服务规定》第五条指出，流动人员人事档案工作遵循“集中统一、归口管理”原则，主管部门为政府人力资源社会保障部门，接受同级党委组织部门、档案主管部门的指导和监督。

24. 流动人员人事档案管理服务机构都有哪些？

《流动人员人事档案管理服务规定》中指出，流动人员人事档案管理服务机构包括县级以上（含县级）人民政府设立的公共就业和人才服务机构，以及经省级人力资源社会保障行政部门授权的单位。其他任何未经授权的单位不得开展流动人员人事档案管理服务工作。

25. 个人可以保管自己或他人的人事档案吗？

根据2021年12月发布的《流动人员人事档案管理服务规定》，严禁个人保管本人或他人人事档案。

26. 流动人员人事档案管理服务机构都提供哪些服务？

根据2021年12月发布的《流动人员人事档案管理服务规定》，流动人员人事档案管理服务机构应当提供以下服务：

（1）档案的接收、转递；

（2）档案材料的收集、鉴别和归档；

（3）档案的整理和保管；

（4）为符合相关规定的单位提供档案查（借）阅服务；

（5）依据档案记载出具存档、经历、亲属关系等相关证明材料；

（6）为相关单位提供入党、参军、录（聘）用、出国（境）等政审考察服务；

（7）党员组织关系的接转等。

27. 跨地区就业创业流动人员的人事档案如何保管？

根据2021年12月发布的《流动人员人事档案管理服务规定》，跨地区就业创业流动人员的人事档案，可由其户籍所在地或现工作单位所在地的档案管理服务机构管理。

28. 档案保管需要费用吗？

根据2021年12月发布的《流动人员人事档案管理服务规定》，档案管理服务机构应当提供免费的流动人员人事档案基本公共服务，不得收取档案保管费、查阅费、证明费、转递费等名目的费用。

29. 流动人员人事档案基本公共服务相关经费如何解决？

根据2021年12月发布的《流动人员人事档案管理服务规定》，流动人员人事档案基本公共服务相关经费列入本级财政预算，参考保管的流动人员人事档案数量等因素合理确定经费数额。

30. 如何保证流动人员档案管理服务机构的工作力量？

根据2021年12月发布的《流动人员人事档案管理服务规定》，档案管理服务机构应当保证工作力量，选配政治素质好、专业能力强、作风正派的人员专职从事流动人员人事档案工作，关键核心岗位应当选配中共党员。按照规定实行回避制度，从严管理工作人员，加强业务培训，强化激励保障。

31. 流动人员如何向档案管理服务机构申请立档？

流动人员持本人居民身份证或社保卡等有效身份证件，到档案管理服务机构申请设立个人账户；存档单位工作人员持本人居民身份证或社保卡等有效身份证件及营业执照等有关证件，到档案管理服务机构申请设立单位集体账户。

存档单位注销集体账户时，档案管理服务机构应当配合转递相关流动人员人事档案，或调整为个人账户存档。

32. 从立档到归档大概需要多长时间？

档案管理服务机构应当参照干部人事档案材料主要内容和分类，做好流动人员人事档案材料的整理、鉴别和归档工作。对合格的材料，应当准确分类，逐份编写目录，一般在2个月内归档。对不合格的材料，退回档案材料形成单位。

33. 档案管理服务机构与委托档案管理的流动人员之间需要怎样相互配合？

档案管理服务机构应当加强流动人员人事档案内容建设，建立符合流动人员职业发展特点的档案材料收集制度。

档案管理服务机构、档案材料形成单位、流动人员之间应当加强协作，多方面收集反映流动人员政治面貌、工作经历、教育培训、职业资格、职称、评聘专业技术职务、年度工作（业绩）考核、入选重大人才工程、获得重大奖项、重要社会兼职及违规违纪违法处理处分等相关材料。注重收集流动人员工作变动中形成的劳动合同、企业录用手续及就业登记、劳动用工备案等材料。加强与社会保险经办机构信息联动，积极收集参加社会保险等相关信息材料。

流动人员及人事档案材料形成单位应当如实、规范填写相关材料，在材料形成1个月内主动向档案管理服务机构移交。

34. 档案管理服务机构按照什么程序和要求开展档案的接收、转递服务？

（1）根据流动人员或存档单位申请，拟接收的档案管理服务机构向原档案管理服务机构或原工作单位开具转档手续材料。

（2）原档案管理服务机构或原工作单位接到转档手续材料后，应当按规定审核档案，对符合转递规定的，填写材料目录清单后严密包封，并填写档案转递通知单，于15个工作日内进行转递。

对不符合转递规定的，原档案管理服务机构或原工作单位不得转出。

（3）流动人员人事档案转递应当通过机要通信、专人送取或邮政特快专递等给据邮件方式进行。对曾属于党政领导干部、机关公务员、参照公务员法管理的机关（单位）工作人员（工勤人员除外），国有企事业单位领导人员、管理人员和专业技术人员，军队文职人员人事档案的，应当通过机要通信或专人送取方式进行转递。严禁个人自带档案。

（4）接收流动人员人事档案时实行告知承诺制。拟接收的档案管理服务机构应当对照材料目录清单认真审核甄别，对缺少关键材料的，一次性告知所缺材料及其可能造成的影响，经本人作出书面知情说明、承诺补充材料后予以接收，或与原工作单位协商退回并补充材料；对缺少非关键材料的，应当采取先存后补方式予以接收，并督促指导流动人员补充相关缺失材料。

关键材料一般是指用于核定流动人员的出生日期、参加工作时间、入党时间、学历学位、工作经历等重要信息的材料。

（5）接收流动人员人事档案的管理服务机构应当及时将档案转递通知单回执退回原管理服务机构或原工作单位。

档案管理服务机构开具的流动人员人事档案转档手续材料，与机关、国有企事业单位开具的人事档案转档手续材料具有相同的效力。流动人员人事档案在机关、国有企事业单位和档案管理服务机构之间可直接办理转档手续。机关、国有企事业单位必须凭档案管理服务机构开具的转档手续材料，方可接收流动人员人事档案。

流动人员死亡5年后，其人事档案按现行渠道移交或保管，对国家和社会有特殊贡献的英雄、模范人物等人事档案按规定向有关档案馆移交。

35. 如何查阅存放在档案管理服务机构的流动人员人事档案？

相关单位开展政审考察、选拔录（聘）用、人才引进、职称评审、表彰奖励、因公出国（境）、社会保险、巡视巡察等工作需查阅流动人员人事档案，档案管理服务机构按照以下程序和要求提供查阅服务：

（1）查阅单位提交加盖公章的单位介绍信，申明查阅理由，如实填写流动人员人事档案查阅申请表。

（2）查阅流动人员人事档案应当2人以上，一般为中共党员。

（3）档案管理服务机构应当按照程序和权限审批同意。

（4）查阅人在规定时限内完成查阅。

档案管理服务机构对高级专业技术人员、涉及国家秘密的流动人员人事档案要从严保管，严格查阅手续。

任何个人不得查阅本人、配偶、直系血亲、三代以内旁系血亲、近姻亲人员的人事档案。

36. 流动人员人事档案可以外借吗？

流动人员人事档案一般不予外借。确因工作需要借阅的，借阅单位应当履行审批手续，在规定时限内归还。归还时，档案管理服务机构应当认真核对档案材料。

37. 档案管理服务机构可以为存档人员开具哪些证明？

流动人员及其亲属因办理个人合法权益保障等事项申请开具相关证明，档案管理服务机构可依据档案材料记载出具存档、经历、亲属关系等相关证明材料。

38. 档案管理服务机构可以提供党员组织关系转接服务吗？

可以。档案管理服务机构党组织应当按有关规定为流动人才党员提供党员组织关系转接服务。

39. 开展流动人员人事档案管理服务工作，应当严格执行干部人事档案工作相关的哪些规定，遵守哪些纪律？

（1）严禁篡改、伪造流动人员人事档案；

（2）严禁擅自抽取、撤换、添加、涂改流动人员人事档案材料；

（3）严禁擅自向外公开、泄露流动人员人事档案信息；

（4）严禁丢弃、销毁流动人员人事档案材料；

（5）严禁为不符合规定的人员新建、重建流动人员人事档案；

（6）严禁违规转递、接收和查（借）阅流动人员人事档案；

（7）严禁出具虚假证明和政审材料；

（8）严禁档案管理服务机构拒收或推诿符合规定的流动人员人事档案；

（9）严禁将流动人员人事档案管理服务与其他经营性服务相挂钩；

（10）严禁以流动人员人事档案为载体的捆绑收费、隐形收费。

40. 高校毕业生如何与用人单位订立劳动合同？

《中华人民共和国劳动合同法》第7条规定，用人单位自用工之日起即与劳动者建立劳动关系。第10条规定，建立劳动关系，应当订立书面劳动合同。已建立劳动关系，未同时订立书面劳动合同的，应当自用工之日起一个月内订立书面劳动合同。用人单位与劳动者在用工前订立劳动合同的，劳动关系自用工之日起建立。第8条规定，用人单位（企业、个体经济组织、民办非企业单位等组织）招用劳动者时，应当如实告知劳动者工作内容、工作条件、工作地点、职业危害、安全生产状况、劳动报酬，以及劳动者要求了解的其他情况；用人单位有权了解劳动者与劳动合同直接相关的基本情况，劳动者应当如实说明。第9条规定，用人单位招用劳动者，不得扣押劳动者的居民身份证和其他证件，不得要求劳动者提供担保或者以其他名义向劳动者收取财物。

41. 什么是社会保险？我国建立了哪些社会保险制度？

社会保险是指国家通过立法，按照权利与义务相对应原则，多渠道筹集资金，对参保者在遭遇年老、疾病、工伤、失业、生育等风险情况下提供物质帮助（包括现金补贴和服务），使其享有基本生活保障、免除或减少经济损失的制度安排。

《中华人民共和国社会保险法》第2条规定，我国建立基本养老保险、基本医疗保险、工伤保险、失业保险、生育保险等社会保险制度，保障公民在年老、疾病、工伤、失业、生育等情况下依法从国家和社会获得物质帮助的权利。其中，基本养老保险制度包括职工基本养老保险制度、新型农村社会保险制度和城镇居民社会养老保险制度；基本医疗保险制度包括职工基本医疗保险制度、新型农村合作医疗制度和城镇居民医疗保险制度。

42. 用人单位应该承担的社会保险义务有哪些？

一是申请办理社会保险登记的义务；二是申报和缴纳社会保险费的义务；三是代扣代缴职工社会保险的义务；四是向职工告知缴纳社会保险费明细的义务。

43. 高校毕业生应该如何处理劳动人事纠纷？

发生劳动人事争议，一般可以通过协商解决。如果当事人不愿协商或协商不成的，可以向调解组织申请调解；不愿调解、调解不成或者达成调解协议后不履行的，可以向劳动人事争议仲裁委员会申请仲裁；对仲裁裁决不服的，除法律另有规定的外，可以向人民法院提起诉讼。对用人单位违反劳动保障法律、法规和规章的情况，高校毕业生可向人力资源社会保障部门举报、投诉。劳动保障监察机构将依法受理，纠正和查处有关违法行为。

44. 基层就业指的是什么？

基层就业就是到城乡基层工作。国家近几年出台了一系列优惠政策鼓励高校毕业生积极参加社会主义新农村建设、城市社区建设和应征入伍。一般来讲，“基层”既包括广大农村，也包括城市街道社区；既涵盖县级以下党政机关、企事业单位，也包括社会团体、非公有制组织和中小企业；既包含自主创业、自谋职业，也包括艰苦行业和艰苦岗位。

45. 基层社会管理和公共服务岗位指的是什么？

所谓基层社会管理和公共服务岗位，包括大学生村官、支教、支农、支医、乡村扶贫，以及城市社区的法律援助、就业援助、社会保障协理、文化科技服务、养老服务、残疾人居家服务、廉租房配套服务等岗位。2009年4月，人力资源社会保障部下发《关于公布第一批基层社会管理和公共服务岗位目录的通知》（人社部函〔2009〕135号），向社会公布第一批基层社会管理和公共服务岗位目录，以指导各地做好鼓励和引导高校毕业生到基层就业的工作。这批发布的岗位目录共分为基层人力资源和社会保障管理，基层农业服务，基层医疗卫生服务，基层文化科技服务，基层法律服务，基层民政、托老托幼、助残服务，基层市政管理，基层公共环境与设施管理维护以及其他等九大类领域，包括在街道（乡镇）、社区（村）等基层单位从事公共就业服务、社会保障、劳动关系协调、劳动监察、农业、扶贫开发、医疗、卫生、保健、防疫、文化、科技、体育、普法宣传、民事调解、托老、养老、托幼、助残、公共设施设备管理养护等相关事务管理服务工作的50种岗位。

46. 公益性岗位是什么？

公益性岗位，是指全部由政府出资开发，以满足社区及居民公共利益为目的的管理和服务岗位，这些岗位优先安排给困难人员或重要群体，并从就业专项资金中给予社会保险补贴和岗位补贴。

公益性岗位援助政策是一种在供给侧结构性改革框架下，通过制度设计调整来缓解和解决部分结构性失业问题，由政府创造岗位，实现就业的政策工具。

公益性岗位的设置，旨在促进就业、缓解就业压力、解决弱势群体的就业问题、维护社会稳定。伴随中国政府对公益性岗位投入力度的不断加大，公益性岗位劳动者的数量不断增加，公益性岗位体现出的维稳价值逐步显现。

47. 什么是高校毕业生基层就业学费补偿、国家助学贷款代偿？

为引导和鼓励高校毕业生基层单位就业，对中央部属高校应届毕业生到中西部地区、艰苦边远地区、老工业基地县以下基层单位就业、服务期在3年以上（含3年）的，其在校期间实际缴纳的学费由国家补偿，在校学习期间获得的用于学费的国家助学贷款本金及其全部偿还之前产生的利息，由国家财政代为偿还。地方高校毕业生赴基层就业学费补偿贷款代偿政策由各省份确定。

48. 高校毕业生基层就业学费补偿代偿的金额是多少？

国家对每名毕业生每学年补偿学费或代偿国家助学贷款的金额，本专科生每生每年最高不超过20000元，研究生每生每年最高不超过25000元。超出标准部分不予补偿、代偿或减免。在校学习期间每年实际缴纳的学费或用于学费的国家助学贷款低于补偿代偿标准的，按照实际缴纳的学费或用于学费的国家助学贷款金额实行补偿代偿。每年实际缴纳的学费或用于学费的国家助学贷款高于补偿代偿标准的，按照标准实行补偿代偿。学费补偿或国家助学贷款代偿的年限，分别按照国家规定的相应学制计算。

49. 补偿代偿政策中规定的中西部地区、艰苦边远地区包括哪些省份和地区？

西部地区是指西藏、内蒙古、广西、重庆、四川、贵州、云南、陕西、甘肃、青海、宁夏、新疆等12个省（自治区、直辖市），新疆生产建设兵团。

中部地区是指河北、山西、吉林、黑龙江、安徽、江西、河南、湖北、湖南、海南等10个省。

艰苦边远地区是指除上述地区外，国务院规定的艰苦边远地区。

50. 什么是大学生志愿服务西部计划？

大学生志愿服务西部计划，是团中央、教育部根据国务院常务会议、《国务院办公厅关于做好2003年普通高等学校毕业生就业工作通知》和2003年全国高校毕业生就业工作电视电话会议精神的要求而实施的，财政部、人社部给予相关政策、资金支持。该项计划从2003年开始实施，按照公开招募、自愿报名、组织选拔、集中派遣的方式，每年招募一定数量的普通高等学校应届毕业生或在读研究生。西部计划志愿者服务期为1至3年，服务协议一年一签。为激励志愿者服务期满继续扎根基层，国家在升学、就业、培训培养等多个方面给予政策支持。

2023年4月，团中央、教育部等部署2023年大学生志愿服务西部计划工作。2023年是西部计划实施20周年。20年来，累计招募派遣46.5万余名大学生志愿者在2000多个县（市、区、旗）基层服务。7月20日以来，陆续抵达新疆的大学生志愿服务西部计划志愿者已近万人，是该项目实施20年来人数最多的一年。

2025年3月1日至5月10日，2025年西部计划报名通道开启，2025年普通高等学校应届毕业生或在读研究生可在西部计划报名系统中注册报名。

51. 什么是“三支一扶”?

“三支一扶”，即选派高校毕业生到基层从事支教、支农、支医和帮扶乡村振兴的服务项目。该项目是人力资源和社会保障部会同有关部门组织实施的高校毕业生基层服务项目，于2006年起正式实施。

“三支一扶”人员在基层工作2–3年，在岗期间可享受工作生活补贴、社会保险、一次性安家费等待遇；服务期满后可享受公务员定向考录、事业单位专项招聘、考研加分等优惠政策。“三支一扶”计划已经成为高校毕业生服务基层的重要品牌，为基层输送了大批急需人才，为广大青年人才在基层一线锻炼成长提供了重要平台。

2024年5月13日，人力资源社会保障部发布2024年“三支一扶”计划，明确2024年中央财政支持招募3.44万名高校毕业生到基层从事支教、支农、支医和帮扶乡村振兴等，服务期为2年。2025年3月9日，在十四届全国人大三次会议民生主题记者会上人力资源和社会保障部部长王晓萍表示，2025年将面向高校毕业生等青年出台新一轮支持政策，稳定招聘规模，扩大“三支一扶”、西部计划等基层项目人员数量，实施百万就业见习计划，全面推广求职训练营，推进“学历证书+若干职业技能证书”制度。2025年5月，人力资源社会保障部、财政部印发通知，2025年中央财政支持招募34430名高校毕业生到基层、到西部从事支教、支农、支医和帮扶乡村振兴等服务。

52. 参加中央基层就业项目优惠政策有哪些?

根据教育部办公厅《关于开展2022年高校毕业生就业创业政策宣传月活动的通知》（教学厅函〔2022〕7号）中发布的《普通高校毕业生基层就业政策公告》中央基层就业项目优惠政策包括：

（1）公务员招录优惠：每年拿出公务员考录计划的一定比例，专门用于定向招录服务期满且考核称职（合格）的服务基层项目人员。服务基层项目人员也可报考其他职位。

（2）事业单位招聘优惠：各省（区、市）县乡基层事业单位公开招聘时，应根据本地区实际拿出一定数量或 比例的岗位，对“三支一扶”等服务期满考核合格的人员进行专项招聘，并增加工作实绩在考察中的权重，聘用后可以不再约定试用期；省市事业单位公开招聘时，对“三支一扶”等服务期满且考

核合格的人员 同等条件下优先聘用。

(3) 考学升学优惠：服务期满后三年内报考硕士研究生初试总分加10分，同等条件下优先录取；高职（专科） 学生可免试入读成人本科。

(4) 国家补偿学费和代偿助学贷款政策：参加中央基层就业项目的毕业生，符合规定条件的，可享受相应的 学费补偿和助学贷款代偿政策。

(5) 服务期满自主创业的，可享受税收优惠、行政事业性收费减免、创业担保贷款和贴息等有关政策。

(6) 参加基层服务项目前无工作经历的人员，服务期满且考核合格后2年内，在参加机关事业单位考录（招聘）、 各类企业吸纳就业、自主创业、落户、升学等方面可同等享受应届高校毕业生的相关政策。

(7) 各基层就业项目服务年限计算工龄。服务期满到企业就业的，按照规定转接社会保险关系。

53. 中央基层就业项目都包括哪些？

根据教育部办公厅《关于开展2022年高校毕业生就业创业政策宣传月活动的通知》(教学厅函〔2022〕7号）中发布的《普通高校毕业生基层就业政策公告》近年来，中央有关部门组织实施的引导高校毕业生基层就业项目，主要包括："大学生志愿服务西部计划"、"三支一扶" 计划、"农村义务教育阶段学校教师特设岗位计划"。

54. 基层就业户口档案政策是什么？

根据教育部办公厅《关于开展2022年高校毕业生就业创业政策宣传月活动的通知》(教学厅函〔2022〕7号）中发布的《普通高校毕业生基层就业政策公告》，落实省会及以下城市放开对高校毕业生落户限制的规定，高校毕业生在基层就业可根据需要自愿迁移户口。人事档案按规定转至就业地县级人力资源社会保障部门所属公共就业和人才服务机构，或有关单位 的组织人事部门。

55. 鼓励毕业生到基层就业主要优惠政策有哪些？

根据教育部办公厅《关于开展2022年高校毕业生就业创业政策宣传月活动的通知》(教学厅函〔2022〕7号）中发布的《普通高校毕业生基层就业政策公告》，鼓励毕业生到基层就业主要优惠政策主要有：

(1) 对高校毕业生到中西部地区和艰苦边远地区基层单位就业、履行一定服务期限的，按规定给予学费补偿 和国家助学贷款代偿。

(2) 结合政府购买服务工作的推进，在基层特别是街道（乡镇)、社区

（村）购买一批公共管理和社会服务岗位， 优先用于吸纳高校毕业生就业。

（3）艰苦边远地区基层机关招录高校毕业生可适当放宽学历、专业等条件，降低开考比例，可设置一定数量 的职位面向具有本市、县户籍或在本市、县长期生活的高校毕业生。

（4）艰苦边远地区县乡事业单位公开招聘高校毕业生可适当放宽年龄、学历、专业等条件，可以拿出一定数 量岗位面向本县、本市或者周边县市户籍人员（或者生源）招聘；乡镇事业单位招聘本科以上高校毕业 生、县级事业单位招聘硕士以上高校毕业生，以及招聘行业、岗位、脱贫攻坚急需紧缺专业高校毕业生， 可以结合实际情况，采取面试、直接考察的方式公开招聘；可以根据应聘人员报名、专业分布等情况适 当降低开考比例，或不设开考比例，划定成绩合格线。

56. 普通高校学生自主创业可以享受哪些优惠政策？

根据教育部办公厅《关于开展2022年高校毕业生就业创业政策宣传月活动的通知》（教学厅函〔2022〕7号）中发布的《普通高校学生自主创业政策公告》，普通高校学生自主创业可以享受的优惠政策包含：

（1）税收优惠政策：

① 持人社部门核发《就业创业证》的高校毕业生在毕业年度内创办个体工商户的，可按规定在3年内以每 户每年12000元为限额（最高可上浮20%，具体由各省、自治区、直辖市人民政府根据本地区实际情 况确定）依次扣减其当年实际应缴纳的增值税、城市维护建设税、教育费附加、地方教育附加和个人所 得税。

② 对高校毕业生创办小微企业的，可按规定享受小微企业普惠性税费政策；创办个体工商户的，对其年应 纳税所得额不超过100万元的部分，在现行优惠政策基础上减半征收个人所得税。

（2）担保贷款和贴息政策：

① 创业担保贷款和贴息支持：可在创业地申请创业担保贷款，最高贷款额度为20万，对符合条件的个人合伙创业的，可根据合伙创业人数适当提高贷款额度，最高不超过总额的10%。对10万元及以下贷款、获得设区的市级以上荣誉的高校毕业生创业者免除反担保要求；对高校毕业生设立的符合条件的小微企业，最高贷款额度提高至300万元，财政按规定给予贴息。

② 创业担保贷款申请程序：申请创业担保贷款贴息支持的个人和小微企

业应向当地人力资源社会保障部门 申请资格审核，通过资格审核的个人和小微企业，向当地创业担保贷款担保基金运营管理机构和经办银 行提交担保和贷款申请，符合相关担保和贷款条件的，与经办银行签订创业担保贷款合同。

（3）资金扶持政策：

① 免收有关行政事业性收费：毕业2年以内的普通高校毕业生从事个体经营的，3年内，免收管理类、登记类和证照类等有关行政事业性收费。

② 求职创业补贴：对在毕业学年有就业创业意愿并积极求职创业的低保家庭、贫困残疾人家庭、原建档立卡贫困家庭和特困人员中的高校毕业生，残疾及获得国家助学贷款的高校毕业生，给予一次性求职创业补贴。

③ 一次性创业补贴：对首次创办小微企业或从事个体经营，且所创办企业或个体工商户自工商登记注册之日起正常运营1年以上的离校2年内高校毕业生，试点给予一次性创业补贴。

④ 享受培训补贴：对大学生在毕业年度内参加创业培训的，按规定给予培训补贴。

（4）工商登记政策：

①简化注册登记手续：创办企业，只需填写“一张表格”，向“一个窗口”提交“一套材料”，登记部门直接核发加载统一社会信用代码的营业执照，“多证合一”。

（5）落户政策：

取消落户限制：高校毕业生可在创业地办理落户手续（直辖市有关规定执行）。

（6）创业服务政策：

①免费创业服务：可免费获得公共就业和人才服务机构提供的创业指导服务。

②技术创新服务：各地区、各高校和科研院所的实验室以及科研仪器、设施等科技创新资源可以面向大学生开放共享，提供低价、优质的专业服务。

③创业场地服务：鼓励各类孵化器面向大学生创新创业团队开放一定比例的免费孵化空间。政府投资开发的孵化器等创业载体应安排30%左右的场地，免费提供给高校毕业生。有条件的地方可对高校毕业生 到孵化器创业给予租金补贴。

④创业保障政策：加大对创业失败大学生的扶持力度，按规定提供就业服

务、就业援助和社会救助。毕业后创业的大学生可按规定缴纳“五险一金”。

（7）学籍管理政策：

① 折算学分：各高校要设置合理的创新创业学分，建立创新创业学分积累与转换制度，探索将学生开展自主创业等情况折算成学分。

② 弹性学制：学校可以根据情况建立并实行灵活的学习制度，可放宽学生修业年限，保留学籍休学创新创业。

57. 普通高校大学生应征入伍享受的优先征集政策是什么？

根据教育部办公厅《关于开展2022年高校毕业生就业创业政策宣传月活动的通知》（教学厅函〔2022〕7号）中发布的《普通高校学生应征入伍政策公告》，普通高校大学生应征入伍享受的优先征集政策包括：

（1）大学生入伍优先报名应征、优先体检政考、优先审批定兵、优先安排使用，大学生参加体检开辟绿色通道。 高校新生应当在户籍所在地参加应征；高校应届毕业生和在校生可在学校所在地参加应征，也可在入学 前户籍所在地参加应征。

（2）报名网址：全国征兵网 https：//www.gfbzb.gov.cn/

（3）报名时间：

上半年 男兵：上年12月1日至当年2月10日

女兵：当年1月1日至当年2月10日

下半年 男兵：上年12月1日至当年8月10日

女兵：当年7月1日至当年8月10日。

58. 普通高校大学生应征入伍享受的学费优惠政策是什么？

依据《财政部　教育部　中国人民银行　金融监管总局关于调整完善国家助学贷款有关政策的通知》（财教〔2024〕188号）和《财政部 教育部 人力资源社会保障部 退役军人部 中央军委国防动员部关于印发〈学生资助资金管理办法〉的通知》（财教〔2021〕310号），对应征入伍服义务兵役、招收为军士（原士官）、退役后复学或入学的高等学校学生实行学费补偿、用于学费的国家助学贷款代偿、学费减免。全日制本专科学生每人每年最高不超过20000元，全日制研究生每人每年最高不超过25000元。

59. 普通高校大学生应征入伍享受的升学优惠政策有哪些？

根据全国征兵网发布的《2025年普通高校新生应征入伍宣传单》，普通高校大学生应征入伍享受的升学优惠政策有：

（1）对服役期间获得三等战功、二等功以上奖励或者二级以上表彰，符合全国硕士研究生招生考试报考条件的退役人员，可申请免初试攻读硕士研究生。

（2）退役大学生士兵，达到全国硕士研究生招生考试报考条件后，3年内报名参加全国硕士研究生 招生考试，可申请享受初试总成绩加10分，同等条件下优先录取。

（3）国家设立退役大学生士兵专项硕士研究生招生计划，专门面向退役大学生士兵招生，由清华大学、北京大学等500余所普通高校承担。

（4）高职（专科）学生应征入伍，退役后在完成高职（专科）学业的前提下，可免文化课考试申请入读普通专升本，或根据意愿入读成人专升本，自2022年专升本招生起执行。

（5）经学校同意，退役复学可转入本校其他专业学习。

60. 普通高校大学生应征入伍享受的复学政策是什么？

根据教育部办公厅《关于开展2022年高校毕业生就业创业政策宣传月活动的通知》（教学厅函〔2022〕7号）中发布的《普通高校学生应征入伍政策公告》，大学生应征入伍享受的复学政策是：

（1）高校学生（含高校新生）服役期间按国家有关规定保留学籍或入学资格，退役后2年内允许复学或入学。

（2）经学校同意，大学生士兵退役后复学可转入本校其他专业学习。

（3）退役复学后免修军事技能等课程，可直接获得学分。

61. 普通高校大学生应征入伍享受的在部队选拔培养政策是什么？

根据教育部办公厅《关于开展2022年高校毕业生就业创业政策宣传月活动的通知》（教学厅函〔2022〕7号）中发布的《普通高校学生应征入伍政策公告》，（1）符合条件的取得全日制本科学历和学士学位的毕业生（含毕业学年入伍，服役期间取得的），入伍1年半以上，可选拔为提干对象。

（2）参加全军统一考试，录取到有关军队院校学习。

（3）优先选取士官。

（4）参加保送入学对象选拔，同等条件下优先推荐。

62. 普通高校大学生应征入伍退役后享受哪些就业服务政策？

根据教育部办公厅《关于开展2022年高校毕业生就业创业政策宣传月活动的通知》（教学厅函〔2022〕7号）中发布的《普通高校学生应征入伍政策公告

告》，（1）退役后一年内，凭用人单位录（聘）用手续，可办理就业报到手续，户档随迁。

（2）退役高校毕业生士兵可参加户籍所在地省级毕业生就业指导机构、原毕业高校就业招聘会，享受就业信息、 重点推荐、就业指导等就业服务。

（3）乡镇补充干部、基层专职武装干部配备时，注重从退役大学生士兵中招录；在军队服役5年（含）以上 的高校毕业生士兵可以报考面向服务基层项目人员定向考录的职位。

（4）教育部在“24365校园招聘服务”活动中开辟退役大学生士兵岗位专区，畅通求职就业渠道。

63. 海南省对普通高校大学毕业生到海南基层就业创业有什么优惠政策？

根据2025年4月8日发布的海南省教育厅等五部门印发《关于促进海南高校毕业生等青年就业创业的若干政策措施》，鼓励高校毕业生到基层就业创业。2016年及其以后毕业的高校毕业生，自愿到我省艰苦边远地区基层就业或创业，连续不间断工作满3年及以上的，按照规定给予学费补偿和国家助学贷款代偿，专科学生每人每年最高不超过3000元，本科学生每人每年最高不超过4000元，研究生（含第二学士学位学生）每人每年最高不超过5000元，毕业生在校期间每学年实际缴纳的学费或获得的国家助学贷款低于以上标准的，按照实际缴纳的学费或者获得的国家助学贷款本金及全部偿还之前产生的利息实行代偿，高于或等于以上标准的，按以上标准代偿。

对招聘为乡镇基层事业单位和艰苦边远地区事业单位工作人员的高校毕业生，按规定给予提前转正定级，转正定级时，薪级工资适当高定。其中在艰苦边远地区县以下乡镇的高定2级，在艰苦边远地区县市区本级、其他县市乡镇以下的高定1级。

64. 海南省对困难高校毕业生的就业帮扶政策是什么？

根据2025年4月8日海南省教育厅等五部门印发《关于促进海南高校毕业生等青年就业创业的若干政策措施》，精准开展困难帮扶。要把有劳动能力和就业意愿的脱贫家庭、低保家庭、零就业家庭高校毕业生，以及残疾高校毕业生和长期失业高校毕业生作为就业援助的重点对象，提供“一人一档”“一人一策”精准服务，为每人至少提供3—5个针对性岗位信息，优先组织参加职业培训和就业见习，及时兑现一次性求职创业补贴，千方百计促进其就业创业。

对通过市场渠道确实难以就业的困难高校毕业生，可通过公益性岗位兜底安置。

65. 海南省深化基层就业项目留才举措有哪些？

根据2025年海南省人力资源和社会保障厅 中共海南省委人才发展局关于印发《海南省青年大学生招引专项措施》，深化基层就业项目留才举措。实施高校毕业生“三支一扶”计划、“农村义务教育阶段学校教师特设岗位计划”和“大学生志愿服务中西部计划”等基层就业项目政策，引导青年大学生向基层流动。

对服务期满、符合条件的特岗教师办理入编。每年拿出我省公务员考录计划的10%左右，面向“三支一扶”计划等服务基层项目人员进行定向考录。在事业单位招聘中，“三支一扶”计划实施市县每年一般拿出不低于10%比例的岗位（海口市、三亚市、儋州市应根据本市实际情况每年拿出一定比例），定向考核招聘我省“三支一扶”计划服务期满考核合格并承诺继续在基层服务3年以上的人员。

鼓励国有企业每年拿出一定数量的岗位定向招聘“三支一扶”“西部计划”等专项计划人员。我省所属普通高等学校的毕业生于毕业当年到我省艰苦边远地区基层单位服务连续满3年的，按规定给予学费补偿或国家助学贷款代偿。

66. 海南省对大学生技能培训有补贴吗？

根据2025年海南省人力资源和社会保障厅 中共海南省委人才发展局关于印发《海南省青年大学生招引专项措施》，加大青年技能人才培养选拔力度。鼓励青年大学生积极提升职业技能，对符合条件的毕业学年普通高校毕业生等参加职业技能培训的，按规定给予职业培训补贴；广泛开展各类职业技能竞赛，对参加国家和省级职业技能竞赛取得优异成绩的选手，按规定给予奖励；鼓励用人单位、院校、社会机构等完善条件，建立职业技能评价机构，提高对青年大学生等群体技能水平评价供给和服务水平，对当年认定技能人才达到一定数量且高技能人才占比不低于30%的评价机构，从省人才开发专项资金中一次性给予不超过30万元的补助。

67. 海南省对在琼创业的高校毕业生和在校生创业有什么优惠政策？

根据2025年海南省人力资源和社会保障厅 中共海南省委人才发展局关于印发《海南省青年大学生招引专项措施》，加大创业平台建设。整合优化各部门支持创业孵化载体发展政策，对创业孵化基地、大学科技园、科技企业孵化器、众创空间和留学生创业园给予支持。各级投资开发的创业载体，应安排不低于30%的场地免费提供给高校毕业生。培育大中专院校创建创业孵化载体，免费向在校学生开放。探索在三亚崖州湾科技城、陵水黎安国际教育创新试验区建立面向东南亚的国际青年人才创业孵化基地。

不断优化创业服务。完善各级各类创新创业大赛和创业活动组织模式。每年遴选一批创业项目并提供精准创业服务。开发一批创业精品指导课程，支持重点园区、高校、社会组织开展公益性创业服务活动。积极开展青年大学生创业培训，按规定落实创业培训补贴等政策。完善高校创新创业学分管理，鼓励青年大学生通过参加创业活动、开展科学研究等方式获取学分。

68. 海南省对来琼就业的高校毕业生有什么优惠政策？

根据2025年海南省人力资源和社会保障厅 中共海南省委人才发展局关于印发《海南省青年大学生招引专项措施》，对符合条件的人才，按规定落实一次性求职补贴、住房补贴、配偶就业、子女教育等相关政策。对首次在海南企业工作，签订3年以上劳动合同并缴纳社会保险的青年大学生，市县可结合租房或购房补贴等政策及实际情况，给予一定期限的生活补贴。来海南就业的省外青年或跨市县就业的本省青年，可在“青年（人才）筑梦驿站”享受一定期限的免费住宿或优惠住宿。

69. 海南省对外国大学生在琼就业创业有哪些优惠政策？

根据2025年海南省人力资源和社会保障厅 中共海南省委人才发展局关于印发《海南省青年大学生招引专项措施》，为外国青年大学生提供便利。获得省内高等院校、国内其他地区重点高等院校本科以上学历的优秀外国留学生，可凭我国高校毕业证书和创新创业等证明材料，申请2年有效期私人事务类居留许可。获得国内高等院校硕士研究生及以上学历的外国留学生，经所属高校推荐，可办理2年有效的居留许可。在国际知名高校毕业的外国学生，毕业后2年内来海南自由贸易港创新创业的，可凭学历（学位）证明等材料申办有效期2年以内的居留许可。在境外高等院校学习的外国学生到知名企业和事业单位、海南星级酒店、医院、国际学校等单位定期实习，可以凭相关单位邀请函件、外国高校在读证明申办口岸签证入境或在境内换发签证进行实习。根据政府间协议，来琼实习的境外高校外国学生，可按规定申办居留许可。

70. 高校毕业生在海南落户的政策是什么？

根据海南省人力资源和社会保障厅等七部门《关于印发吸引留住高校毕业

生建设海南自由贸易港的若干政策措施》，海南省对高校毕业生实行落户自由。全面放开对高校毕业生的落户限制，允许离校三年内的全日制本科学历及以上的高校毕业生在我省先落户后就业（三沙市除外），相应享受引进人才落户待遇。支持人才孵化器、创业园区、众创空间、人才公寓、总部企业等设立单位集体户，放宽社区集体户、公共服务机构集体户的条件限制。省外户籍的高校毕业生在落户时可选择投靠亲属或集体户落户，本省户籍高校毕业生和本省高校省外户籍毕业生同等享受引进人才落户待遇。

71. 海南省对来琼就业创业的高校毕业生有哪些安居保障措施？

根据海南省人力资源和社会保障厅等七部门《关于印发吸引留住高校毕业生建设海南自由贸易港的若干政策措施》，海南省对高校毕业生来琼就业创业提供安居保障。2018年5月13日后新引进的全日制50岁以下博士毕业生、40岁以下硕士毕业生、35岁以下本科毕业生可凭在我省就业创业的相关证明材料申请住房租赁补贴或购房补贴，住房租赁补贴累计发放不超过36个月，每季度集中受理和发放一次，具体标准为：博士3000元/月；硕士2000元/月；本科1500元/月。购房补贴累计发放不超过3年，每年集中受理和发放一次，具体标准为：博士3.6万元/年；硕士2.4万元/年；本科1.8万元/年。已领取购房补贴的，不再发放住房租赁补贴。领取购房补贴前，已领取住房租赁补贴的，应扣除已领取的住房租赁补贴。

72. 海南省对在琼自主创业的高校毕业生有哪些政策支持？

根据海南省人力资源和社会保障厅等七部门《关于印发吸引留住高校毕业生建设海南自由贸易港的若干政策措施》，海南省对高校毕业生来琼创业的高校毕业生给予支持。初次创办企业或从事个体经营的高校毕业生（含技师学院高级技工班、预备技师班和特殊教育院校职业教育类毕业生），可以申请额度不超过30万元，期限不超过3年的创业担保贷款，创业贷款按规定给予贴息补贴；自注册登记之日起，正常经营1年以上且缴纳社会保险费的，给予一次性创业补贴，补贴标准为每个法人1万元。外省高校毕业生在琼创业同等享受相关政策。鼓励和支持本省户籍及本省高校毕业生从事电商等网络行业，对从事网络创业经登记注册为网络商户的，同等享受各项就业创业扶持政策。

73. 海南省对高校毕业生的社会保险如何补贴？

根据2025年4月海南省财政厅 海南省人力资源和社会保障厅关于印发《海南省就业补助资金管理办法》的通知，高校毕业生社会保险补贴的具体方案是：

补贴对象：对招用毕业年度和离校2年内未就业普通高校毕业生，与之签订1年以上劳动合同并为其缴纳社会保险费的小微企业或社会组织；灵活就业并缴纳社会保险费的离校2年内未就业普通高校毕业生。

补贴标准：按其为招用补贴对象实际缴纳的基本养老保险费、基本医疗保险费和失业保险费给予补贴，不包括补贴对象个人应缴纳的部分；离校2年内未就业的高校毕业生灵活就业按其个人实际缴纳的养老保险费和医疗保险费的66%给予补贴，但不得高于“缴费期间全省上年度在岗职工月平均工资×相应险种灵活就业人员的缴费率×缴费月数×66%”的数额。

74. 海南省对高校毕业生就业和创业的补贴措施？

根据2025年4月海南省财政厅 海南省人力资源和社会保障厅关于印发《海南省就业补助资金管理办法》的通知，海南省对高校毕业生就业和创业的补贴措施是：

（1）一次性创业补贴

补贴对象：首次创办商事主体并担任法定代表人或主要负责人，且所创商事主体自登记注册之日起，正常运营1年以上的离校5年内高校毕业生、就业困难人员和返乡入乡农民工、返乡入乡退役军人。

补贴标准：给予每个企业法定代表人或个体经营者10000元的一次性补贴。

（2）一次性求职补贴

补贴对象：在毕业学年内积极求职创业的低收入家庭中的我省普通高校、中等职业学校毕业生，普通高校、中等职业学校中的残疾毕业生，获得国家助学贷款的我省普通高校毕业生和退役大学生士兵。

补贴标准：按每人1500元给予一次性求职补贴。

75. 海南省对高校毕业生参加求职能力和就业技能培训的补贴方案是什么？

根据2025年4月海南省财政厅 海南省人力资源和社会保障厅关于印发《海南省就业补助资金管理办法》的通知，海南省对高校毕业生参加求职能力和就业技能培训给予补贴。

（1）求职能力实训：

补贴对象：我省毕业学年和离校2年内未就业普通高校毕业生、退役军人等青年群体。

补贴标准：参加求职实训能力培训，并取得《求职能力实训合格证书》的，按1500元/人（含教学辅助平台系统使用费等）的标准给予补贴。求职能力实训每班不超过40人，不少于56个课时。

（2）就业技能培训（劳动预备制培训）

补贴对象：毕业学年普通高校毕业生、城乡未继续升学的应届初高中毕业生、农村转移就业劳动者、城镇登记失业人员、就业困难人员、退役军人（以下简称六类人员），以及按国家和省委、省政府要求纳入就业援助范围的其他人员。

补贴标准：

①培训后取得我省专项职业能力证书的，按15元/人·课时的标准给予补贴，最高不超过1000元/人。专项职业能力证书的工种，依据专项能力考核目录确定。

②培训后取得“特种作业人员”或“特种设备安全管理和作业人员”国家职业资格证书的（以下简称特种作业证书），按1000 元/人的标准给予补贴。

③培训后取得初级工国家职业资格证书（或职业技能等级五级证书，下同）的，按1500元/人的标准给予补贴。

④培训后取得中级工国家职业资格证书（或职业技能等级四级证书，下同）的，按1800元/人的标准给予补贴。

⑤培训后取得高级工国家职业资格证书（或职业技能等级三级证书，下同）的，按2200元/人的标准给予补贴。

⑥培训后取得技师职业资格证书（或职业技能等级二级证书，下同）的，按3500元/人的标准给予补贴。

⑦培训后取得高级技师职业资格证书（或职业技能等级一级证书，下同）的，按5000元/人的标准给予补贴。

⑧参加劳动预备制培训的农村学员和城市居民最低生活保障学员除给予培训补贴外，可按150元/人·月核定生活费补贴，最高不超过1500 元/人。

初级工国家职业资格及以上培训课时不低于65课时，专项职业能力培训课时另行规定。

76. 海南省对企业吸纳高校毕业生就业有什么补贴吗？

根据2025年4月海南省财政厅 海南省人力资源和社会保障厅关于印发《海南省就业补助资金管理办法》的通知，海南省对招用高校毕业生的企业进行补贴。

补贴对象：招用离校2年内未就业普通高校毕业生的小微企业或社会组织。

补贴标准：单位与招用人员签订1年以上劳动合同，并缴纳社会保险费，履行合同满6个月后，按每招用1人给予一次性奖励2000元。

77. 海南省对组织公益性招聘会有补贴吗？

根据2025年4月海南省财政厅 海南省人力资源和社会保障厅关于印发《海南省就业补助资金管理办法》的通知，海南省对组织公益性招聘会进行补贴。

补助对象：举办公益性招聘会的人力资源服务机构和大中专院校。不包含政府购买服务的、承担政府举办公益性招聘会的人力资源服务机构。

补助标准：人力资源服务机构针对各类群体举办的公益性招聘会以及大中专院校针对毕业生举办的校园招聘会，组织20家以上用人单位进场招聘并提供200个以上就业岗位的，给予10000 元一次性补贴；组织40家以上用人单位进场招聘并提供400 个以上就业岗位的，给予15000元一次性补贴；组织80家以上用人单位进场招聘并提供800个以上就业岗位的，给予20000 元一次性补贴。

78. 海南省对为高校毕业生提供见习的基地有什么补助？

根据2025年4月海南省财政厅 海南省人力资源和社会保障厅关于印发《海南省就业补助资金管理办法》的通知，海南省对吸纳见习毕业生的基地予以补贴。

补贴对象：吸纳离校两年内未就业的全国普通高校毕业生、我省普通高校毕业年度学生、我省16–24岁登记失业青年参加就业见习的见习基地。

补贴标准：按当地最低工资标准的80%给予补贴。接收见习人员不少于50人（科技型中小企业不少于企业现有在职员工的10%）的就业见习基地，按留用人数将见习补贴标准提高到按当地最低工资标准的100%给予补发；对见习期满留用率达到50%以上的，将见习补贴标准提高到按当地最低工资标准的120%给予补发。人身意外伤害保险补贴标准为每人每年100元。就业见习人员见习期未满提前离岗的，单月见习不足10个工作日的不予发放单月见习补贴，满10个工作日不足1个月的，按当地最低工资标准的40%给予补贴。

79. 离校未就业高校毕业生享受哪些服务和政策？

离校未就业高校毕业生可享受实名登记、职业指导、岗位推介、技能培训、就业见习、创业扶持、困难帮扶等全方位服务，并涵盖社保补贴、档案托管等政策支持。

80. 学校是否为学生提供创新创业和就业指导咨询服务？

自2015年起，学校对创新创业和就业指导课程推行改革试点，其中“一对一”与“一对多”咨询辅导得到了广大师生的热烈欢迎与积极评价，受到了教育部专家组的充分肯定。咨询内容有：①创新创业赛事内容咨询，包括项目计划书撰写、PPT制作、VCR制作、项目路演、参赛技巧、心理辅导等；②职业生涯规划及就业方向指导，包括个人成长环境、生涯规划、简历撰写、面试技巧、树立正确的就业择业观，正确处理学业创业等关注的热点难点问题；③“大创项目”申报、中国国际大学生创新大赛项目征集、全国大学生职业规划大赛指导、“文创会”展示、“科创杯”赛事、全省创业大赛、青年红色筑梦之旅、创新创业年会项目等。咨询形式：访谈式、书面（电子版）作答式、个人信息采集表等多种形式；咨询时间：周一至周五上午9：00—11：30，下午15：00—17：30；咨询地点：创新创业大楼516、518办公室。

81. 中国国际大学生创新大赛是什么？

中国国际大学生创新大赛（原“中国国际大学生互联网+创新创业大赛”）是由教育部、中国共产党中央委员会统一战线工作部、中央网信办、中华人民共和国国家发展和改革委员会、工业和信息化部、人力资源社会保障部、农业农村部、中国科学院、中国工程院、国家知识产权局、共青团中央和地方人民政府联合主办的赛事。 中国国际大学生创新大赛是参赛规模最大的全球性创新赛事。

中国国际大学生创新大赛主题为我敢闯，我会创。主要采用校级初赛、省级复赛、总决赛三级赛制（不含萌芽赛道以及国际参赛项目）。大赛分为高教主赛道、青年红色筑梦之旅赛道、职教赛道等。每个赛道设置金奖、银奖和铜奖等奖项。该赛事自2015年创办以来，已成为中国覆盖范围最广、影响力最大的大学生创新创业盛会，稳居全国高校学科竞赛排行榜A类赛事首位。

82. 什么是大学生创新创业训练计划？

根据《教育部 财政部关于“十二五”期间实施“高等学校本科教学质量与教学改革工程”的意见》（教高〔2011〕6号）和《教育部关于批准实施“十二五”期间“高等学校本科教学质量与教学改革工程”2012年建设项目的通知》（教高函〔2012〕2号），教育部决定在“十二五”期间实施国家级大学生创新创业训练计划。

国家级大学生创新创业训练计划内容包括创新训练项目、创业训练项目和创业实践项目三类。

创新训练项目是本科生个人或团队，在导师指导下，自主完成创新性研究项目设计、研究条件准备和项目实施、研究报告撰写、成果（学术）交流等工作。

创业训练项目是本科生团队，在导师指导下，团队中每个学生在项目实施过程中扮演一个或多个具体的角色，通过编制商业计划书、开展可行性研究、模拟企业运行、参加企业实践、撰写创业报告等工作。

创业实践项目是学生团队，在学校导师和企业导师共同指导下，采用前期创新训练项目（或创新性实验）的成果，提出一项具有市场前景的创新性产品或者服务，以此为基础开展创业实践活动。

举办时间，每年3月开始申报，一年或两年结题。

激励措施：国家级项目1万元、省级0.5万元、校级0.3万元，学校按1：1配套资金支持。

83. 挑战杯系列竞赛是什么？

挑战杯是“挑战杯”全国大学生系列科技学术竞赛的简称，是由共青团中央、中国科协、教育部和全国学联、举办地人民政府共同主办的全国性的大学生课外学术实践竞赛。“挑战杯”竞赛在中国共有两个并列项目，一个是“挑战杯”中国大学生创业计划竞赛；另一个则是“挑战杯”全国大学生课外学术科技作品竞赛。这两个项目的全国竞赛交叉轮流开展，每个项目每两年举办一届，“挑战杯”系列竞赛被誉为中国大学生科技创新创业的“奥林匹克”盛会，是国内大学生最关注最热门的全国性竞赛，也是全国最具代表性、权威性、示范性、导向性的大学生竞赛。

84. 全国大学生职业规划大赛是什么？

全国大学生职业规划大赛是由教育部主办的全国性赛事，旨在普及职业规划知识、提升大学生就业创业能力，并通过校赛、省赛、全国总决赛三级赛制选拔优秀选手。

大赛背景与目的：全国大学生职业规划大赛是教育部“大学生就业创业群英会”系列主题活动之一，以立德树人、就业育人为主线，通过比赛形式增强大学生职业规划意识，完善高校生涯教育与就业指导体系，促进人才供需对接。首届大赛于2023年9月至2024年5月举办，覆盖全国2740所高校，累计报名学生达952万人。

85. 全国大学生创新年会是什么？

全国大学生创新年会是依托国家级大学生创新训练计划开展的一项重要年度性展示交流活动，已成为全国高校本科教学改革中覆盖面最广、影响力最大、学生参与最多、水平最高的盛会之一，第十七届全国大学生创新年会（简称“大创年会”）是由四川大学于2024年11月9日主办，主题为“海纳百川 智见未来”，第十八届年会将由昆明理工大学承办。

86. 海南省海洋文化科技创新创意大赛是什么？

该创意大赛是由海南省海洋厅、海南省教育厅、海南省科学技术协会、海南大学联合举办。共设计海洋文化创意等三大赛道，以挖掘和培育海洋文化、科技及文旅领域的创新人才和项目。

围绕海南海洋相关内容，大赛分为海洋文化创意赛道、海洋科技创新赛道和海洋文旅创新赛道。内地和港澳台地区的高等院校在籍的专科生、本科生和研究生，以及海外高校在读学生，均具有参赛资格。2025年是第四届大赛，本届创意大赛以“海洋·新深度唤醒”为主题，旨在通过艺术、科学和经济等多个领域融合，唤醒全社会对海洋生态系统的科学认知与人文关怀。以海洋可持续发展和人类与海洋的和谐共生为立足点，共同探讨解决当今海洋面临的重要问题，为海洋管理提供科学解决方案，激发海洋的保护与发展的动力，最终实现从理念到行动的深度变革，推动构建海洋命运共同体，促进人类与海洋和谐共生。

87. 海南省推出的“青春小店计划”是什么？

2025年4月13日，在2025年中国青年梦想季开幕式上，由共青团海南省委牵头主办的海南“青春小店”计划正式发布。该计划旨在扶持青年创业者，助力特色小店发展，为海南自贸港建设注入青春活力，开启青年创业的崭新篇章。

海南“青春小店”计划聚焦于挖掘、发现并培育各行业中的宝藏小店。计划将充分发挥青年的个性自由、兴趣圈层及首创精神等“先天优势”，推动小店向特色化、个性化方向发展。

88. 海南省为“青春小店”计划提供哪些支持？

为了帮助小店茁壮成长，海南“青春小店”计划提供全方位的支持。在政策方面，符合条件的“青春小店”职工可参加技能培训，“青春小店”或青春小店主还能享受高校毕业生社会保险补贴、1万元的一次性创业补贴等多项补贴及补助。

平台支持上，加强与抖音等互联网平台联动，“青春小店”发布特定话题内容可获流量扶持，店主和小店青年还能享受创业培训计划并获得青年企业家协会入会支持。

此外，海南“青春小店”将优先纳入政府消费券支持商家和银行业金融机构消费支持商家，优先承办各级团委相关活动，获得经费支持以引流赋能，同时与中信银行等开展合作，度小满也提供1000万元额度的企业贷款。

89. 2025年海南乡村振兴·返乡青年创业培育计划项目是什么？

由省农业农村厅主办的2025年海南乡村振兴·返乡青年创业培育计划项目7月份启动报名，号召志在振兴乡村的返乡青年参加培训，学习、提高创业技能。

据介绍，在全社会范围内，面向城里务工农村青年、退役军人、高校毕业生、农产品电商创业者、返乡留学人员、返乡青年创业团体、其他具有返乡创业意向青年以及在农村从事农业经营的返乡青年等，年龄在18岁至45岁（含）之间，都可报名参加该培训项目。

该项目将为志在振兴乡村的青年提供进阶式培训与孵化式培育，实打实传授他们振兴乡村的“十八般武艺”。项目预计培训500人，分5期进行，每期免费招生100人，分两个班，每期培训5天，培训费用全免。

该项目旨在致力人才回归、资源回乡、项目回流，提升青年兴乡创新创业活力能力，凝聚更多青年人在乡村领域发挥才干、贡献力量。感兴趣的青年可通过省农业农村厅官方公众号关注报名信息和详细的报名渠道。

90. 海南省灵活就业人员参加住房公积金制度范围和具体条件是什么？缴存基数和比例是多少，该如何选择？

只要年满16周岁且未达法定退休年龄，在本省以个体经营、非全日制、新业态等方式灵活就业，具有完全民事行为能力或视为完全民事行为能力的各类人员均可自愿缴存住房公积金，比如快递员、网约配送员、网约车司机、网络主播等平台经济从业人员都可以参加住房公积金制度。此外，在本省灵活就业的港澳台人员，拥有永久居留权或取得工作许可的外籍人士，可参照本办法参加住房公积金制度。

灵活就业人员参照我省单位职工的缴存基数和缴存比例范围，在基数与比例的范围内自行选择，其中缴存基数不低于所在市县最低工资标准，不高于所在市县上一年度在岗职工月平均工资的三倍，缴存比例不低于10%，不高于24%。

以海口地区为例，2025年度灵活就业人员根据自身实际收入，可以在202元至7006元的区间内选择月缴存金额。

91. 灵活就业人员工作流动性较高，海南省公积金“即停即提”如何操作？

“即停即提”是专门为灵活就业人员设计的灵活提取政策，灵活就业人员缴存住房公积金后，在我省无未结清公积金贷款的，在终止缴存后即可全额提取本人以灵活就业人员身份缴存的住房公积金。终止缴存和提取业务均可通过“海易办”APP上自行操作，系统智能审批，即申即批，非常方便灵活。

92. 海南省灵活就业人员的贷款政策与单位职工是完全一样的吗？

灵活就业人员除与单位职工在申请公积金贷款时对连续缴存时长要求不同外（单位职工要求连续缴存满6个月，灵活就业人员要求连续缴存满12个月），其他的包括贷款期限、利率、贷款额度、还款能力计算标准、办理流程、担保及贷后管理等事项均与单位职工一致。比如单人购买新建自住住房的最高可贷80万元，双方最高110万元。

93. 海南省灵活就业人员每个月要交多少钱才能贷款到单人最高可贷额度？

灵活就业人员每个月需要交多少钱才能贷到最高额度的问题，可以以下例做参考，灵活就业人员按6000元基数、10%缴存比例，每月缴存600元，连续缴存满12个月，在信用良好、没有其他负债的情况下，购买新建住宅的单人就能贷到80万元。

94. 海南省灵活就业人员缴存的公积金是否与单位职工一样计算利息？

海南省灵活就业人员缴存的住房公积金自存入个人账户之日起按照国家规定的一年期定期存款基准利率计息，目前利率为1.5%，与单位职工一致。

除此之外，我省专门为灵活就业人员建立缴存补贴制度，对连续缴存满12个月，且未办理公积金贷款和未提取灵活就业缴存资金的，对当次12个月累计缴存额的1%额外补贴，最多可补贴3次（年），这样算下来存款利率实际比

2.5%年利率还高。如灵活就业人员月缴存额1000元，缴存满12个月后，其累计缴存额为12000元，则计提缴存补贴为120元；若连续缴存满3年，则可累计补贴360元。

95. 中国海口留学人员创业园是什么？

中国海口留学人员创业园位于海口复兴城园区，该创业园于2022年3月挂牌运营，采用“政府引导，市场运作”模式运营，被评为“国家海外人才离岸创新创业基地”和“国家级科技企业孵化器”。截至目前，创业园已吸纳留学回国人员200余人，带动就业600余人，正助力海南自贸港汇聚国际化人才。

96. 海南就业驿站是什么？

海南就业驿站，海南就业驿站是海南省为解决就业供需对接难题，于2022年建立的基层公共就业服务平台。该驿站通过整合资源，为求职者和用人单位提供精准匹配服务，重点解决就业信息不对称、基层服务覆盖不足等问题。是海南省落实人社部等五部委《关于加强零工市场建设 完善求职招聘服务的意见》要求，结合海南实际，搭建在群众身边的公共就业服务平台，驿站以实现就业为核心目标，主要功能包括：就业咨询、求职登记、信息发布、职业介绍、能力提升、生活服务、劳动关系调解等，面向劳动者提供一揽子公共服务。

97. 海南就业驿站的主要功能与服务模式是什么？

精准对接：通过入户调查、岗位匹配、专场招聘会等形式，帮助求职者与企业达成就业意向。

特殊群体帮扶：针对病愈青年、低学历群体等特殊求职者，提供职业指导、技能培训等专项服务。

产业对接：结合地方特色产业（如渔业、旅游业）开展定向招聘，助力当地经济发展。琼海市通过驿站推动“导钓员”劳务品牌建设，促进渔民就业。

运行机制——采用“五步工作法”：入户宣传、需求建档、精准匹配、帮扶推荐、跟踪回访，形成“求职者—驿站—企业”三方联动机制。截至2025年7月，全省已建立多类型驿站（镇村站、园区站等）261家，服务覆盖城乡，推动实现高质量就业。

98. 海南就业驿站的建设方向是什么？

（1）提升就业服务便利化水平。通过驿站建设，对标对表公共就业服务标准化要求，构建覆盖城乡的就业公共服务体系，打造城区步行15分钟、乡村辐射5公里的就业便民服务圈。

（2）增强基层就业服务能力。通过购买第三方服务，摸底城乡居民求职、职业指导、技能培训等方面的需求，主动把就业服务送到镇村、社区。通过在大学院校建站设点，为大学生进行就业指导，激发创业欲望，提高求职能力。

（3）破解就业信息不对称难题。在就业驿站工作人员访企拓岗的基础上，依托海南公共招聘网、海南好就业APP和全省各人力资源服务机构归集岗位，分析区域内用工单位和求职者双方需求，有针对性开展上岗培训和岗位推荐，做到精准对接。

99. 海南就业驿站的特点是什么？

（1）选点灵活，哪里需要哪里建。

按照因地制宜、合理布局、灵活设置的原则，综合考虑农村劳动力和灵活就业人员等群体就业特点、区域产业分布、周边环境情况等，建设灵活多样、经济实用的就业驿站，目前有镇村站、城区站、园区站、商圈站、高校站、银行站等各类型。

（2）整合赋能，不盖一间房、不征一寸地。

海南就业驿站既依托现有就业公共服务机构、基层服务平台、便民服务中心等平台建设，也在街道、园区、大学、大型商超批发市场、城乡结合部等用工较多、人员聚集的场地择优定点，不盖一间房、不征用一寸地。对原有平台赋能，不同驿站服务内容各有侧重。通过购买人力资源公司服务，驿站有专职专业人员从事就业服务。

（3）聚焦精准，畅通就业对接的“毛细血管”。

要求驿站工作人员不能坐等服务对象，而是主动出击，进村入户、访企拓岗，详细建账、主动对接岗位和求职需求；摸底居民培训意向，联合用人单位组织开展针对性的职业技能培训，并输出就业。

（4）多方参与，共画就业“同心圆”。

就业驿站坚持整合资源、借力发力、共建共享。人社、就业、教育、工会、乡村振兴、残联等部门通力合作，社会力量积极参与。在运营模式上，通过政策扶持引导和政府购买服务，吸引包括智联招聘、海南人才集团、复兴城产业园投资公司等多家优质人力资源服务机构，以及各级政府、高等院校、群团组织、银行、产业园区等不同主体参与，围绕公共就业服务公画“同心圆”。

（5）规范运作，树立良好外部形象。

全省统一场所标识，统一命名规则，统一装修风格，统一服务流程，统一服务要求，提高辨识度，树立了良好的服务形象。

100. 海南就业驿站取得了哪些成绩？

截至2025年7月，海南就业驿站已取得显著成效：覆盖范围与规模——全省已建成261家就业驿站，覆盖多个市县。为提高就业驿站服务便捷性、可达性，海南省就业公共服务采取“线下+线上”的方式。“海南好就业”小程序与海南就业驿站相结合，为求职者提供全方位服务。在线下，省人力资源开发局（省就业局）一楼公共招聘服务大厅，每周有两场招聘会；各市县就业驿站把就业服务延伸到城镇社区和乡村，直接为求职者上门送岗、对招聘者上门拓岗。在线上，截至2025年3月9日23时，“海南好就业”小程序累计发布岗位257.22万个、登记求职者20.41万人、浏览量227.14万次。2022年以来，全省各就业驿站累计走访和接待劳动者70万余人次，帮助就业32万余人次。其中，各就业驿站促进困难人员实现就业1.57万余人。

参考文献

[1] 周湘浙. 大学生就业指导 [M]. 杭州：浙江大学出版社.

[2] 李国淮. 当代大学生就业创业的理论与实践 [M]. 北京：经济科学出版社.

[3] 曾杰豪. 大学生就业行动手册：职业发展与就业指导 [M]. 广州：华南理工大学出版社.

[4] 北京中外企业人力资源协会（HRA）组. 职场零距离：大学生就业指导 [M]. 北京：高等教育出版社.

[5] 刘玺明. 大学生就业指导与创新教育的理论与实践 [M]. 北京：中国人民大学出版社.

[6] 许晓辉，王庆波. 大学生就业能力培养与职业发展 [M]. 沈阳：辽宁人民出版社.

[7] 吴伟伟，郭晓霞. 大学生就业指导 [M]. 北京：经济科学出版社.

[8] 理阳阳. 新时代背景下大学生职业发展与就业创业研究 [M]. 北京：中国纺织出版社.

[9] 埃里克·莱斯. 精益创业 [M]. 北京：中信出版社.

[10] 宗毅，小泽. 裂变式创业 [M]. 北京：机械工业出版社.

[11] 萨利姆·伊斯梅尔，迈克尔·马隆. 指数型组织 [M]. 苏键，译. 杭州：浙江人民出版社.

[12] 杰弗瑞·菲佛. 权利为什么只为某些人所拥有 [M]. 杨洋，译. 杭州：浙江人民出版社.

[13] 秋山利辉. 匠人精神 [M]. 陈晓丽，译. 北京：中信出版集团.

[14] 斯图尔特·戴蒙德. 沃顿商学院最受欢迎的谈判课 [M]. 杨晓红；译. 北京：中信出版社.

[15] 马歇尔·卢森堡. 非暴力沟通 [M]. 阮胤华，译. 北京：华夏出版社.

［16］罗宾·蔡斯. 共享经济［M］. 王芮，译。杭州：浙江人民出版社.
［17］约翰·惠特默. 高绩效教练［M］. 北京：机械工业出版社.
［18］戴夫·帕特奈克. 谁说商业直觉是天生的［M］. 广州：万卷出版公司.
［19］罗伯特·史蒂文·卡普兰. 哈佛商学院最受欢迎的领导课［M］. 北京：中信出版社.
［20］埃里克·施密特. 重新定义公司［M］. 北京：中信出版集团.
［21］刘雪芬. 大学生就业与创业指导［M］. 北京：人民邮电出版社.
［22］齐乐. 大学生就业指导［M］. 北京：电子工业出版社.
［23］孙曲曲，赵艳. 高命中率求职攻略［M］. 北京：京华出版社.
［24］大街网. 90后求职全攻略［M］. 上海：上海交通大学出版社.
［25］江波. 李开复教你求职升职66招［M］. 北京：新世界出版社.
［26］陈啸. 青春绽放　闪亮职场［M］. 海口：海南出版社.
［27］李秀华. 大学生创新与创业［M］. 长春：吉林大学出版社.
［28］蒋华勤. 双创“郑”进行［M］. 郑州：河南人民出版社.
［29］邱小林. 大学生创新创业与就业指导［M］. 北京：现代教育出版社.
［30］张静. 大学生职业生涯规划与就业指导［M］. 长春：吉林大学出版社.
［31］吴剑. 新时代大学生就业创业指导案例教程［M］. 北京：清华大学出版社.

编后记

高等教育的目标不仅是传授专业知识，更是培养适应社会发展的综合型人才。在当今快速变革的时代，大学生面临着前所未有的机遇与挑战：科技革命催生新业态，产业升级重塑就业市场，职业路径日益多元化。在此背景下，创新创业能力、职业规划意识和就业竞争力已成为学生走向社会的核心素养。为此，我们编写了本系列教材，旨在构建贯穿大学四年的生涯发展教育体系，助力学生从校园到职场的顺利过渡。

当前，全球正经历数字化、智能化的深刻变革。一方面，新技术、新模式不断涌现，为创新创业提供了广阔空间；另一方面，就业市场结构性矛盾突出，"慢就业""缓就业"现象增多，职业选择的复杂性显著提升。这一趋势对高等教育提出了新要求：学生不仅需要具备扎实的专业基础，更需要具备前瞻性的职业视野、灵活的应变能力和主动的进取精神。本系列教材的编写，正是顺应了这一时代需求。

《创新引领未来　创业成就梦想》《投身创新演练　淬炼创业本领》教材聚焦创新思维与创业实践，通过案例解析与技能训练，帮助学生突破传统认知边界，培养机会识别、资源整合和风险应对能力；《规划职业理想　成就精彩人生》教材引导学生从大二开始科学规划学业与职业，通过行业分析和目标管理工具，建立个性化的成长路径；《掌握求职技巧　开启职业之门》针对大四学生的实际需求，涵盖简历制作、面试技巧、职业适应等内容，缩短学生与职场之间的认知差距。教材层层递进，形成"启蒙—规划—实践"的闭环，既符合学生成长规律，也契合社会对复合型人才的期待。教材的编写始终围绕"能力培养"这一核心。我们摒弃了空洞的理论说教，代之以任务驱动、情景模拟和实战演练，强调"做中学、学中悟"。我们深信，教育的本质是点燃学生内在的动力，鼓励学生主动探索、批判思考，而非被动接受知识。

世界永远属于那些敢于创新、善于规划、勇于行动的人。愿这套教材能陪伴大家在充满不确定性的时代，走出属于自己的确定性道路。

编　者

2025年5月